融合教育课程与教学

邓　猛◎主　编

赵勇帅　王红霞◎副主编

RONGHE JIAOYU KECHENG YU JIAOXUE

北京师范大学出版集团
BEIJING NORMAL UNIVERSITY PUBLISHING GROUP
北京师范大学出版社

图书在版编目(CIP)数据

融合教育课程与教学 / 邓猛,赵勇帅,王红霞主编. —北京:
北京师范大学出版社,2021.8(2025.7重印)
全国高等院校特殊教育专业精品教材
ISBN 978-7-303-14930-8

Ⅰ. ①融… Ⅱ. ①邓… ②赵… ③王… Ⅲ. ①特殊教育—高
等学校—教材 Ⅳ. ①G76

中国版本图书馆 CIP 数据核字(2021)第 065679 号

出版发行:北京师范大学出版社 https://www.bnupg.com
          北京市西城区新街口外大街 12-3 号
          邮政编码:100088

印　　刷:北京虎彩文化传播有限公司
经　　销:全国新华书店
开　　本:787 mm×1092 mm　1/16
印　　张:13.5
字　　数:280 千字
版　　次:2021 年 12 月第 1 版
印　　次:2025 年 7 月第 3 次印刷
定　　价:50.00 元

策划编辑:王建虹　　　　　　　　责任编辑:肖　寒
美术编辑:焦　丽　　　　　　　　装帧设计:焦　丽
责任校对:包冀萌　　　　　　　　责任印制:马　洁

丛书编委会

顾　　问　朴永馨

主　　编　肖　非

副 主 编　邓　猛

编 委 会　王　雁　朱宗顺　刘全礼　苏雪云

　　　　　杨中枢　张树东　赵　斌　胡晓毅

　　　　　昝　飞　钱志亮　戚克敏　盛永进

　　　　　程　黎　雷江华

总　序

　　经过两个多世纪的发展，特殊教育已逐渐形成自己的学科体系，具备独特的研究范畴及研究方法。党和国家一直关心和支持特殊教育的发展。2016 年 8 月，国务院印发的《"十三五"加快残疾人小康进程规划纲要》特别指出，要"大力推行融合教育，建立随班就读支持保障体系，在残疾学生较多的学校建立特殊教育资源教室，提高普通学校接收残疾学生的能力，不断扩大融合教育规模"。2017 年 7 月，教育部等七部门联合印发了《第二期特殊教育提升计划(2017－2020 年)》，该计划是巩固一期成果、进一步提升残疾人受教育水平的必然要求，是推进教育公平、实现教育现代化的重要任务，是增进残疾人家庭福祉、加快残疾人小康进程的重要举措。2017 年 1 月，国务院对《残疾人教育条例》进行修订，修订后的条例强调保障残疾人教育机会平等、积极推进融合教育、加强对残疾人教育的支持保障，体现了国家对残疾人平等受教育权的尊重、对残疾人的关爱以及对残疾人公平接受教育机会、融入社会的关切。该条例的修订也是我国残疾人教育发展的新突破、新起点、新征程。

　　特殊教育对于残疾儿童和少年而言，是促进社会化发展、提高生活质量的必要途径。同时，特殊教育解决的不仅是残疾人的个人问题，更是家庭问题和社会问题。特殊教育的发展水平是社会文明和科学进步的体现，具有重要的社会效益。现代社会的特殊教育被纳入全民教育体系，不再单纯是一种福利式、慈善型教育，而是专业化教育。发展特殊教育是推进教育公平、实现教育现代化的重要内容，是坚持以人为本理念、弘扬人道主义精神的重要举措，是保障和改善民生、构建社会主义和谐社会的重要任务。

　　从特殊教育的发展史来看，它走过了一条从隔离到回归主流再到融合的道路，一些发达国家的特殊教育现在已经到了融合的阶段。从 20 世纪 90 年代开始，越来越多的教师、学生家长、法律工作者、各级行政管理人员都在不断地表达这样的希望：创造一个融合的社会环境，所有的儿童都可以进入普通学校接受有质量的教育。这导致发达国家的教育政策发生了巨大的改变。而我国的特殊教育发展也具有自己的特色，存在着相应的问题。尽管近几十年来我国的特殊教育发展迅速，但仍需要指出：相较于普通教育，特殊教育的理论研究和学科建设还较为薄弱，发展还不均衡，经费短缺，办学条件亟待改善，办学规模远不能满足社会发展要求，教师队伍还有待进一步加强，具有中国特色的特殊教育学科体系还不够完善。可见，我国的特殊教育还面临着艰巨的变革与发展任务，需要一代又一代特殊教育工作者的不断努力和进取。

为了进一步完善我国的特殊教育体系，发展具有中国特色的特殊教育，更好地满足残疾儿童少年对更公平、更高质量的特殊教育的需求，本丛书汇集国内知名专家，从特殊教育体系、不同类型特殊儿童教育、特殊教育相关服务以及西方先进特殊教育研究等不同板块来编写较为系统、完善、前沿的特殊教育教材，一方面促进特殊教育学科的发展，另一方面也为新生的特殊教育力量提供坚实的知识和实践基础。最后，期待在未来的日子里，残疾人进入普通学校学习的障碍会越来越少，我国的教育系统能够越来越自觉地给包括残疾学生在内的所有学生提供有质量的教育，也期待我们的教育可以满足每一个孩子的需要。

肖　非

前　言

　　如果将随班就读纳入融合教育实践的范畴算作起点，我国融合教育实践的历史也有接近 40 年了，跟西方发达国家相比起步并不晚。有学者认为随班就读的做法在中国古已有之，不是什么稀奇的事，但政府制定政策，进行大规模、系统的实验与推广仍然是改革开放以后的事情。中西方在融合教育的过程中，都在经历着"成长中的烦恼"。因此，"我们都在路上"似乎完美地形容了这种情形。但实事求是地讲，我们的融合教育发展还是相对落后的。

　　近年来融合教育发展越来越快，正应了"世界潮流，浩浩荡荡"的说法，各地融合教育的倡导与实践方兴未艾。从本人几十年的特殊及融合教育实践的经验来看，随班就读的发展一直关注入学率，也就是想办法让学校多接受几个残疾学生入学，使他们不至于失学、辍学。教育质量与课堂教学都是从来就不敢奢求，也不敢提出明确的要求的。事实上，融合教育存在着身体的融合、课程与教学以及社会融合等不同层次。其中，身体融合是基础，在我国有着特殊的意义，也是关键。课程与教学的融合则被公认为融合教育最为艰难、也是争论最激烈的领域。西方在这一领域相关的研究与讨论甚多，其成功与失败往往被支持和反对融合的人们选取作为各自的论据。我国多年以来在这个领域的研究与实践相对贫乏，反映了我国特殊教育同行在这一领域有心无力的状态。

　　近几年来情况开始发生变化，质量与效率这两个词开始进入融合教育研究与实践者的视野。国家有特殊教育质量提升计划，地方有融合教育行动计划。有些区域开始全面推广融合教育，创建融合学校文化，开展全校参与、差异课程、专业支持、一人一案等改革，实现"零拒绝、全覆盖"的目标。融合教育第一次从规模走向效率、从数字走向质量，开始触及学校最关键、也是最困难的领域：课程与教学。这就是本书产生的背景。本书能够关注融合课程与教学，能够立项出版，本身就意味着中国融合教育的发展至少已经到了数量与质量并重的阶段。

　　融合课程无他，首先在于"权利"二字。教育的权利必然会体现在课程上，全面参与同等优质的课程是每个孩子的基本权利。融合课程必须首先保证儿童的这一权利。其次，融合课程的核心在于"调整"二字。从共同课程出发，针对每个儿童的独特性进行"因材施教"，是融合课程的基本实践方式。这和普通学校一直提倡的并没有什么不同，只不过有特殊教育需要的学生需要的"调整"可能更多、更复杂、更具专业性。从共性着手，展现特性，而不是相反，这就是融合的本质。

作者希望本书可以给所有推动并实践融合教育的专业人员及相关工作者提供理论参考与实践指南。各个章节的主要编写者均来自国内研究融合教育、特殊教育的一线专家、学者和特殊教育学专业的研究生。书稿共分为九章，各章编写者如下：第一章：邓猛（华东师范大学）、赵勇帅（浙江师范大学）；第二章：邓猛、颜廷睿（华东师范大学）、侯雨佳（上海师范大学）；第三章：赵勇帅、陈慧星（广州启聪学校）；第四章：赵勇帅、邓猛；第五章：王红霞（北京市海淀区特殊教育指导与研究中心）；第六章：马莹（中国农业科学院附属小学）；第七章：韩文娟（西北师范大学）；第八章：侯雨佳；第九章：汪斯斯（南京特殊教育师范学院）。同时，本教材中所有的课程与教学设计案例均来自我国基础教育学校一批优秀的随班就读教师和资源教师，他们是：北京市朝阳区定福庄第一小学徐爱丽老师、北京市西城区椿树馆小学李莉老师、北京市昌平区城北中心小学王海山老师、北京市昌平区巩华中心小学左鑫培老师、北京市东城区府学胡同小学卢维娜老师、北京市昌平区二毛学校谷彩梅老师、北京市西城区玉桃园小学罗兴娟老师、江苏省南京市太阳城小学田宁老师、甘肃省兰州市固城第一小学李菊花老师。在此对他们表示感谢。全书由主编与副主编完成统稿工作，教材中难免有疏漏之处，请各同行批评指正！

书稿经过近两年的努力，终于得以成稿。在湖北新冠疫情最为严重的时候，本人困坐厦门。每日远眺鼓浪屿日升日落、云飞雾起；心念故乡武汉之疫情，体味个人愁城之焦虑，心怀国泰民安之愿望，悲于残疾人群在疫情中之艰难，感于逆行天使之无畏。每日辗转反侧，唯有写书写文方能定神！借当时一首小诗结尾，并向厦门的朋友致谢，同时致敬此次疫情中的逆行者：瘟神高坐九重天，众生如泥不得全。呼朋唤友前线去，化笔为戈护家园。天地无情人有义，苟利国家不怕难。春来山花烂漫时，重整山河待君还。特以此作为本书的前言和自序。

2020 年 3 月于北京师范大学励耘 8 楼

目　录

第一章

融合教育课程论

本章导言

　　融合教育的发展使得更多的残疾儿童能够进入普通学校，与普通儿童一起接受教育。但融合教育的实现不只是残疾儿童与普通儿童在物理空间上的融合，更重要的是课程与教学的融合。[①] 融合教育在为残疾儿童带来平等教育权的同时，也对当前融合课堂中教师的课程设计与有效教学提出了挑战。因此本章将从融合教育课程的基本理论问题出发，探讨如何更好地促进特殊儿童参与到课程与教学之中。

　　近几年来，北京市朝阳区定福庄第一小学一直在重点探索融合教育在本校的实施，尝试让特殊孩子更好地参与到普通班的教育教学中。[②] 该校特教班已经开办很多年了，在实际教育教学中，老师们发现了很多问题。虽然特教班在一所普通小学里，表面上看融合教育发展得非常好，实际情况并不是这样。特教班孩子人际交往的范围非常窄，他们基本上只和本班的孩子交流，可想而知，孩子的交往能力不会有多少提升。普班班主任虽然都是尽职尽责的好班主任，但是有时也会出现一些问题，比如，当普通学生出现了一些问题时，班主任会无意地教训他们："再不好好学习，就给你送到特教班去！"这样导致普班孩子不愿意接触特教班孩子，因为他们觉得特教班是个很可怕的地方。而普班老师对特教工作也不是很熟悉，认为特教班老师仅仅是天天哄孩子玩，对特教的认识存在一定的偏见。

　　结合这些因素，该校以"融合与个训双轨并进教育教学模式的研究"课题为抓手，进行了本校的融合教育模式探讨。先是把特教孩子放到教研组长班里，让教研组长进行实践，再把特教孩子放到有教育教学经验的老师班里，如此一步一步进行实践。

　　通过这些初步的融合教育实践，该校总结了以下优势。

　　1. 通过此项工作的研究与开展——教师受益

　　老师们的旧有观念发生了转变，他们发现特教孩子非常不好教，特教老师一定要有丰富的特教理论知识，并能应用到实践中。这能让更多的普通教师参与到特教班工作中来，更多地接触特教工作，更广泛地研究特殊教育教学工作。

　　2. 通过此项工作的研究与开展——普通班学生受益

　　现在的小学生大多数都是独生子女，在家里受到很多人的宠爱，而班内安置了一位特教学生，通过爱心教育，让普通孩子切实感受到还有很多人需要他们献出爱心，增强了孩子们的责任感。

---

　　① Friend M. ，Bursuck W. D. ，*Including Students with Special Needs：A Practical Guide for Classroom Teachers*，New Jersey，Pearson，2012，p. 6.

　　② 案例来自北京市朝阳区定福庄第一小学，由该校徐爱丽老师提供。

3. 通过此项工作的研究与开展——特教学生受益

我们的特教班孩子长期在特教班学习，和其他普通班同学交流的机会比较少，渐渐地越来越封闭，更别提将来还要适应社会生活。而此项活动的开展，让他们有更多的机会和普通学生交流，走出了封闭的学习环境。

第一节
融合教育概述

融合教育概念源于 20 世纪 80 年代中期的美国，其对应的英文是"Inclusive Education"，在 20 世纪 90 年代刚刚被介绍到我国时被翻译为"全纳教育"，是西方特殊儿童教育安置领域中的重要概念。发展至今，融合教育早已超出了特殊教育的范畴，其视野逐渐扩展到所有儿童，是"包括残疾儿童和超常儿童，流浪儿童与童工，边远地区及游牧民族儿童，少数民族儿童及其他处境不利的儿童"[1]在内的所有儿童。融合教育之所以总被认为是特殊学生的"融合"教育，主要基于如下几个原因：第一，融合教育发端自特殊儿童教育。第二，特殊教育的发展过程经历了隔离式特殊教育体制到回归主流，再到走向融合教育的一整套范式转换；这种发展变化是循序渐进的，从拒绝到接纳、从隔离到回归主流、从普特双轨制到融合教育。[2] 隔离与融合之间的二元对立及冲突交融，共同构成现代特殊教育理论与实践的发展脉络。其中涉及复杂的观念及教学实践模式的变化，包含特殊教育范畴的基本概念演变。[3] 第三是国际组织大都在国际性和区域性的特殊教育会议上明确提出和强调实施融合教育，强化了人们关于融合教育就是特殊教育的看法。[4] 当前融合教育的研究也着重在特殊教育领域进行，主要还是面向各类残疾儿童。本节内容将围绕有关融合教育的基础知识展开论述，为后续融合教育课程与教学等章节的学习奠定基础。

---

[1] Lani Florian, "Special or Inclusive Education: Future Trends," in *British Journal of Special Education*, 2008(4), pp. 202-208.

[2] 丹尼尔·哈拉汗、詹姆士·考夫曼、佩吉·普伦：《特殊教育导论（第十一版）》，肖非等译，46 页，北京，中国人民大学出版社，2010。

[3] UNESCO. Guidelines on Inclusion: Ensuring Access to Education for All. http://unesdoc. unesco. org, 2020-12-31.

[4] 黄志成：《全纳教育：关注所有学生的学习和参与》，28 页，上海，上海教育出版社，2004。

一、融合教育的基本内涵

1994 年在西班牙萨拉曼卡召开的"世界特殊教育需要大会"，正式提出了"融合教育"这一术语。而此前的 1982 年 4 月，美国教育部负责特殊教育项目的一位官员桑塔格博士（Dr. E. Sontag）曾提出，在特殊学生被安置到普通班级干预政策中，应该使用"包容概念"（Inclusion concepts）。明尼苏达大学的芮诺茨（Maynard C. Reynolds）教授也提到，通过回归主流使更多的特殊需要儿童进入学校、家庭和社区生活是一种包容（Inclusion）[①]。

随即，"世界特殊需要教育大会"通过了《萨拉曼卡宣言》以及《特殊需要教育行动纲领》两个重要文件，明确提出了"融合教育"原则，这正式确立了融合教育作为世界各国教育改革的方向。与此同时，大会还呼吁各国要在平等的基础上发展融合学校，儿童所在的社区、学校和儿童应努力协作以共同保障特殊儿童接受高质量的、平等的教育。大会更提出了可供各国参考的融合教育"五项基本原则"：

（1）每个儿童都有受教育的基本权利，同时，他们需有机会获得与其学习水平匹配的教育机会；

（2）每个儿童都有其独特的特征、兴趣、能力和学习需求；

（3）教育制度与相关的教育设计要从多方面考虑到儿童的不同特征和差异；

（4）有特殊需求的学生应有进入普通学校学习的机会，而这种学校应该以一种可以满足他们特殊需要的，且是以儿童为本的教育思想来接纳他们；

（5）融合导向的普通学校应该是反歧视的、欢迎所有人的社区，是构建融合社会和实现全民教育的最有效的途径。除此之外，这类学校应向大部分儿童提供优质的教育，提高整个教育系统的效率和成本效益。[②]

萨拉曼卡所确定的发展融合教育的原则被世界各国所接受，为各国确立融合的教育目标、制定相关法律法规提供了依据，[③] 这正是人类文明发展到今天特殊教育的共同潮流。此后，英国、美国、澳大利亚、加拿大、西班牙等发达国家，都开展了较大规模的融合教育理论研究、政策制定和实践；诸多发展中国家，如智利、秘鲁、南非、加纳等，也皆开展了融合教育。英国曼彻斯特大学建立了"融合教育研究中心"；澳大利亚、英国、美国等联合创办了第一本专门针对融合教育的学术期刊《国际融合教育杂

[①] 朴永馨：《融合与随班就读》，载《教育研究与实验》，2004 年第 4 期。

[②] UNESCO. The Salamanca Statement and Framework for Action on Special Needs Education. Adapted by the World Conference Special Needs Education: Access and Quality. Salamanca, Spain, 1994, p. 10.

[③] Booth T., Ainscow M., *From Them to Us: An International Study of Inclusion in Education*, London, Routledge, 1998, p. 20.

志》(*International Journal of Inclusive Education*)。

　　国际上多次召开融合教育研讨会，就融合教育的理论和实践等进行全球性的交流。2000 年的 7 月，在英国曼彻斯特大学召开的第五届"国际特殊教育大会"将"融合教育"作为会议的讨论主题。大会呼吁世界各国积极进行教育改革，要求学校采取融合教育模式，以实现特殊需要儿童平等接受教育的权利。此次会议关注了融合教育政策、融合教育基本观点、特殊教育功能转变、融合教育实践及质量和效益等五个主题。2005 年 8 月，第六届"国际特殊教育大会"在英国格拉斯哥城举行，大会的主题为："融合教育：包容多元(Inclusion：Celebrating Diversity)"，来自世界 77 个国家的代表参加了此次会议。2009 年 10 月在西班牙萨拉曼卡市又召开了"世界融合教育大会"，回顾 15 年前在该市召开的国际会议上提出融合教育以来各国所取得的成就和展望未来融合教育的发展。[1]

　　作为二战后协调世界各国发展的国际组织，联合国也为融合教育的发展起到了重要的推动作用。2002 年，联合国教科文组织为了支持在世界各国推行的融合教育，组织来自 30 多个国家的 40 多位专家，编写了《融合教育共享手册》(*Open File on Inclusive Education*)，[2]并鼓励其成为不同国家推行融合教育的指导性手册。2005 年又发布了《融合教育指南：确保全民教育的通路》，进一步明确融合教育的理论和实践操作。2008 年联合国教科文组织在瑞士召开了第 48 届国际教育大会，大会的主题即为"融合教育：未来之路"，其主旨是要进一步推动世界各国融合教育的实施，指出"融合"应突出以下内容。[3]

　　"融合"是鼓励多样化，照顾到所有学生，而不只是被排斥人员；关心那些自己感到被排斥的学童；为某些类型的儿童提供同等入学机会或受教育机会，而不是排斥他们。

　　"融合"不是仅仅改革特殊教育，而是要改革正规和非正规教育系统；不仅要满足多样化，还要提高所有学生的教育质量；不仅要针对特殊学校，还要为主流教育系统里的学生提供辅助支持；不单只是解决残疾儿童的需要；不会因为满足某个儿童的需要而忽略另一个儿童。

　　依照以上论述，融合教育的概念核心在于，特殊需要学生(本书中提到的特殊需要学生主要指各类残疾学生)不应在隔离的特殊环境中、而应在普通的学校与健全学生一起学习。本书中融合教育特指：让包括特殊需要学生在内的所有学生就读于适合其年龄层次及学习特点的普通班级或学校，通过多方的协同合作，为他们提供高质量的、

[1] 黄志成、张会敏：《试论全纳教育与人权》，载《湖南师范大学教育科学学报》，2010 年第 2 期。
[2] 刘春玲、江琴娣：《特殊教育概论》，27 页，上海，华东师范大学出版社，2008。
[3] 联合国教科文组织：《全纳教育：未来之路》，10 页，第 48 届国际教育大会，2008。

有效的、适合的教育，让所有学生都能获得与其能力匹配的充分的发展。

二、融合教育强调所有学生的权利

1994 年召开的"世界特殊教育需要大会"强调融合学校不应以身体、智力、社会、情感、语言及其他情况而排斥任何一个学生接受教育。这里的"学生"是指所有学生，包括"残疾儿童和超常儿童，流浪儿童与童工，边远地区及游牧民族儿童，少数民族儿童及其他处境不利的儿童"。同时号召所有政府"应当依法律或指导方针的形式来保障融合教育的原则，将所有儿童招收进普通学校，除非有不得已的原因才做其他选择"。这意味着，融合教育强调每个儿童都应当在主流教育体系当中接受教育。[①]

受教育权和生存权一样，早已成为一项基本人权，但直至 20 世纪末，全球仍然有超过 7700 万适龄儿童处于失学状态，有 7.7 亿成年文盲存在。[②] 我们也时常听到发生在普通学校普通学生之间的各种欺凌、歧视乃至人身伤害等事件。普通学生尚且如此，在主流文化钳制下的普通学校，专门针对残疾儿童的各种排斥现象，就更加有过之而无不及。长久以来，残疾人被当成社会的异类，他们被认为不具有独立的人格，不仅不能参加常规的人类活动，连最基本的人身权利（如婚姻权利）都被剥夺。[③] 被健全文化主宰的主流社会态度，将残疾人视为"病态"和"劣等"的象征，属于"不可教育"的人。这些认识都基于一整套"优胜劣汰""弱肉强食"的社会文化价值体系。人类文明之所以前进，正是由于在不断发展的人类社会中，人们摒弃了这些落后甚至野蛮的观念，不断追求更加人道和宽容的价值理念。融合教育正是这种文明进程中最娇艳的花朵之一。从文艺复兴开始，人们对人文价值的诉求开始挣脱宗教桎梏，占据人类社会生活的主流。经过 18 世纪特殊教育萌芽、19 世纪大量针对残疾人的心理学医学实践、20 世纪早期的隔离性特殊教育机构等发展阶段，融合教育在一条坎坷遍地、充满荆棘的发展道路上缓慢前行。20 世纪下半叶，发端于美国的"回归主流运动"将封闭隔离的特殊教育需要机构中的残疾儿童与主流普通教育学校连接起来，为融合教育的诞生奠定了基础。而后随着"民权运动"的兴起，残疾人群体和其他任何一个受尽歧视和社会边缘化的亚文化群体一样，为自己的平等权利奔走呼告，融合教育正是在这样的背景下应运而生的。[④] 然而，综观整个 20 世纪，融合教育迎来了其诞生和大发展的时期，但发展

① 邓猛、潘剑芳：《关于全纳教育思想的几点理论回顾及其对我们的启示》，载《中国特殊教育》，2003 年第 4 期。

② UNESCO. Inclusive Education：The Way of the Future. http：//www.ibe.unesco.org/National_Reports/ICE_2008/brazil_NR08.pdf，2014-09-12.

③ 彭兴蓬、邓猛：《融合教育的社会学分析》，载《中国特殊教育》，2013 年第 6 期。

④ 邓猛、颜廷睿：《西方特殊教育研究进展述评》，载《教育研究》，2016 年第 1 期。

的实际情况告诉我们，值得欢呼雀跃的时刻还远未到来：包括残疾儿童在内的各类高危儿童的受教育问题，并没有得到很好的解决。

融合教育的初衷在于让每一个人都真正享有平等的受教育权利、接受公平有质量的教育，学校所在社区内的残疾学生和普通的学生一起学习和生活，并获得相应的成就。这意味着融合教育绝不仅仅是把残疾儿童放进普通班级就万事大吉了，而是在"入学平等"（access to edudation）的基础上，追求受教育质量的"公平"（equity in education）。① 这需要教育系统进行系统的、立体的、有序的改革，这包括了教育管理制度的改进与完善、学校教育课程的重新设计与调整、教师与其他专业人员的资源整合、教育评价体制的彻底改变等，这些内容将在后续章节详细介绍。

三、融合教育关注所有学生的发展

融合教育的关注点远不止为所有儿童争取在主流教育体系中平等接受教育的机会，它更强调每个儿童都能通过学校教育获得与自身需求相匹配的充分的发展。通过适合的课程、组织安排、教学策略、资源利用及社区合作等各个环节的配合，共同保障所有学生的教育质量。② 这就意味着，在平等接纳所有的儿童之后，融合教育更重要的步骤是改进教育教学方法，提升教育质量，让所有儿童的潜能得到充分发挥，并在此基础上获得成功。从理论角度看，只要给予足够的学习时间和适当的教学方法，几乎所有儿童都能学到应学的知识，并对所学的教学内容达到掌握的程度。③ 融合教育的核心价值在于为所有儿童提供合适的、优质的教育，而不是停留在简单地把所有孩子"包含"进来就可以了。

融合教育将"残疾"视为一种普遍意义上的人类发展差异性体现之一，因此"隔离"与融合教育的根本价值取向相违背，也与融合教育看待世界的哲学取向相背离。如此看来，在融合教育的语境当中，残疾儿童的个性化学习需求与其他人类特征导致的多样化学习需求别无二致，每个学生的个性需求都应得到重视，融合教育在实践中需要做的就是学校文化的现代性、学校课程的适切性、学校教育教学资源的协作性、教育管理制度的前瞻性等举措。融合教育既不牺牲普通学生的利益，也不让特殊学生的需求"特殊化"，它提倡在尊重学生差异性、多样性的基础之上进行课程资源重组、教学

① Lani Florian, "Special or inclusive education: Future Trends," in *British Journal of Special Education*, 2008(4), pp. 202-208.

② UNESCO. The Salamanca Statement and Framework for Action on Special Education. Adapted by the World Conference Special Needs Education: Access and Quality. Salamanca, Spain, 1994, p. 10.

③ Zionts P., Inclusion Strategies for Students with Learning and Behavior Problems: Perspectives, Experiences, and Best Practices, Austin(TX), Pro-Ed Inc, 1997, p. 102.

协作等，让班级中的所有学生共同学习、充分参与、高度协作，并在此基础上，获得适合个人的发展。总之，让教育适应儿童的需要，而不是让儿童去被动适应教育的条条框框，通过高度个性化的教育实施，使儿童得到与其特点相匹配的充分的发展，才是融合教育的追求。

以教学目标的达成为导向的传统教学，强调以教师、教材为中心，偏向于要求学生去适应教师的教，而较少考虑或根本忽略学生自身的特性。融合教育之区别于传统学校教育，在于其从评估，到制订个别化教育计划(Individualized Education Program, IEP)①，进而到课程与教学、家庭和社区的支持等环节，都将每一个儿童的特点和需求考虑在内，提供适合他们需求的高质量的教育。重视儿童的个人特征，使其接受真正适合自己的教育，个体才能充分自由发展，个体价值才能得到尊重。融合教育似乎早已厌倦传统的教学范式，而从其诞生之初就致力于打破这种忽略儿童本身特性的传统，寻求符合自身价值追求，寻求牢固建立在后现代主义理解基础上的课程与教学体系，让学习真正成为学习活动的中心，让发展真正内发于学生自身，而不再只关注教育的外烁性。

不同于一般意义上的"因材施教"，融合教育注重儿童潜能的开发，它以助力教育对象获得最大利益的适切性平等为目的，是一种高期望值的教育。② 特殊教育发展早期，主要是医学、心理学及神经病学等专业人员在从事残疾儿童的相关治疗、救护乃至于教育工作，相应地，对于残疾儿童的认知和理解也就局限于这些学科内部。残疾儿童被认为是"病态"的，是需要被"修正"的，因此残疾儿童被贴上了不同的标签、划分成不同的类别，并被送进不同类型的特殊学校或机构，教育的作用被局限于对特殊儿童的缺陷进行补偿。③ 特殊教育实践在相当长的时间里一直被这种范式占据统治地位，使得特殊儿童长期处于被隔离状态，成为教育的"孤岛"，关注点也长久地聚焦于"儿童的缺陷"，而不是"儿童潜能"。融合教育在对残疾的认识和理解上已经跳出了传统的病理学框架，认为残疾并非单纯是某种身体器官或功能损伤的结果，而是生理、社会、政治、文化等多因素相互作用的一种结果。④。因此，融合教育强调"全人"意义上的特殊儿童本身，而不是只盯着他们的所谓"缺陷"不放。融合教育认为，教育的本质

---

① 个别化教育计划：是指由地方教育部门的代表、学校教师、心理工作者、医生、社会工作者以及家长或监护人组成的小组，为残疾障碍儿童制订的一份满足其个别化的学习需要的特殊教育及服务书面计划。这个计划既是儿童教育和身心全面发展的总体构想，又是对儿童实施教育与相关服务的具体方案，主要包括：现有教育表现水平描述；应达到的短期与长期目标；应提供的特殊教育服务设施及参与普通教室活动与计划的程度；实施的日期与期限；评估措施与日程安排；等等。

② 马益珍：《论义务教育阶段学生受教育过程的公平问题——从全纳教育视角分析》，硕士学位论文，上海师范大学，2005。

③ 邓猛：《从隔离到融合：对美国特殊教育发展模式变革的思考》，载《教育研究与实验》，1999年第4期。

④ Ballard K., "Researching into Disability and Inclusive Education: Participation, Construction and Interpretation," in *International Journal of Inclusive Education*, 1997(3), pp. 243-256.

功能是给每个人类个体以平等的发展机会，相比于关注缺陷，更强调个体的潜能开发，即所谓的"物尽其用，人尽其才"，融合教育站在传统观点的对立面，从"每个个体都有其潜在的发展可能"出发，强调个体的发展权利、发展需求、发展意愿等要素，而不是将教育的功能束缚在个人能力范围之内，这种"哪里缺陷补哪里"的论调无异于教育中的"以堵治水"，最终的效果必然是普遍压抑学生的学习兴趣，牺牲不同学习特征和学习需求的学生的利益，造成更大程度上的教育不公。尽管从一些既定的理论标准来看，特殊学生在某些方面能力相对不足或需求复杂，但从实践上看，只要给予适合的机会和支持，他们的学习及所能获得的成就往往远超人们的预见。

融合教育不是简单地将特殊儿童与普通儿童聚拢到一起，而是在尊重差异和潜能开发的前提下，充分促进每个儿童的身心发展。这种高度个性化的、儿童本位的教育，不但保证了教育的质量，有益于所有的儿童，而且其结果将直接造福于社会。

四、融合教育需要多方合作与支持

按照融合教育的一贯主张，任何跟融合教育有关的人：校长、教师、心理学家、社工、家长、康复人员等，当然，还包括学生，都是融合教育活动中的主角，因此他们都应当积极主动地参与和投入到学校的教育教学活动中。

一般而言，融合教育之于特殊儿童的意义不仅在于让他们回归主流学校，参与相应的教育教学活动，接受高质量教育，更意味着他们可以通过学习掌握参与社会的各项技能和方法策略，为将来踏入社会生活做好准备。然而融合教育所需要的系统性的革新不会仅仅张弛在学校这个小圈子里，而是需要包括来自家庭、社区等多方面的协作和支持，并带来相关的改变。《特殊教育需要行动纲领》中规定："实现对特殊教育需要儿童进行成功教育这一目标不仅仅是教育行政部门和学校系统的任务，它也需家庭合作、社区与志愿组织的参与以及广大公众的支持。"[①]这也与融合教育背景下残疾学生社会支持系统的核心思想相契合。家庭、学校、社区之间通过各种互动与交流，实现针对学校课程、管理、儿童学习、发展等领域的深度协作，制订包括儿童个别化学习计划、学校课程调整方案等在内的本土化融合教育档案。在这之中，父母、教师、同伴和社区成员之间的交互作用尤为明显和重要。教师和家长之间的合作交流成为最好的融合教育实践，他们之间合作关系发展的核心是建立信任、赋权的关系。教师和同伴是学校范围内融合教育实施的核心力量，两者的交互作用主要体现在教师对同伴支持的指导与监督以及同伴对教师支持的效仿与辅助上。康复人员及其他专业人员与教

---

① UNESCO. The Salamanca Statement and Framework for Action on Special Education. Adapted by the World Conference Special Needs Education：Access and Quality. Salamanca，Spain，1994，p. 37.

师的密切合作、社区志愿者为家庭提供的临时看护及健康服务等，都有利于提升残疾学生在融合教育背景下的学习和生活质量。实际上，已经有大量的实践证明，融合教育的各个支持源头或主体在家庭、学校和社区之间的交互作用中展示了积极的作用。[1]

五、融合教育的最终目标是社会融合

教育的真正意义究竟在哪里？可能不同的学者会有不同的看法，但无可争辩的事实是，每个接受教育的人，最终都会走向社会，组成更宏观的社会网络，一个人接受了怎样的教育，就将成为怎样的人。融合教育的意义绝不仅仅在于向所有儿童提供有质量的教育，融合价值的存在是帮助改变歧视性主流公众态度，创造人人都受欢迎的社区，最终建设一个渗透融合价值理念的全纳性社会。[2] 融合教育的最终目的是建构一个融合的社会，在这种融合的社会集体中，人人参与，大家合作，每个人都是社会大集体的公平但唯一的成员，人人都被悦纳并受欢迎。因此，融合教育既是整个社会文明进步的有机组成部分，也是支持和推动社会文明进步的动力和手段，是驱动人类社会走向融合的动力。

尽管作为融合教育的终极理想，融合社会的轮廓在融合教育的语境中并不复杂：围绕每个社会成员作为"人"的正当权利诉求，进而执行、落实"人之为人"在社会中的权利诉求，并体验身为社会主人的独立性与不可或缺性。

这样的目标固然清晰，但却任重而道远。融合社会的达成，不仅仅需要一种普遍宽容的社会文化氛围，还需要在每一个社会成员心中，摒弃固有的某些偏见。事实上，有一些偏见或氛围早已成为当下我们日常生活中无意识的认识和举动，在面对学校中的残疾学生、职场中的残疾员工、社区中的残疾邻居或其他成员、情感体验中的残疾伴侣等这些和普通人"并不相同"的人们的时候，主流社会文化语境下的价值偏见往往成为我们评判和对待这些人的首要选择。正如刘晓楠博士（2014）所言：事实上，很多时候，当我们将"弱势群体"一词脱口而出时，其中不仅有我们的同情与关怀，或许也可能有些许的优越感。[3]

融合社会中的"融合"不应该是任何一个群体去单向地"融合"另一个群体，更不是一个群体心甘情愿地被"融合"。单从残疾人的"社会融合"角度来讲，"融合"应是一个"双向"的过程，当健全人努力做到更自然、更公平地接纳残疾人的同时，亦应该想到，自身的做法是否也同等程度地被残疾人主动接纳，而非出于心理防御的被动迎合。这

---

① 牛爽爽、邓猛：《融合教育背景下的残疾学生社会支持系统探析》，载《中国特殊教育》，2015年第9期。

② 赵中建：《教育的使命——面向二十一世纪的教育宣言和行动纲领》，135页，北京，教育科学出版社，1996。

③ 刘小楠：《反歧视评论（第一辑）》，1页，北京，法律出版社，2014。

种双向的接纳才真正符合"融合"的价值理念。布兹和安斯科在其构建的融合价值理念框架中指出，人与人之间的关系应该是互相尊重、和平共处、互相信任、彼此共情、真诚相待、互相鼓励的，[①] 这些无一不体现出"双向"特征。真正体现"融合"精神的社会必然是基于互相理解与主动接纳的，而"双向融合"必然是包括残疾人在内的所有人都参与的"融合"。在当今中国社会转型的背景下，尤其应该强调残疾人群体的参与。同时"双向融合"也是所有人的责任，而非可有可无的个人意愿。当平等、开放与包容成为人与人相处的常态方式，没有基于残疾、种族、性别、文化背景等方面的歧视、同情，每个社会成员在人格、尊严和权利上彼此平等，"融合社会"（inclusive society）的目标也就实现了。[②]

第二节
融合教育课程的定义及特征

一、融合教育课程的基本内涵

（一）特殊教育课程的定义

有什么样的教育目标与理念，就有什么样的课程。具体到特殊教育，课程应该考虑到儿童发展的共性与特殊性，满足儿童发展与学习的多样性。特殊教育课程显然持广义的课程观，泛指有特殊教育需要的人士根据自己的需要在学校学习的学科、参加的各种活动总和以及在家庭、社区开展的各种有针对性的训练、辅导与活动安排；不仅包括传统的语文、数学等学科课程，更包含自理能力、社会交往、职业技能等多方面的内容。[③] 特殊教育课程涵盖教育、康复、职业教育等多个领域，课程设计体现"潜能开发优先、缺陷补偿其次"的原则，在内容上强调"文化知识与社会生活"之间的平衡与结合。

（二）融合教育课程的内涵

随着融合教育的发展，普通教室学生需求愈加多元化，对高水平的课程与教学呼

---

① Booth T. & Ainscow M., *Index for Inclusion Developing Learning and Participation in Schools*, Bristol, Centre for Studies on Inclusive Education, 2011, pp. 21-26.

② 赵勇帅、汪斯斯、邓猛：《纠结与负重：轻度肢体残疾大学生社会融合的个案研究》，载《残疾人研究》2018 年第 4 期。

③ 邓猛：《关于全纳学校课程调整的思考》，载《中国特殊教育》，2004 年第 3 期。

声更高了。传统的普通学校课程不能满足教室内多样的学习需要，传统的特殊学校课程也不能满足融合教育的需求。融合教育追求"所有儿童都能获得成功"（Success for All）的目标，其课程必须满足所有儿童，是广义而非片面、狭义的课程。融合教育课程显然是实现融合教育的最主要途径，如何将"融合"的原则贯彻在相关的教育行动中，是融合教育课程的核心任务。因而，融合教育课程是一种普通学校为满足所有学生多样性的学习需求、学习风格、文化背景等多方面的差异而设计的弹性的（flexible）、相关的（relevant）和可调整的（adjustable）的综合课程体系。[1] 它改变了传统课程标准化的、封闭式的、不考虑学生异质性特征的课程设计方式，旨在实现学生教育公平的权利并追求高质量的教育服务。

(三)融合教育课程的内容结构

融合教育课程是一种"共同课程"（common curriculum），即供所有儿童学习的课程，通过设计共同课程来满足儿童发展的共性，不能因学生的性别、年龄、身体状况、信仰、语言等不同而区别对待。强调课程的共同性，即提供同样的、高质量的课程给所有儿童，要求那些有特殊教育需要的学生通过不同的方式最终达到和正常儿童一样的课程目标。[2] 共同课程是重新设计、调整以适应学生多样需要的起点；共同课程反映儿童发展的共同规律、年龄发展阶段特点；它以儿童一般身心发展规律为基础。实施融合教育课程的学校应当贯彻通过提供各种资源、设备与服务，减少和消除学生进入课程的障碍，实现课程的零拒绝。例如，英国 1988 年教育法确立的"国家课程"（national curriculum）就体现了共同课程的思想。这种共同课程以儿童生理心理一般发展阶段的特点为基础，确定某一年龄阶段儿童应该达到的基本技能与学业水平，从而确定学校的课程目标与内容，为儿童将来顺利地过渡到成人生活奠定基础。[3]。我国香港地区则开发了"融通课程"：配合主流教育的学习系统（Systematical Approach to Mainstream Education，SAME）。2001 年香港课程改革的一个主要原则是"所有学生在同一课程下学习"，该原则要求所有的学生都有接受同样的课程、教育目标和学习机会的权利。有特殊教育需要的学生也被期望在同样的课程框架下接受同样必要和基础的学习体验。[4]

融合课程应该具备弹性，应该体现学生学习能力的多样性，反映不同学生的不同特点与学习需要，通过弹性课程来满足儿童发展的特殊性。弹性课程是以满足不同学习能力与需要为目的，通过差异分层、个别化设计等手段满足学生的独特需求，为学

---

① 邓猛：《融合教育理论指南》，100 页，北京，北京大学出版社，2017。
② 邓猛：《关于全纳学校课程调整的思考》，载《中国特殊教育》，2004 年第 3 期。
③ 赵勇帅、邓猛：《西方融合教育课程设计与实施及对我国的启示》，载《中国特殊教育》，2015 年第 3 期。
④ 邓宝莲：《香港融通课程初探》，载《绥化学院学报》，2012 年第 2 期。

生提供从完全相同到完全不同的课程内容。① 例如，有的残疾学生需要在学校里学习一些其他儿童入学前或校外日常生活中模仿、习得的常识和生活技能，如基本卫生习惯、行为规范、人际关系等；残疾学生到高年级以后，学校必须提供转衔课程与服务以帮助他们适应成人生活，发展职业能力，获得独立生活技能。② 美国 1990 年的《教育残障人士法案》(Individuals with Disabilities Act，IDA)规定学校教师小组必须在残疾儿童 16 岁以前(重度智力落后与综合残疾儿童在 14 岁以前)发展"个别化转衔计划"(Individualized Transition Plan，ITP)，为他们提供职业训练与指导、成人指导与服务、独立生活技能、社区参与等课程与服务。③ 图 1-1 显示了融合课程的内容结构。

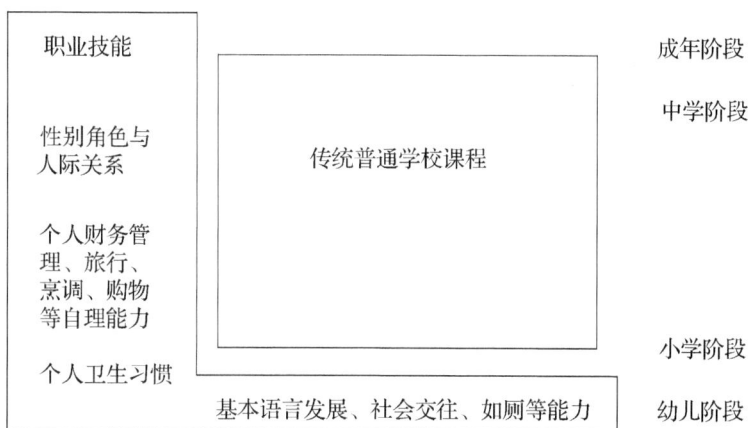

图 1-1 融合课程的内容结构④

因此，融合教育课程接纳、尊重并欢迎学生的差异性，把学生间的差异性当作人类发展过程中一个普遍意义上的特征去对待并接纳。所以，作为融合教育的实践载体，融合课程旨在改变传统课程标准化、封闭式以及"一刀切"式地忽视学生异质性的课程设计方式，以使有特殊教育需要的学生能够充分平等地参与学校的课程活动。融合课程反对课程"主流中心论"，反对用同一个标准去衡量所有儿童。⑤ 传统课程往往不注重学生的差异性，强调对学生的统一要求和单一评价。⑥

---

① Ashman A.，Elkins J.，*Educating Children with Special Needs* (2nd ed.)，Australia，Prentice-Hall Inc，1994，p. 245.

② 邓猛、雷江华：《培智学校课程改革与社会适应目标探析》，载《中国特殊教育》，2006 年第 8 期。

③ Salend S. J.，*Effective Mainstreaming：Creating Inclusive Classrooms* (3rd ed.)，New Jersey，Prentice-Hall Inc，2011，p. 41.

④ 邓猛：《关于全纳学校课程调整的思考》，载《中国特殊教育》，2004 年第 3 期。

⑤ 赵勇帅、邓猛：《西方融合教育课程设计与实施及对我国的启示》，载《中国特殊教育》，2015 年第 3 期。

⑥ Lani Florian，"Special or Inclusive Education：Future Trends，" in *British Journal of Special Education*，2008(4)，pp. 202-208.

二、融合教育课程的主要特征

融合教育课程是反映融合教育思想精髓的课程。它以实现教育公平和提升教育质量为目标，改变传统课程标准化、封闭式、不考虑学生异质特征的课程设计方式。[①] 融合课程均等可及、通达弹性，具备广泛性、相关性的特征，能使所有学生有机会进入（access）并实现平等参与的目标，满足学生个别化的需求（见图1-2）。[②]

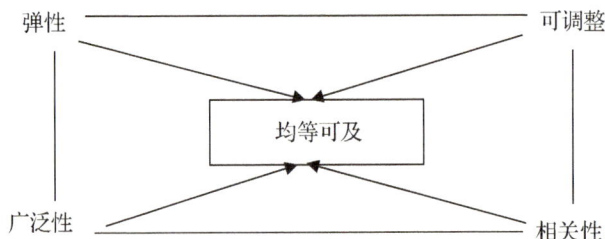

图 1-2　融合教育课程特征

第一，融合教育课程具备广泛性的特征。这既是课程发展的结果，也是实现课程对所有学生均等可及的必然选择。Hass 等认为课程是学习者在一个旨在达到多种目标的教育计划中的所有体验，已不仅仅局限在学科知识领域。[③] 邓猛（2004）认为融合教育课程以儿童一般身心发展规律为基础，不仅注重儿童学业的发展，还注重儿童人格、社会交往、情感等多方面的发展，以追求教育公平、实现社会公正为终极目标。[④] 所以，融合教育课程在目标、内容、实施等各方面呈现广泛性、多元化的特点。Wehmeyer 认为学生在课程中获取的内容必须广泛，不应只是集中在核心的学术课程上，包含的内容涉及从学校向成人生活、独立生活、健康和良好生活的转变，以及其他的功能性内容。[⑤] 融合教育课程应该建立在满足学生多样性需要、尊重学生平等权利、发挥学生潜能等信念的基础之上。这样的课程应关注学生知情意行的综合发展，是多样化的、涵盖生命与生活全领域的、宽广而平衡的课程。[⑥]

第二，融合教育课程是相关的课程。学生进入课程只是前提，真正能够将其纳入课程才是关键。增加课程与学生生活与经历的相关性是必然的选择。融合教育课程活

---

① 邓猛：《融合教育理论指南》，110 页，北京，北京大学出版社，2017。

② 韩文娟、邓猛：《融合教育课程调整的内涵及实施研究》，载《残疾人研究》，2019 年 6 期。

③ 李聪莉：《全纳教育课程构建的研究》，硕士学位论文，华东师范大学，2005。

④ 邓猛：《关于全纳学校课程调整的思考》，载《中国特殊教育》，2004 年第 3 期。

⑤ Wehmeyer M. L., Lattin D. L. & Lapprincker G., "Access to the General Curriculum of Middle School Students with Mental Retardation: An Observational Study," in *Remedial and Special Education*, 2003(5), pp. 262-272.

⑥ Rose R. (Ed.), *Confronting Obstacles of Inclusive Education*, London, Routledge Press, 2012, p. 231.

动往往突破教室这一狭隘的教学环境，在整个学校、家庭，甚至社区发生。Stainback
指出：针对残疾儿童的功能性课程需要在一天的自然情境中实施，为学生创造能够实
践其生活、工作、社交等的机会，并提供相应的指导。[①] 可见，融合教育课程涉及多个
部门、多种环境，以及多方人员；普通学校教师、家长和学生都无法置身事外，皆为
融合课程的利益相关者，以不同方式参与课程与教学活动。

　　第三，融合教育课程是弹性的课程。"弹性"一词是指事物的伸缩性和变化性，是
与标准相对的一个概念，这为差异化课程与教学（differentiated curriculum and teach-
ing）提供了可能。融合课程应该具备弹性，课程的设计、实施和评价必须考虑到学生的
多样化需求以确保"所有人都能使用"[②]，应该体现学生的差异性和学习能力的多样性，
及时响应学生的不同特点和学习需要。弹性意味着课程的动态性，课程根据学生不同
而不同，根据学生的变化而变化。克服在传统的"一刀切式"的僵化课程之下学生所遇
到的障碍和困难，使所有有特殊需要的学生，特别是残疾学生能够像普通学生一样获
得知识、技能和学习的热情。[③] 但弹性并不意味着毫无约束、信马由缰，而是在国家课
程框架下的适应性调整与弹性化处理。

　　第四，融合教育课程是可调整的课程。如果说弹性是针对国家课程框架而言的，
那么可调整则重点突出学校和教师在融合教育课程实施中的自由和选择。Horn 指出调
整是基于课程的改变，使课程个性化，目的是促进学生参与和在班级中的有效融合，
是融合教育的最佳实践方式（best practice）之一。[④] 融合教育倡导让所有儿童都在普通
教室里接受高质量的、适合他们独特的学习需要的教育，就必须重视调整普通教室里
课程的形式、内容与实施策略，以使有特殊教育需要的学生能够和他们的同伴一起充
分、平等地参与学校的课程活动。[⑤] 所以，课程调整成为教师必要的考虑，调整的决策
权掌握在学校和教师的手中。

　　可见，融合教育课程具有相互关联的四个特征，其共同目标是实现"机会均等"与
"差异化"的原则。机会均等意味着均等可及，所有学生都有相同的机会获得其应得的
教育、活动参与；课程必须是灵活、相关和可调整的，每个学生都能够从课程中体验
到参与感。差异化意味着课程要尊重学生的差异，满足学生的个别化需求，而不是以

---

　　① Stainback W.，"Learning Together in Inclusive Classrooms：What about the Curriculum，"in *Teaching Exceptional Children*，1996（3），pp. 14-19.

　　② UNESCO，Policy Guidelines on Inclusion in Education，2009.

　　③ Kurth J. A.，Keegan L.，"Development and Use of Curricular Adaptations for Students Receiving Special Education Services，"in *Journal of Special Education*，2012（3），p. 191-203.

　　④ Horn E.，Banerjee R.，"Understanding Curriculum Modifications and Embedded Learning Opportunities in the Context of Supporting All Children's Success，"in *Language Speech and Hearing Services in Schools*，2009（4），p. 406.

　　⑤ 邓猛：《融合教育理论反思与本土化探索》，117 页，北京，北京大学出版社，2014。

统一不变的课程要求所有学生。可见，融合教育所追求的教育公平，强调的是所有学生有着无差异的权利和机会，但享受着有差异的教育和服务。

第三节
融合教育课程中的调整

一、融合教育课程调整概述

融合教育课程比传统的特殊学校以及普通学校课程的内容都更丰富、范围更广；既是面向所有学生的共同课程，又是适应学生个别差异的具有弹性的课程；它在调整中实现弹性，是动态的课程。一旦共同课程内容得以确定，教师的任务是重新对课程目标与内容进行调整以适应课堂内特定的学习能力与需要，调整与调适是融合课程最主要的特征与措施，共同课程则是调整和适应学生多样需要的起点（见图1-3）。

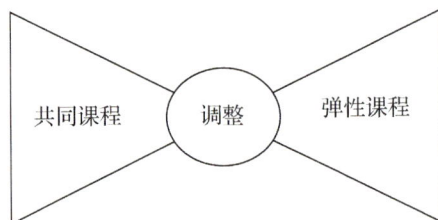

图1-3　融合教育课程调整框架图

美国2002年颁布的《不让一个孩子掉队法》（No Child Left Behind Act，NCLB）和2004年修订的《身心障碍者教育法案》（Individuals with Disabilities Educational Act，IDEA）均要求包括重度障碍学生在内的所有学生，都要通过课程调整和其他调适，接受特殊教育服务，参与普通教育课程。[1] 教师没有必要在课程实施的目标、形式、次序、时间分配、内容等方面完全同步。但是，教师必须保证所有的儿童通过融合课程最后都能达到社会所规定的课程标准的基本要求。[2]

在融合课堂中，普通教师所面临的严峻问题就是如何实现应对学生多样化与提高学业标准的共赢，如何根据学生不同的学习风格、能力水平和学习偏好设计与调整课

---

[1]　汪斯斯、邓猛：《当代美国智障教育课程的发展述评》，载《中国特殊教育》，2014年第9期。
[2]　邓猛：《融合教育理论指南》，125页，北京，北京大学出版社，2017。

程和教学，即融合教育课程的差异化问题。缺乏差异的课程只适合班级内少数能力相同或相近的学生，而实施差异化的课程则会使全班所有学生受益。为此，国内外研究者提出了一系列实施融合课程的原则和策略，涉及课程目标、课程内容、课程评价等多方面的调整，并强调将学习通用设计理念贯彻于课程设计之中，为特殊学生提供多样化的课程学习选择。

　　长期以来，融合教育课程中的课程调整成为融合教育课程理论的核心，针对普通学校中学生由于感官、生理、认知或情绪等方面存在障碍而无法与普通学生以同等的教学方法、教学步伐和教学要求学习相同课程的问题，对普通教育课程进行必要的课程调整。融合教育中课程调整的形式多样，例如，有些残疾学生需要经过特别调整的课程内容和课程编排才能跟得上学习进度，如降低难度、减少学习内容等方式；有些残疾学生可能在某个发展领域有天赋或者特长，需要开设兴趣或者扩展类的课程，帮助残疾学生发挥潜能；也有些残疾学生需要在学校里学习一些普通儿童在校外通过自我探索、模仿、非系统的口耳相传就能够获得的知识，如基本的卫生习惯、生活自理能力、性别角色等。[①]　总的来说，课程调整既包括对普通教育课程做出的各方面调整，也包括延伸到普通教育课程之外的替代性课程和功能性课程。

　　近些年来，随着融合教育的不断推进，融合教育的课程理念也在不断改变。伍德（Wood）[②]总结了残疾儿童接受教育课程的发展历史，指出针对残疾儿童的课程发展有五个阶段：第一阶段是仅有普通教育课程，一种课程适用于所有人（one size fits all），缺乏弹性。第二阶段是平行式课程阶段，普通教育与特殊教育课程分离并行，普通教育课程偏向于发展性和学业导向，特殊教育课程偏向于功能导向。第三阶段是主流式课程阶段，一种课程适用于大多数人（one size fits most），若有个别学生存在学习困难和障碍，则经过事后的课程调整，满足其需求。第四阶段是多层次课程阶段，课程为不同需求的人分层设计，具备一定的弹性，允许学生达到不同层次的目标，进行不同形态的学习。第五阶段是通用设计课程阶段。学习通用设计（Universal Design of Learning，UDL）强调在课程设计之初，即考虑学生所存在的各种差异以及可能遇到的障碍和困难，根据不同学生的需求，设计出有弹性、多元的课程内容以及多样的表达与参与方式，以此来减少随后在教学过程中课程"改装"的困难和代价，为学生提供选择与准入课程的多样化方式；增加学生学习的连续性。

　　前四个阶段的课程理念主要以课程调整为核心。学习通用设计则是近年来基于脑科学与数字技术发展起来的新型课程设计理念与策略。虽然在当前国际特殊教育研究与实践中颇被推崇，但在我国却没有得到应有的重视，对其研究也不多。学习通用设

---

① 邓猛：《关于全纳学校课程调整的思考》，载《中国特殊教育》，2004年第3期。
② 钮文英：《拥抱个别差异的新典范——融合教育》，350～353页，台北，心理出版社，2008。

计却能为我们提供看待融合教育课程与教学的独特视角。学习通用设计与差异教学体现了融合教育背景下教师实施差异化的不同方式，从课程与教学两个方面代表了融合课堂中适应学生多样化能力、满足多样化需求的不同思维模式。目前国际特殊教育发展中针对残疾儿童的课程越来越趋向于普通化。对残疾儿童而言，问题的关键不在于教给他们另一套不同的课程，而在于如何将普通课程的内容有效地教授给他们，这就需要促进融合教育的课程理念从课程调整转向学习通用设计。

调整是特殊教育的关键策略，或者被称为"最佳实践"（best practice）之一，针对儿童的多样化学习需求与特征进行弹性调整是融合教育成功的关键。课程调整是一个动态、弹性化的过程。在此过程中，教师以学生为中心，考察班级中残疾学生与学校课程的适配性，随时调整课程。一般而言，普通学校中大多数残疾学生都可以通过课程调整来学习普通教育课程，只有少数重度和极重度的学生无法跟上普通班级中课程学习的进度和学习的难度，而需要另外的课程代替。[①] 由于当前我国普通学校随班就读的残疾学生多以轻、中度为主，因此，针对残疾学生的课程也主要是课程调整，辅之以必要的替代性课程和功能性课程。

当前研究已经证实，只要给予恰当的支持和调整，大多数残疾学生都能学习普通教育课程并从中受益。[②] 国际教育委员会（2009）明确提出，融合教育课程必须是弹性化的、可调整的，以满足残疾学生的不同特征与需求。[③] 合理恰当的课程调整已经成为融合教育成功与否的重要指标，调整是基于普通教育课程而做出的个性化改变，其目的是促进学生参与课程，实现学生在班级中的有效融合。

二、融合教育课程调整的内涵

20 世纪 70 年代，西方发达国家就开展了针对学习困难学生参与普通教育课程的调整。1982 年，Baumgart 等人提出通过课程适应和调整来帮助重度障碍学生在普通教室中参与普通教育。[④] 传统的课程调整包含：利用材料和设备、适应技能序列、提供个人帮助、适应规则、适应物理环境。[⑤] 课程调整的内涵显然已经比环境中只有轻度障碍的儿童时要更加丰富。1997 年修订的 IDEA 中要求学校考虑特殊儿童能够进入普通课程

① 王振德：《教育改革、九年一贯课程与特殊教育》，载《特殊教育季刊》，2002 年第 82 期。
② 林宝贵主编：《特殊教育理论与实务（第四版）》，新北，心理出版社，2013。
③ R. Opertti, J. Brady and L., Duncombe：Interregional Discussions Around a Conceptualization of an Inclusive Curriculum in Light of the 48th International Conference on Education Capacity Building Program, UNESCO-IBE, 2009, p. 63.
④ 韩文娟、邓猛：《融合教育课程调整的内涵及实施研究》，载《残疾人研究》，2019 年 6 期。
⑤ Fisher Douglas & Frey Nancy, "Access to the Core Curriculum：Critical Ingredients for Student Success," in *Remedial and Special Education*, 2001(3), pp. 148-157.

的学习，并达到州和地区的评估标准。这使课程调整与融合教育紧密联系在一起，被认为是使特殊儿童能够在普通课程中获得和进步的重要手段。① 随着融合教育的推进，研究者从学生、教师和课程的角度对融合教育课程调整内涵进行了探讨和建构。

(一)融合课程调整以学生为中心

有学者把课程调整定义为基于学习者多样化需求而对学校正式课程的学习目标或学习活动、单元所进行的调整；涉及课程中一系列元素，如内容知识、教学方法和学习结果。② 课程调整的本质就是修正或增补一个或多项课程要素以满足学生的个别差异。课程调整是个别化的，其目的是满足学生的个别需求，所以学生始终处于课程调整的中心。这与《萨拉曼卡宣言》中所提出的"学校应该将有特殊需要者吸收在能满足其需要的、以儿童为中心的教育活动中"这一倡议相符，充分体现了融合教育课程的基本价值观。③

(二)融合教育课程调整具有丰富的层次性

国外研究者使用不同的词汇表示课程调整，体现了调整的不同层次和范围。如"accommodation""modification"和"adaptation"等，都有调整和调适的含义。有的研究者认为 adaptation 可以涵盖所有类型和层次的调整活动，包含调整课程、教学和环境要素，而 accommodation 和 modification 是具体进行课程或者教学调整的策略。④ Wehmeyer 等⑤认为：

第一，Accommodation 有调节、适应之意，多指适应性调整，是针对教学、环境等做出修改而未触及课程目标、内容等课程要素，如改变教学方法、教学评价等，特殊学生能够与其他学生一起参与课程，相对来讲调整幅度较小。

第二，modification 有修改、更改之意，是根据学生的发展优势和学习需要，对课程本身的调整或者修正，如修改学习内容或行为标准。它与 accommodation 对教学、环境的适应性调整是并列关系。Modification 具有 adaptations(适应)、augmentations(补充)、alterations(替代)三种不同的调整层次。

① Pugach Marleen C. , Warger, Cynthia L. , "Curriculum Matters: Raising Expectations for Students with Disabilities," in *Remedial and Special Education*, 2001(4), pp. 194-196.
② 孙美丽、申仁洪：《美国特殊教育课程融合取向的设计模式及启示》，载《青海民族大学学报(教育科学版)》，2011 年第 2 期。
③ 韩文娟、邓猛：《融合教育课程调整的内涵及实施研究》，载《残疾人研究》，2019 年第 6 期。
④ Kurth J. A. , Keegan L. , "Development and Use of Curricular Adaptations for Students Receiving Special Education Services," in *Journal of Special Education*, 2012(3), pp. 191-203.
⑤ Wehmeyer M. L. , Lattin D. L. & Lapprincker G. , "Access to The General Curriculum of Middle School Students with Mental Retardation: An Observational Study," in *Remedial and Special Education*, 2003(5), pp. 262-272.

第三，英文中"curriculum adaptations"有适应之意。它指的是修改内容呈现、信息传递方式和可以使用辅助技术促进学生参与的某种具体调整方法，并不改变课程目标、课程内容，调整范围最小。与之并列的方法是 augmentations，指在普通课程中添加能够帮助学生获得学习技能和策略的内容，以确保学生在普通课程中的表现。Alterations 则是指在以上两者都无法满足学生需要时，改变课程目标、内容等，特殊学生将学习与其他学生不同的课程。Wehmeyer 对课程调整层次的划分得到了诸多学者的认同和采纳。通过对比可知，accommodation 侧重教学调整，而 modification 侧重课程调整，adaptations 则是 modification 的具体策略。

由此可见，融合教育中的课程调整层次丰富，主要体现在三个方面。

第一，调整要素具有层次性。通过选择不同的课程要素，如课程目标、内容等，自然形成不同的调整范围，以适应不同学生的不同需求。

第二，调整方法有层次性。调整包含不变、增加和减少三种基本方法，教师可根据学生的能力和需要灵活选择。相比增加和减少，不变反而是教师首先应考虑的方法。

第三，调整的程度呈现层次性。即使是相同的课程要素，也有从小到大不同的层次。如不变、微调、大变、小变等。

丰富的层次性正是基于融合教育中学生差异及需求的多样性而出现的。层次性反映出融合教育课程调整是以学生需要为中心的本质特征。只有能够满足不同学生需求的课程才是真正的融合教育课程，这样的课程调整才有意义。[1]

(三)融合教育课程调整是互动的行动过程

融合教育对公平和质量的追求促使教师更加谨慎地、科学地实施调整；课程调整不再是教师单向指令的下达过程，而是教师与学生间就最佳课程调整的方案和实施协商互动的动态过程。[2] 学生的实际需要可能发生在任何形式和范围的课程活动中，可能出现在课程活动的任何环节，是动态的而非一成不变的。课程实施是教师与课程方案制订者、教师与学生间分别进行"理解"与"对话"的过程，这是一个互动的过程，不是单向的、线性的传达过程。[3] 融合教育课程调整是学校和教师为满足学生个别化的课程需求，在国家课程基础上对课程要素等实施多层次改变的动态的互动，是教师将观念形态课程转化为学生能够接受的课程的行动过程。

第一，虽然融合教育课程似乎从内容到形式兼容并包，包罗万象，但课程调整并

---

[1] 邓猛：《融合教育理论指南》，132 页，北京，北京大学出版社，2017。

[2] Sawyer R. D. , "Adapting Curriculum to Student Diversity: Patterns of Perceptions among Alternate-route and College-based Teachers," in *Urban Review*，2000，32(4)，pp. 343-363.

[3] 吉标、吴霞：《课程实施：理解、对话与意义建构——一种建构取向的课程实施观》，载《西南大学学报（社会科学版）》，2005 年第 31 卷第 1 期。

不是调整层次和类型越多越好。应遵循"最少分层"原则，实现"最少调整，最大融合"。尽量让所有学生都参与同样的课程与教学活动，并尽量让他们独立完成任务，只有在必要的时候才改变课程内容和教学方法。[①] 否则，只会适得其反，从而造成隔离。

第二，融合教育课程是广泛的课程，这就决定了课程调整不仅仅发生在课堂之上，还发生在课堂之外。融合教育课程调整的范围应从课堂拓展到学校和社区，但中心仍然是班级和学校。

第三，融合教育课程是弹性的课程，并应突出国家课程的核心地位。融合教育课程调整应该以国家课程为基础，这也是目前研究者的共识。国家课程可以看成是国家以该年龄段的学生的生理、心理发展状况为基础而制定的促使他们在认知、情感、技能等方面达到某种要求的课程。这种基本要求不是最高要求，而是大多数学生能达到的学习结果。[②] 所以，原则上包括残疾学生在内的所有学生，都应努力达到这一要求，而不能因为残疾轻易降低标准。[③]

总之，课程调整的内涵随着课程理论、融合教育及融合教育课程的发展而发展，是一个动态发展的过程。融合教育课程调整的内涵不应僵化，而是处于不断探索和研究中。

三、融合教育课程调整的结构

(一)融合教育课程调整结构的两个维度

融合教育课程及调整应始终体现以学生为中心的原则。学校和教师在课程调整过程中，都应从掌握学生需求出发。厘清学生在课程学习中的优势和劣势，是了解学生需求和实施课程调整的重要依据。依据融合教育课程在内容和范围上所呈现的广泛性、相关性和弹性特征，将课程调整的结构要素划分为两个维度。

第一个是课程要素维度。从广义上说，课程的四个基本要素分别为课程目标、内容、组织和实施、评价。其中，课程目标是学生学习所要达到的结果。如前所述，课程调整是国家课程框架下的适应性调整，课程目标是国家以该年龄段的学生的生理、心理发展状况为基础而制定的促使他们在认知、情感、技能等方面达到某种要求。课程内容是指各门学科中特定的事实、观点、原理和问题，以及处理它们的方式，是实现课程目标的手段，直接指向"应该教什么"的问题。[④] 课程实施是一整套规定好的课程方案具体的运行过程，本质是教师"做"的过程，是教师将课程方案实践到课堂教学的

① 邓猛：《融合教育理论反思与本土化探索》，117 页，北京，北京大学出版社，2014。
② 赵勇帅、邓猛：《西方融合教育课程设计与实施及对我国的启示》，载《中国特殊教育》，2015 年第 3 期。
③ 盛永进：《随班就读课程的调整》，载《现代特殊教育》，2013 年第 6 期。
④ 施良方：《课程理论——课程的基础、原理与问题》，106 页，北京，教育科学出版社，1996。

过程。从课程开发的角度来看，课程实施是核心环节，与教学即教育活动的过程和方式是有本质区别的。所以，不可将其等同于教学。课程评价本身含义广泛，原多指对学生学业成就的评价。在融合教育课程领域中，评价内容、方式等也呈现出多元化的特征。

　　课程组织和实施相对其他三个要素，可以说是最"不动声色"即可进行的调整。其中最小的调整是针对学生自身的调整，即帮助儿童使用恰当的学习策略；可以分成学生内部自身学习行为和策略调整以及学生外部的课程与教学成分的调整。针对学生内部的调整，即教导学生学习行为和策略对课程要素调整的幅度最小。所有学生学习同样的课程，未对课程内容做出任何调整，教学目标、要求也相同，被称之为同样的课程(as is)。但需要注意的是，看似未调整，实则已增加学习策略等的指导和帮助。与之相反，当所有的要素都被调整，学校和教师为某一儿童重新设计单独的课程时，这样的课程即为替代性课程(substitute curriculum)。显然，替代性课程的调整范围是最大的。① 根据对课程调整幅度的影响从小到大，依次调整课程组织与实施、评价、内容、目标。调整应遵循"最小调整，最大融合"的原则。若通过前一种课程要素的调整即可满足学生需要则后面要素无须调整。所以，课程目标是教师最后考虑调整的要素，以保证特殊学生也能够达到国家课程的基本要求。

　　第二个是课程调整范围维度。从学生中心向外拓展依次为班级、学校、社区的调整，前二者是课程活动发生的主要场所，也是学校和教师所能决策的主要场所。钮文英将课程调整扩展到全校范围，分为三层，分别是全校范围、全班范围、针对学生个人的调整。② 此模式以融合的学校文化、共享的领导权和合作的小组为基础。学校文化越是融合，班级就越有高度的弹性，则须做的个别化调整的概率就会越低。在此基础上，学校所在社区越是包容，则内部三层所需要进行的课程调整就越少。显然，对于儿童来讲，这样的环境所造成的隔离也越小。Ayres 等指出，课程调整是一种技术策略，它支持我们的信念，即所有的学生都可以，并且愿意学习他们需要掌握的知识，不需要与他们的同龄人、学校以及社区分开。③ 越是外围的调整对学生个体的影响越小，融合教育课程的通达性越强，针对学生个人的调整就越少，也越有助于实现"最小调整，最大融合"的目标。

(二)融合教育课程调整的结构特征

　　综上所述，融合教育课程调整结构呈"一个中心，两个维度"的特征(见图 1-4)。图

---

　　① 韩文娟、邓猛：《融合教育课程调整的内涵及实施研究》，载《残疾人研究》，2019 年第 6 期。
　　② 钮文英：《拥抱个别差异的新典范——融合教育》，334～335 页，新北，心理出版社，2008。
　　③ Barbara Ayres, Cheryl Belle, Kathy Green, Joanne O'Connor & Luanna H. Meyer. , *Examples of Curricular Adaptations for Students with Severe Disabilities in the Elementary Classroom*, New York, Syracuse University, 1992.

中心即为学生个人，是课程调整的出发点。两个维度的调整都围绕学生个人需要。锥形图的水平面所示意的是调整范围维度，按照调整幅度从大到小，依次为学生个人、班级、学校和社区的课程。纵面为课程要素维度，按照调整幅度从小到大，依次为课程组织和实施的调整、课程评价的调整、课程内容的调整和课程目标的调整。这些不同维度可以进行有机的组合，直至符合学生个人的需要这个中心。教师需要做的不仅仅是进行菜单式的组合，更重要的是与学生进行互动，共同选择最优调整。在满足学生个别化需要的前提下，选择调整范围最小、隔离程度最小的调整方式。

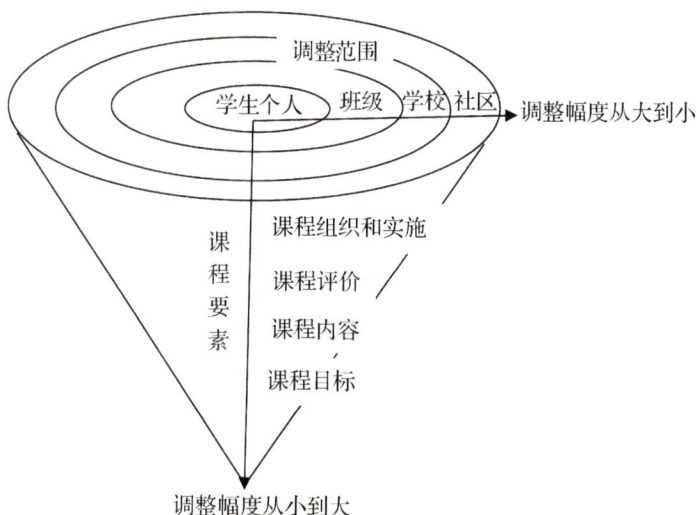

图1-4　融合教育课程调整结构锥形图

本章小结

　　本章首先回顾了融合教育的基本概念与内涵。融合教育是指让所有儿童就读于适合其年龄的、社区内就近的普通学校的普通班级，通过各方的协同合作，为这些儿童提供公平优质、高效的教育和服务。融合教育强调每个儿童在主流教育体系当中平等接受教育的基本权利；强调每个儿童都能在普通班级中获得充分发展，通过尊重差异和开发潜能为每个儿童追求卓越、获得成功提供可能，使学生的个性得到充分发展；融合教育注重每一个人的积极参与，每一个人都是融合教育活动中的主人；融合教育本身不是目的，而是达到融合社会的手段，融合教育的最终目的就是实现这种美好的融合社会。

　　融合教育课程必须满足所有儿童，是广义而非片面、狭义的课程。融合教育课程作为实现融合教育的一个重要途径，其核心意义在于将"融合"的原则诉诸教育行动。融合教育课程是一种普通学校为满足所有学生多样性的学习需求、学习风格、文化背景等多方面的差异而设计的弹性的(flexible)、相关的(relevant)和可调整的(adjustable)的综合课程体系。融合教育课程是一种"共同课程",即供所有儿童学习的课程,通过设计共同课程来满足儿童发展的共性,不能以学生的性别、年龄、身体状况、信仰、语言等为由而不予提供。其次,融合课程是弹性课程,体现学生学习能力的多样性,反映不同学生的不同特点与学习需要。弹性课程满足儿童发展的特殊性。它是以满足不同学习能力与需要为目的,通过差异分层、个别化设计等手段满足学生的独特需求,为学生提供从完全相同到完全不同的课程内容。融合教育课程调整的内涵具有以学生为中心、丰富的层次和互动的行动性三大属性。在此基础上,总结了课程调整结构"一个中心,两个维度"的特点;遵循"最少分层"原则,实现"最少调整,最大融合"的目标。

思考题

1. 如何理解融合教育?
2. 在融合教育的实施过程中,教师应该秉持怎样的理念?
3. 融合教育课程有哪些基本特征?
4. 融合教育课程调整的结构是什么?

推荐阅读

1. 邓猛:《关于全纳学校课程调整的思考》,载《中国特殊教育》,2004 年第 3 期。
2. 邓猛:《融合教育理论指南》,北京,北京大学出版社,2017。
3. 邓猛,颜廷睿:《融合教育理论反思与本土化探索》,北京,北京大学出版社,2014。
4. 钮文英:《拥抱个别差异的新典范——融合教育(第 2 版)》,新北,心理出版社,2015。
5. 施良方:《课程理论——课程的基础、原理与问题》,北京,教育科学出版社,1996。

第二章

融合教育教学论

本章导言

教学是由教师的教和学生的学所组成的一种人类特有的人才培养活动。通过教学，课程的设计与构想得以实现。因此教学实质上是课程实施的一种手段，是对课程的目标、内容进行传达的一个过程。因此，课程解决的是"教什么"的问题，而教学解决的是"怎么教"的问题。

北京市西城区椿树馆小学在办学经验基础上，立足自身需求，运用"协同教学"来实践融合教育理念。协同教学是由教师组成小组协同指导儿童的一种教学方式。协同教学的核心概念在于强调教师间的合作，其重要的意义在于整合与发挥教师的专长，建立"目标导向"的专业关系，并能有效运用现有的环境，规划与善用教材、教具，运用多元的教学策略及多元的评价方式，实施教师间合作教学，借由指导一个团体的学生，达成适应学生个别差异的"适性教学"目标。以数学教学为例，资源教师通过以下三方面内容来实现提升随班就读学生晓雨的"数感"、建立其自信心等目标，[1] 以下是椿树馆小学资源教师李莉进行协同教学时的描述。

晓雨是一个轻度智力落后的女生，愿意表达，与同学、老师交流很顺畅，但比较懒惰，同学们不愿意与她来往，在班中的自信心很弱，不能将自己融入集体中。分析原因，可能是由于晓雨从小没有妈妈在身边，导致她的个人卫生习惯较差，不写作业，成绩都不能及格，并且可能在认知方面落后于同学，学习习惯也没有养成……综合各种因素，我将晓雨作为协同教学的对象。

在开始协同教学之前，需要思考的是：协同什么？晓雨的哪门学科、哪一部分内容需要协同？不可能把所有的学习内容全面铺开，这样效果不会好，所以在协同教学的前期，我对晓雨进行了课堂学习的观察，发现晓雨对数学学习比较感兴趣，做对一道题会很兴奋，并会积极举手回答问题，自信心建立得很快，所以我决定在数学课程上开展协同教学，分为以下几个步骤。

(一)做主讲教师的"合作者"——关注有需要的学生

1. 共同研究教材

在协同教学开始前，我与晓雨的数学教师对全册教材的知识点进行梳理，如在六年级上册的几个单元的学习范围中，数学教师认为晓雨会在"小数乘法""小数除法"和"多边形的面积"中遇到问题，在计算中也会出现问题，而其他单元的内容比较简单，所以确定将这三个单元的学习定为协同教学内容。

---

[1]　本章导言中的案例来自北京市西城区椿树馆小学，由该校李莉老师提供，案例中学生姓名均为化名。

2. 课堂指导化繁为简，提供支持

在数学课堂上，我在晓雨的旁边协同其学习，当晓雨遇到障碍时，我与数学教师及时沟通，调整晓雨的学习进度，保证基本学习目标的达成。例如，在"多边形的面积"的一节练习课上，老师讲解这样一道题：

有一块平行四边形的麦田。底是 250 米，高是 84 米，共收小麦 14.7 吨。这块麦田有多少公顷？平均每公顷收小麦多少吨？

这是一道两步题，在老师讲解第一问的过程中，晓雨非常认真地听老师讲，从表情上看像听懂了，但在写算式时明显慢了下来。当老师讲下一问时，晓雨还没有算完，我就临时调整进度，对第一问的计算进行个别辅导，第二问没有在课堂上解决，而是下课后解决的。当老师在全班讲解完进行巡视时，我将晓雨的情况反馈给数学教师，教师表示赞同。

根据学习的规律，往往在快下课时，教师会安排较难题目的练习与讲解，这时支援教师可以将准备好的基础题对晓雨进行当堂检测，并将结果及时反馈给数学教师，使数学教师对随读生的学习状况有更深入的了解。

3. 辐射其他学生，发挥作用

在课堂上，晓雨多数的学习环节能够与全体同学同步，所以要逐渐多放手，在她能独立完成的学习任务上给足时间，让其独立参与。这时，我会辐射周围的同学，同时关注他们的学习情况，并适时进行指导。例如，在上面的这节课中，当晓雨独立思考解题时，有一半左右的学生已经完成，并举手示意，数学教师一一巡视，但是时间有限，看不了几个学生的答题，我就帮助数学教师了解晓雨周围同学的情况，有错误及时给学生指出或简单讲解，并把学生的错误情况反馈给数学教师，这样就节省了课堂时间。时间长了，学生做完题目会主动拿给我看，我也将自己融入课堂里。

(二)做随读生的"引领者"：利用补救教学，提高晓雨基本的数学素养

协同教学的开展是一种途径，不是目标，今天的"教"，是为了明天的"不教"。协同教学也是这样，现在的协同，是为了发现问题、解决问题，最后还要走出协同，培养孩子独立学习的能力。

在五年级开始的数学协同教学中，通过观察与指导，我发现晓雨计算很慢，10 以内的口算正确率低，症结在于对数字不敏感。例如，在口算 10 以内的加减法时，看到"1"，我们会马上想到"9"，看到"2"，我们会想到"8"，以此类推，这是一年级时学生学到的"凑十法"，而晓雨却要想很长时间，有时一位数的加减法还要用竖式计算，导致后面的两位数和三位数的计算速度及正确率受到很大影响。分析原因，是晓雨在认识数字的关键期没有得到应有的支持，数感较差。

什么是数感呢？所谓"数感"，就是对数学的感觉、感受。数感是人对数与运算的

一般理解，这种理解可以帮助人们用灵活的方法做出数学判断和为解决复杂的问题提出有用的策略。小学数学课程标准指出：在数学课程中，应当注重发展学生的数感、符号意识、空间观念、几何直观、数据分析观念、运算能力、推理能力和模型思想。"数感"排在小学生数学基础能力的首位，足见其重要性。数感是学好数学的基本素养，是人主动自觉地理解和应用数的态度和意识。具有良好数感的人，对数的意义和运算有灵敏而强烈的感悟能力。发现了晓雨在数学学习上的问题根源，我就决定将晓雨在资源教室的个别训练的重点，放在培养"数感"上，为数学课堂学习做铺垫。

1. 帮助晓雨熟背乘法口诀，为训练做准备

晓雨会背一部分乘法口诀，1～5 的口诀比较熟练，6～9 的口诀不熟，而且经常出错。

2. 在游戏中找"数感"

在个训中以游戏"心算 24"为载体，任意抽取 1～10 的四张牌为一组，用加、减、乘、除任意运算，每个数字只能用一次，最后结果得到"24"。

例：　8　　3　　1　　2

在独立的思考后，晓雨会将自己的思考过程说出来。

(1)$3×8×(2-1)$

(2)$(8-2)×(3+1)$

(3)$(8+3+1)×2$

晓雨对这个游戏非常喜欢，每次都积极主动地参与，有时一组数字想出一种方法还不肯罢休，还要再想；有时能说出几种方法，这样她的思维越练越活跃，计算的速度及正确率提高很快，数感越来越好。

3. 充分利用个训的每个环节，提升数学学习能力

开始，每次的计算过程都会由资源教师记录下来，之后，渐渐地让晓雨练习记录，把说的过程落到纸上是一个提升，由于要列成综合算式，其间又用到了括号，这又是一个提升。

例：　6　　8　　7　　9

(1)$[6÷(9-7)]×8$

(2)$[8÷(9-7)]×6$

在越来越多的算式中用到了括号，有时还会用到中括号，开始写综合算式时晓雨速度慢，而且频频出错。经过一段时间的训练后，晓雨不仅速度快了，而且出错也越来越少。

在个训阶段，我会经常向数学教师反馈晓雨的学习状况，并了解晓雨在数学课上的学习情况。经过一个学期的数感训练，晓雨计算的速度与正确率有了明显的提高，由内而外的自信也增强了，数学教师反映其在数学课上参与的积极性很高，在单元练习中也能独立完成基础题目的解答。晓雨也看到了自己的进步，别提多高兴了！

（三）做随班就读学生的"咨询者"——抓住一切机会随机教学

对于随班就读学生来说，所学知识的实用性最重要。由于先天的欠缺，决定了这些孩子在起跑线上就落在别人后面。但是有时知识的多少与生活的幸福感不一定成正比，在学习的内容上不求深、不求难，不与别人比，只要他们能掌握基本的生活技能，就有可能过得很幸福。

在课堂学习与个训以外的生活里，我和晓雨更像一对好朋友。晓雨只要有时间就来找我做游戏、读故事或下五子棋。晓雨对五子棋很感兴趣，我就在每一局棋结束时，让她数一数用了多少个棋子赢了（或输了）我。有时她会告诉我自己去看妈妈，我知道她的妈妈在超市工作，就在和她聊天的过程中问一问在超市买了什么，花了多少钱，怎么算的。目的是抓住一切机会渗透数感。记得有一次晓雨穿了一双新鞋，我就问她是妈妈买的吗？她说是妈妈给的钱自己买的，我就问她买的过程以及带了多少钱，花了多少钱，找回多少，晓雨一一解答，而且整个过程都是自己进行的，结果也非常正确，我心里真为她高兴！

晓雨现在已经毕业了，在新的环境中，一定会遇到更多的问题，但我相信她一定会自己处理好。我的"相信"源于她的"自信"，相信她在自信与乐观的心态下，即使有解决不了的事，也不会被压倒。我想：这正是我们作为教师要给予每一位学生最宝贵的东西，尤其是随班就读学生。

第一节
融合教育教学范式的变迁

美国学者托马斯·库恩在其出版的《科学革命的结构》一书中，提出了"范式"的概念。[①] 实证主义向建构主义、后现代主义的转换是当今时代社会科学的主要发展趋势。这种变化对社会文化各个方面产生了深刻的影响，也改变了人们对残疾的基本认识，对特殊教育的理论模式与实践方式变革有着重大的作用。[②] 特殊教育范式经历了从隔离式到回归主流，进而走向融合教育的变化。从排斥到接纳、从隔离到回归主流、从普

---

① Kuhn S. K., *The Structure of Scientific Revolutions*（*2nd ed.*），Chicago，University of Chicago Press，1970，p. 43.

② 邓猛、肖非：《隔离与融合：特殊教育范式的变迁与分析》，载《华中师范大学学报（人文社会科学版）》，2009 年第 4 期。

特双轨制到融合，特殊教育范式变迁既反映了西方以民主、自由为特征的社会文化的演变，也反映了科学与人文、实证与建构主义之间的对立统一的复杂关系。特殊教育自身发展规律在这一过程中得到充分体现，经历了慈善模式、医学—心理学模式、社会学模式、教育学模式等理论范式的争论与发展。① 融合教育的核心价值观念就是平等、个别差异、多元等后现代主义哲学崇尚的基本价值观。这打破了特殊教育与普通教育的界限，不仅使特殊教育成为普通学校再也难以回避的关键问题，也推动了教育改革与教学范式的转型。

一、融合教学从重视"缺陷补偿"转向"潜能开发"

人皆有潜能，也不乏缺陷与不足，这正是人类个别差异的具体体现。融合教育者认为：个别差异是自然存在的，所有的儿童都有学习能力与获得成功的权利。② 残疾儿童由于自身生理或心理的缺陷，呈现在人前的往往是比较显著的缺陷与困难。但人们忽视了，特殊儿童同样具有闪光点，他们同样有着发展的潜能与天赋，同样有获得成功的权利与潜能，他们需要的是我们的理解与支持。因此在特殊教育的过程中，需要针对特殊儿童不同的身心特点，尽量发挥缺陷补偿和潜能发挥的综合作用，弥补特殊儿童缺陷以及发挥特殊儿童内在的潜能，增加特殊儿童适应学校生活和社会生活的能力。

传统的特殊教育以"心理—医学"为特点，关注残疾的病理学根源、行为特点，以及矫正补偿的方法，其基本假定是：残疾由个体生理、心理缺陷所致，重视发展客观测量工具（如智力量表等）来诊断残疾或障碍类型与程度，并据此发展相应的药物或治疗方法以及具有明显医学特点的干预或训练手段。这种方式强调缺陷补偿的作用，是指在机体失去某种器官或某种机能受到损害时的一种适应，是一种与正常发展过程不全相同的有特殊性的发展过程。③ 在这个发展过程中被损害的技能可以被不同程度地恢复、弥补、改善或替代。

随着融合教育的发展，重视缺陷补偿的"医学—心理"模式向重视儿童权利的"社会—政治"模式转换。世界卫生组织（WHO）2001 年通过的《国际功能、残疾和健康分类》（简称 ICF）就是建立在残疾的社会模式基础上的，从残疾人融入社会的角度出发，不再视残疾为个人问题。特殊教育理论范式随之从隔离走向融合，从医学—心理学模式走向社会学—教育学模式，从缺陷补偿走向潜能发展，从狭义的"残疾"走向"特殊教

---

① 邓猛、杜林：《西方特殊教育范式的变迁及我国特殊教育学校功能转型的思考》，载《中国特殊教育》，2019 年第 3 期。

② Croll P. & Moses D.，"Ideologies and Utopias：Education Professionals' Views of Inclusion，"in *European Journal of Special Needs Education*，2000(15)，pp. 1-12.

③ 朴永馨：《特殊教育学》，66 页，福州，福建教育出版社，1995。

育需要"。① 所有儿童都有学习的潜能，学校必须成为满足社区内所有儿童独特的学习需要的"学习中心"，特殊教育与普通教育的知识、技术必须融合，应在普通教室里提供相关医疗、康复等服务。这些观念逐步成为融合教育的基本价值，逐步确立"潜能开发优先、缺陷补偿其次"这一特殊教育第一个基本实践原则。

潜能是一种没有表现出来的能力，但是会随着人的成长和生理上的成熟逐渐显示和变化，成为现实。而这种将潜能变成现实的过程，也就是我们常说的潜能开发或潜能发展。潜能的发展也就是潜能的开发或解放，潜能的开发或解放也就意味着人的全面发展，这是教育的根本任务。教育的最高境界就是要开发人的潜能，特殊儿童的教育亦不例外。每一个儿童，无论其残疾程度有多严重，都有发展的潜能、学习的能力，以及获得成功的权利。

相对于缺陷补偿来说，潜能开发优先更加重要，应摆在首要位置。这是因为：首先，残疾儿童的缺陷很容易看到，潜能却经常被人忽略。但是，由于文化、传统观念等的影响，我们对特殊儿童可能存在着误解，认为残疾儿童就一无所能，超常儿童就样样都行。这样，残疾儿童某些方面的潜能就被我们忽略了，而同样，一些超常儿童的不足也被我们视而不见。这对于儿童的发展都是不利的。

其次，并非每个残疾儿童都需要缺陷补偿或者康复训练，也并非任何时候都需要；但任何人、任何时候都需要教育。一般来说，随着儿童年龄的增长，康复需求逐步减少，教育需求逐步增加。因此，对于特殊教育需要儿童来说，挖掘他们的潜能就具有更加重要的意义。由于特殊儿童存在着不同的缺陷或困难，他们某些方面的能力不能正常地发挥作用，因此需要通过各种方式，挖掘他们的各种潜力，以弥补缺陷给他们带来的在学习、生活等方面的损失。

因此，从缺陷补偿走向潜能开发，是医疗—心理模式向社会教育模式转变的必然要求，是儿童发展规律的自然体现，也是融合教育的根本价值。挖掘特殊儿童的各方面潜能，是特殊教育的一个十分重要的手段和途径。

二、融合教学策略从特殊教学法转向融合教学法

探求有效的、高质量的教学策略是融合教育得以确立的基本依据，也是衡量融合教育质量高低的根本指标。传统的特殊教育教学论认为，再好的普通教育从来不会，在逻辑上也从来不能满足所有学生，特别是残疾学生的需要。因此特殊教育在长期的发展中已经形成了一系列独特的教学方法和策略，如直接教学、自我监控、策略训练、课程本位评估、应用行为分析和功能评估等。根据特殊儿童的发展特点，教师改变教

---

① 邓猛、肖非：《特殊教育学科体系探析》，载《中国特殊教育》，2009 年第 6 期。

学的进度、强度、持续性、结构、强化、师生比、课程以及监控或评估等，从而使特殊教育的教学变得特殊，满足特殊学生的教育需求。正如 Kauffman(2009)[①]所言，通过这八个维度，特殊教育教师常常能使特殊教育要多特殊就有多特殊。

但传统特殊教育教学论的缺陷在于：无法充分证实特殊教育教学实践方式的有效性和独特性。[②] 在独特性方面，尽管教学方法和策略需要适应学生的特点和需要，但事实上教育领域从来不存在普通教育的普通教学法与特殊教育的特殊教学法这两套截然不同的教学方法体系。残疾儿童首先是儿童，其次才是残疾儿童。这决定了针对儿童所有的教学方法和策略是以共同教学原则的形式存在的，它可以根据不同教育对象的准备水平、学习特点、身心发展水平等对共同教学原则进行不同形式和程度的调整。对于残疾儿童来说，教师也只是在教学的某方面设计得更加密集和清晰。特殊教育中所常使用的直接教学、课程本位评估、合作教学等，也只是改变了普通教学法的进度、强度、持续性、结构、强化、师生比、课程以及监控或评估等一个或几个方面。长期以来在特殊教育中所使用的所谓"特殊教学法"只不过是教育领域中一些共同的教学原则在特定案例和情景中的体现，是教学方法连续性谱系的某一阶段。在特殊教育教学有效性方面，有关特殊教育教学有效性的研究一直处于争议之中。从目前来看，并没有足够的证据表明特殊学校、特殊班或资源教室中所使用的特殊教学成效要高于融合班级中对特殊儿童实施的普通教学。[③]

融合教学法(Inclusive Pedagogy)挑战了传统特殊教育的教学论，它鼓励教师和教育研究者以新的方式开展工作，对学校中的变化做出回应。融合教学法是一种"以学生为中心""公平导向"的教学方式，它关注学生的不同背景、学习风格、能力差异等多方面的特征。[④] 在此基础上教师和学生平等互动、共同努力来创造一种支持性、开放性的学习环境，促进每个学生的自由而完整的参与及表达。融合教学法假设，学习者之间的个体差异并不是学习者内在的问题，也并没有超越于班级教师的专业知识范围之外。融合教学论从社会建构主义出发，认为学习主要通过特定社会背景下共同的活动而产生发展。[⑤] 因此，教师在班级中需要与包括特殊学生在内的所有学生通过组织共同的学习活动，进行主动的知识建构。本节后部分将对融合教学法进行进一步介绍。

---

① 肖非：《特殊教育导论》，10 页，北京，中国人民大学出版社，2009。
② 颜廷睿：《特殊教育并不"特殊"——关于特殊教育"特殊性"的思考》，载《现代特殊教育》，2016 年第 10 期。
③ Rix J. & Sheehy K.，"Nothing Special：The Everyday Pedagogy of Teaching,"in *The SAGE Handbook of Special Education：Two Volume Set 2*，edited by L. Florian，Los Angeles，Sage，2014，p. 463.
④ Florian L.，*The Concept of Inclusive Pedagogy*，Buckingham，Open University Press，2010.
⑤ Florian L. & Black-Hawkins K.，"Exploring Inclusive Pedagogy," in *British Educational Research Journal*，2011(37)，pp. 812-828.

三、融合教学组织从大班集体向分组合作教学转变

特殊及融合教育要确立的第二个基本实践原则是"集体教学为主、个别辅导（训练）为辅"。个别化教学是特殊教育最主要的教学方式，但个别化却需要在集体中体现。没有集体，谈不上个别化，这就是特殊教育中最基本的辩证法。如果本末倒置，必然事倍而功半，甚至取得相反的结果。

为此，首先要区分个别化教学与个别教学的概念。个别化教学是具体的教学原则或者策略，是指在教学过程中，根据学生不同的学习能力与特点，对教学内容、方法、材料及组织形式等进行相应调整的教学策略和教育思想。[1] 个别教学则是一种教学组织形式，特指教师和学生一对一的教学。

其次，要厘清集体教学与个别化教学之间的关系。集体教学主要是针对一群学生进行分班或分组教学的方式。传统的集体教学以年龄、能力相似进行同质分班或分组教学；融合教育倡导的集体教学则强调异质分组教学。传统的普通及特殊学校强调同质性分班教学，融合教育则倡导根据学生异质性特征进行分组教学；分组教学是融合教学的核心技术。

应注意个别化教学并不等于个别教学，个别化教学既是一种理念，是一种"因材施教"的教育思想，也是具体的教学方法和策略。在集体分班或分组教学、个别教学等组织形式中都可进行个别化教学。班级授课制并非不能进行个别化教学，只要教师能根据学生的特点，采用适当的教学方法进行因材施教，就能贯彻个别化教学的思想。但也要注意，个别教学不一定是个别化教学，个别教学如果不根据学生的特点，不根据学生需求进行就不能贯彻个别化教学的思想。

融合教育的基本范式变迁体现为：课堂教学逐渐从特殊学校或机构走向普通学校教室、走向家庭和社区；教学策略从大班教学走向小班化，继而走向分组差异合作，最终实现个别化教学的目标。传统的大班教学是基于学生之间高度的同质性，但当同一班或同一组中的学生能力不一样时，就需要通过分组、合作教学的方式来改变班级形式、提高教学效率。

分组教学按照分组的方式，又包括异质分组、同质分组、同一年级跨班级分组、跨年级混龄分组等方式。例如，同伴互助就是一种异质分组的方式。合作教学主要指特殊教育教师或者专业人员与普通教师共同承担、分享教育普通班级具有异质的、多样化学习需要的学生的责任。在融合教育的课堂中，普通教师和特殊教育专业教师的

---

[1]　King-Sears M. E. , "Best Academic Practices for Inclusive Classrooms," in *Focus on Exceptional Children*, 1997(29), pp. 1-23.

合作，可以充分发挥彼此的优势以便更好地满足所有学生的需要。这种合作教学的形式使普通教育与特殊教育相互渗透、融合，改变了传统的特殊教育模式以及普通教育的形式与发展方向。[①] 因此无论是合作教学还是分组教学，都是着眼于学生的异质性的。尤其是其所体现出的个别化教学思想和融合教育的合作精神既是对传统大班或集体教学不足的弥补，又是对传统教育观念的突破。

四、融合课堂管理从强调纪律走向积极支持

传统的课堂教学以教师为中心，教师通过权威和纪律管理课堂，强调统一性。这就造成了班级中教师权威过重的现象。因为无论是纪律还是教师的权威，都带有很强的成人意志，忽略了学生作为一个独立个体的所思所想。纪律和权威都是以个体遵守环境为前提，而不是以改变环境或建立支持性环境为导向的。因此，在传统的纪律和权威笼罩下的课堂，特殊学生遭遇最多的便是惩罚，甚至排斥。这对于学生个体的发展是极为不利的，因为个体始终是环境中的失败者。

融合教育是一种"支持性教育"。2005 年、2010 年在英国召开全球最有影响的融合教育大会便以"融合与支持性教育"为题来强调"支持体系"与融合教育的共生关系。提供"积极支持"是融合教育成功的关键。"积极支持"可以落实在观念态度、政策法规、文化环境、技术资源、课程教学、情绪行为等多个方面。美国智力与发展障碍协会(American Association on Intellectual and Developmental Disability，AAIDD)推出了 2010 年版的《智力障碍定义、分类与支持体系手册》，就根据残疾儿童对支持的需求(Intensity of Support) 而非缺陷的程度(Levels of Deficits)来区分残疾的程度。

融合教育强调对残疾儿童提供支持重于提供各种干预项目，倡导支持走向学生个体，而非个体走向支持。[②] 例如，辅助技术(Assistive Technology)的出现，在很大程度上改变了个体与环境之间的被动关系，使个体能够在环境中获得支持，提高了参与和成功的可能性。因此，运用多种辅助技术等资源教学是融合教育的发展趋势，也是改变个体生活方式、提高个体生活质量的最终方法。残疾人命运的改变最终取决于技术与环境的改变。在残疾儿童课堂行为管理方面，积极行为支持的方法得到广泛应用。它强调以积极的、指导性的方法来代替对特殊儿童严重行为问题的惩罚，帮助儿童来调节他们的行为以适应正常的教育环境，从而使他们的感情和智力得以成长。[③]

---

① Cook L. & Friend M.，"Co-teaching：Guidelines for Creating Effective Practice，" in *Focus on Exceptional Children*，1995(28)，pp. 1-16.

② 王波、康荣心：《智力落后定义的百年演变》，载《中国特殊教育》，2010 年第 6 期。

③ 李芳、李丹：《特殊儿童应用行为分析》，43 页，北京，北京大学出版社，2011。

五、融合教学方式由单向传递走向平等建构

建构主义以及后现代主义思潮奠定了融合教育的哲学理论基础；融合的核心价值观念就是平等、个别差异、多元等后现代主义哲学崇尚的基本价值观。后现代主义解构现代社会知识的权威与社会文化的等级制度，强调平等的对话，不赞成对对话中的对立面进行歧视和压制。①"平等参与、合作协同"就成为融合教育第三个要强调的基本原则与实践方式，也是社会融合与公正目标实现的重要指标。

融合教育最重要的就是范式的变迁，是真正地从以教师为中心向以学生为中心转变；由以知识传递为中心的教学向以平等对话为中心的教学方式转变；由传统的讲授式向"参与式"教学转变；从重视行为训练的行为主义理论范式向重视学生权利和发展的建构主义范式转变。② 这些范式的变化还包括：从学生学习的统一性到学习方式的多样性；从统一的课程走向个别化课程；从重视学业到强调养成教育；从个别教师负责教学到教师队伍集体合作教学；从重视学校教育走向终身教育。③

融合教育以"参与式教学"为特征的课堂必然是个别化、合作的、差异化的。学校的课堂教学活动是师生互动和共同发展的过程。从教学活动上强调"参与"，教学环境上强调"结构化"，教学方法上强调"合作"，教学过程上强调"活动"。融合教育推动学校整体变革，强调以学校整个体系应对学生个别而多样的需求。学校的整体变革要有利于每个学生，包括残疾学生；针对残疾学生的变革也有利于所有学生。在此基础上，综合运用小班化教学、合作教学、探究式教学、信息化教学、结构化教学等多种方法和策略，将参与式教学原则落到实处。

Kauffman 认为，合作教学与合作学习的广泛使用改变了传统的教学范式。教学不再是一个单向的传递与给予过程，而是一个师生平等参与、共同经历、自主探索、思想碰撞的知识生成与发现过程。④ 首先，对传统单向传递式教学的摒弃，正是对知识形成规律的尊重。因为知识的形成是通过师生双方共同探索和建构而来的，而不是一个被动的、单向的传递与给予过程。其次，在建构与参与的过程中，师生关系得到改善。从过去的教师中心真正走向了学生中心，形成师生、生生互动的多维联动模式。再者，教学范式的转变，其实质是教师观念的转变：所有儿童都有学习的潜能；学校必须成

---

① 邓猛、肖非：《隔离与融合：特殊教育范式的变迁与分析》，载《华中师范大学学报(人文社会科学版)》，2009 年第 4 期。

② Skrtic T. M. , *Behind Special Education：A Critical Analysis of Professional Culture and School Organization* , Denver，Love Pub，1991，pp. 78-79.

③ Kauffman J. M. , "Commentary：Today's Special Education and its Messages for Tomorrow," in *The Journal of Special Education* , 1999(32), pp. 244-254.

④ 邓猛、景时：《特殊教育最佳实践方式及教学有效性的思考》，载《中国特殊教育》，2012 年第 9 期。

为满足社区内所有儿童独特的学习需要的"学习中心";特殊教育与普通教育的知识、技术必须融合,应在普通教室里提供相关支持与服务等。当教师真正意识到学生的多元化是一种教学资源而不是负担时,这种异质平等的思想才开始在教师的教学过程中起主导作用。所以,教学范式的转变,是对个体观念的彻底挑战,也是提高教学效率的根本所在。

第二节
融合教学中的最佳实践方式

一、最佳实践方式的内涵

是否能够提供有效的教学是融合教育面临的巨大挑战。融合教育理论的完善与发展最终要建立在有效教学而非华丽的修辞与热情的鼓吹之上,课堂教学的质量不能依靠修辞与激情来实现,而需要探索并践行能够提高教学有效性的"最佳实践方式"(Best Practice)。"最佳实践方式"成为融合教育重要的组成部分。

融合教育"最佳实践方式"是指在融合的教学环境下为达到最佳教学效果、满足学生多样化学习的需要而采用的各种创新的教学模式与方式。[1] "最佳实践方式"代表了人们对于实现融合教育理想的美好愿望。我们虽然很难在现实中真正找到"最佳实践方式",但可以通过不断努力发展更好的实践方式(Better Practice)来无限接近这一目标。[2] 寻求"最佳实践方式"提高特殊教育教学的有效性不仅是全纳教育领域的任务,而且是特殊教育领域需要共同努力的目标。

二、融合教育最佳实践方式的来源

融合教育最佳实践方式主要来源于以下三个方面。

第一,已经被实证研究证明有效的教学方式,即循证实践。美国 2002 年颁布的《不让一个孩子掉队法》明确规定:教师必须使用"以实证研究为基础的教学方法"(Evi-

---

[1] 邓猛、景时:《特殊教育最佳实践方式及教学有效性的思考》,载《中国特殊教育》,2009 年第 2 期。

[2] 邓猛、颜廷睿:《特殊教育领域循证实践的批判性反思——以自闭症教育干预领域为例》,载《中国特殊教育》,2017 年第 4 期。

dence-based Teaching Method)进行教学活动。① 经过实证研究证明有效的融合教育方式包括个别化教学、合作教学、差异化教学、伙伴学习等。针对自闭症等发展性障碍儿童常用的循证干预手段，包括应用行为分析法、社会故事法、视觉提示法等也经常在融合教育环境中得到灵活而广泛的运用。循证实践是最佳实践方式的重要基础，但需要经过教师的转换与实践才能够成为最佳教育实践。

第二，教师对其教育教学经验的反思和提炼所形成的对教育教学的认识与方法策略。这种实践性知识对教师具有独特的指导作用。教育的反思与经验是教师个体对自身教育观念及行为的认识、监控和调节，教育者在有意识地进行教育教学活动时，需要运用智慧反思自己教育教学活动的基本假设及其深层意义，培养对教育教学改革真谛独特的理解和有效的行为变革能力。② 教师基于个人在实践中的教学行为进行自我认识、反省、调整，优化教学行为，最终形成独特的个人知识与经验，并有效地运用到实践中。例如，作为融合环境下教师经验总结的产物，合作教学与差异教学尽管没有为科学研究所证实并且饱受争议，但如今合作教学和差异教学已经成为融合教育中的两大"利器"，越来越多地被作为在融合班级里满足包括自闭症儿童在内的多样化学生学习需要的特殊教学策略和技巧。③

第三，教师基于特定文化情境的创造和教学探索。教学成功与否最终掌握在教师的手中，教师因时因地、因人而异的教学探索与创新能够在特定情境下产生积极的教学效果，通过师生之间的交流与互动，共同建构符合学生发展的有效教学策略。

第四，最佳实践方式包含已经被历史证明有效的教学方式。东西方文化均在长期的历史基础上形成特有的成熟的教学传统，如启发式教学、讲授—练习法、直观教学、游戏教学等。这些教学方法同样被广泛地用来满足特殊儿童的教学需要。除此之外，在特殊儿童教育领域，在历史中形成的方式包括感觉代偿、个别辅导、医疗干预、感觉机能训练等各种手段。正是对这些历史宝贵教学经验的存留与发扬使得教育实践获得了深厚的历史性与不同的文化特征，服从教育历史生成的内在法则。

三、融合教育最佳实践方式的内容

从当前融合教育的教学实践来看，融合教育的最佳实践策略包含三个基本的方法。④

---

① 李芳、孙玉梅、邓猛：《美国自闭症儿童教育中的循证实践及启示》，载《外国教育研究》，2015 年第 2 期。
② 吴小鸥：《论教育反思的智慧》，载《中国教育学刊》，2004 年第 9 期。
③ 邓猛、颜廷睿：《融合教育理论反思与本土化探索》，67 页，北京，北京大学出版社，2014。
④ 邓猛、景时：《特殊教育最佳实践方式及教学有效性的思考》，载《中国特殊教育》，2009 年第 2 期。

（一）"合作"（Collaboration）

合作与参与是融合教育教学实践体系的最主要的特征，主要包括教师的合作教学（Co-teaching）与学生的合作学习（Cooperative learning）。一是教师之间的合作。合作教学指特殊教育教师或者专业人员与普通教师共同承担、分享教育普通班级具有异质化特征和多样化学习需要的学生的责任。[1] 融合教育认为每个儿童在求学生涯的某个时期都会经历学习困难，这就需要学校中多方利益群体的共同参与，包括班主任、任课教师、心理教师、家长以及各类治疗师。他们共同合作，为特殊儿童创建接纳性的融合环境，并通过科学的评估测量，制定 IEP，为特殊儿童提供恰当的教育和支持。[2]

二是学生之间的合作。融合教育主张通过普通儿童与特殊儿童相互的合作、学习和交流，不仅能够让特殊儿童从普通儿童那里得到帮助和支持，而且普通儿童也能从融合性的合作和互动中受益。融合教育倡导合作学习，让特殊儿童与普通儿童在合作中相互支持，实现共赢。合作学习是指学生组成异质、多样的学习小组共同努力达成小组学习目标，提升学业成就，促进社会交往能力发展；包括伙伴学习（Peer Learning）、小组学习（Group Learning）、同伴辅导（Peer Tutoring）、同伴协助（Peer-Assisted Learning）、结对子（Pair Learning）等多种方式。[3] Kauffman 认为，合作教学与合作学习的广泛使用改变了传统的教学范式。教学不再是一个单向的传递与给予的过程，而是一个师生平等参与、共同经历、自主探索、思想碰撞的知识生成与发现的过程。[4]

三是融合教育主张家庭、学校和社会三者之间的合作。融合教育的实现不只是学校一方的责任，它需要特殊儿童家长以及整个社会的参与和支持，建立起多学科、跨部门的合作沟通机制。融合教育倡导家校合作与社会参与，通过发动社区志愿组织和社会公众，广泛获取社会资源，形成以学校为本、家庭和社会为辅的合作性支持体系，共同为特殊儿童的成功融合而努力。[5]

（二）"差异化"（Differentiation）

差异化的理念已拓展到了课程设计、教材开发和教学环境设计等各个领域；主要

---

[1] 邓猛：《普通班运用合作教学教育学习有困难的学生的基本策略》，载《教育研究与实验》，2001 年第 2 期。

[2] Friend M. & Bursuck W. D., *Including Students with Special Needs：A Practical Guide for Classroom Teachers*，Boston，Pearson，2012，pp. 74-77.

[3] Murphy E., Grey I. M. & Honan R., "Co-operative Learning for Students with Difficulties in Learning：a Description of Models and Guidelines for Implementation," in *British Journal of Special Education*，2005（32），pp. 157-164.

[4] Kauffman J. M., "Commentary：Today's Special Education and Its Messages for Tomorrow," in *The Journal of Special Education*，1999（32），pp. 244-254.

[5] 黄志成：《全纳教育：关注所有学生的学习和参与》，70 页，上海，上海教育出版社，2004。

包括课程差异化(curriculum differentiation)、教学差异化(differentiated teaching)、评价差异化(differentiated evaluation)三个方面。Tomlinson(2005)[1]认为，差异化教学是教师针对学习者独特的教育需要所做出的教学反应，在差异教学中，教师根据学生的准备水平、认知能力、学习兴趣和风格主动设计和实施多种形式的教学内容、教学过程与教学成果。它是建立在多元智能理论与学习风格理论基础之上的。多元智能理论和学习风格理论强调每个学生都具有自己的智力特点、学习类型和发展方向，只有教师的教学适应了学生的智力特点和学习风格，学生才会产生学习动机和学习欲望，自身才能得到发展。

在此基础上，Tomlinson(1996)[2]和 Heacox(2004)[3]提出了融合教育教学论中差异化的三个原则。

1. 教学内容的差异

教学内容的差异包括教学内容本身的差异和教学内容载体类型的差异两个方面。首先，对于教学内容的差异，King-Sears(1997)[4]根据学生的认知能力和学习风格将融合教育课程进行从完全不同到完全相同的差异化划分。其次，在教学内容载体类型的差异即教学材料的差异上，差异教学强调以多种媒体形式为载体向学生提供教学内容，除了最常见的纸质印刷文本外，还充分利用丰富而快捷的网络资源来根据学生的需要差异化处理学习材料。例如，将教学内容转化为视频或音频材料以适应有视觉障碍或听觉障碍的学生。

2. 教学过程的差异化

教学过程的差异主要涉及课堂中教师的教学安排，如分组、教学内容呈现、必要的辅导等方面。在分组中教师采用弹性分组的形式，充分考虑学生的不同能力、学习风格之间的匹配，给予学生自主选择分组的方式，避免学生产生被强制指派的感觉，体现对学生的尊重。

3. 教学成果的差异

对于教学成果的差异化，教师一方面向全体学生提出相同的核心知识、观点的学习目标，另一方面允许学生选择符合自己基础和能力、兴趣的成果形式，从而使学习的共同目标和个人目标得以实现。

可见，"差异化"是融合教育所要求的课程与教学变革中最为重要的组成部分，它

① 杨清：《差异化教学的学校领导管理》，3页，北京，中国轻工业出版社，2005。

② Minke K. M., Bear G. G., Deemer S. A. & Griffin S. M., "Teachers' Experiences with Inclusive Classrooms: Implications for Special Education Reform," in *The Journal of Special Education*, 1996(30), pp. 152-186.

③ 杨希杰：《差异教学——帮助每个学生获得成功》，17页，北京，中国轻工业出版社，2004。

④ King-Sears M. E., "Best Academic Practices for Inclusive Classrooms," in *Focus on Exceptional Children*, 1997(29), pp. 1-23.

根据学生多样化的学习能力与需要确定课程内容与形式、教学策略评价方式；为学生提供从完全同样到完全不同的课程选择范围以及弹性化的课堂教学与评价方式。

(三)"个别化"(Individualization)

"个别化"原则是特殊及融合教育的主要原则和基本共识，主要包括"个别化教学""个别化教育计划"(Individualized Education Plan，IEP)及"个别化转衔计划"(Individualized Transition Plan，ITP)三种教学方式。个别化教学关注学生个别差异，努力通过各种教育手段使学生潜能得到最大发挥。个别化教学基于人本主义思想和因材施教教育的原则，它强调要把学生放在教学的中心地位，承认并尊重学生的差异。个别化教学不是要缩减或消除学生之间的差异，而是要挖掘学生的潜能，发展每个人的个性与价值。[1] 个别化教学是融合教育中的主要教学策略。它在集体中实施，又克服集体中过分强调统一性的弊端。个别化教学针对每个学生的需要与学习风格，综合运用班级教学、小组教学、个别教学等组织形式，灵活机动地处理教学目标、内容、方法和评价等教学因素，使每个学生都接受适合其特点的教学。

个别化教学最主要的抓手是"个别化教育计划"，随后一系列个别化的计划或者方案也得到发展。IEP关注学校教育设计，ITP则将家庭、学校、社会连为一体，为残疾儿童发展提供终身教育和服务。融合教育的核心之一就是"个别化"，只有满足学生个别化学习需求的教育才是适当的、高质量的教育，而个别化教育的实施则需要通过"个别化教育计划"落到实处。[2]

值得注意的是，个别化教学必须通过差异化的方式来实现，而差异化教学则需要各方面的合作与协同才能得到保证。三者层层递进，共同构成融合教育最主要的"最佳实践方式"，缺一不可。

第三节
融合教学法概述

融合教学法(inclusive pedagogy)由英国爱丁堡大学弗洛伦·拉里教授等提出，旨

---

① 肖非：《关于个别化教育计划几个问题的思考》，载《中国特殊教育》，2005年第2期。
② 邓猛、郭玲：《西方个别化教育计划的理论反思及其对我国特殊教育发展的启示》，载《中国特殊教育》，2010年第6期。

在促进学生获得公平的学习机会，提升融合学校教育质量的教学方法体系。① 它是一种以学生为中心的教学方式，它关注班级中各种背景、不同学习风格和能力水平的学生。通过这种教学方式，教师和学生一起协同创建一个支持性和开放的学习环境来促进教育公平，促进每一个学生在班级课堂中的充分参与。融合教学法的核心就在于学习者中心和平等参与，其目标在于创建一个友好的生态型学习环境，使得每一个学生都能被接纳，并平等参与，获得良好的学习结果。②

融合教学法强调三个方面，并由此构成了融合教学法的基本框架(见表 2-1)。

表 2-1　融合教学法框架③

假设	关键挑战	教学实践
差异是人类在学习发展过程中的必要方面： 拒绝能力先天决定论； 接受差异是人类自身的一部分； 拒绝这种观点，即一些学生的存在会阻碍其他人学习； 相信所有儿童都能取得进步	正态曲线思维方式和能力决定论巩固了现有学校教育的组织结构	接纳所有儿童的融合教学实践： 创造每一个学习者都能获得充分机会的学习环境，以至于所有的学习者都能参与班级活动； 为所有的学习者提供可获得的普通化的学习支持，而不是使用特殊的教学策略来为某些特殊学生提供与众不同的支持； 拒绝将能力分组作为主要的或单一的活动组织形式； 使用语言来表达所有儿童的价值； 将教与学的关注点集中到儿童能做什么，而不是他们不能做什么； 采用社会建构主义的方式来为儿童提供共同建构知识的机会； 采用正式评估来支持学习
教师必须相信他们有能力教所有儿童： 承诺支持所有学习者，相信自己有能力来提升所有儿童的学习结果	对学习困难的鉴定以及过于关注学习者的缺点严格限制了他们的学习和成就	提供给儿童自由选择他们愿意参与的相应水平的课程(而不是预先决定)； 采用策略性和反思性的方式来支持儿童在学习中遇到的困难； 重视教师和学生之间的关系质量； 关注儿童的全面发展，而不只是知识与技能； 根据学生的学习需要采用灵活的方式； 将学习中的困难看作对教师教学的挑战，而不是学习者的缺陷

---

① Florian L. & Black-Hawkins K., "Exploring Inclusive Pedagogy," in *British Educational Research Journal*, 2011(37), pp. 813-828.

② What is Inclusive Pedagogy, https://cndls. georgetown. edu/inclusive-pedagogy/, 2020-12-31.

③ Florian L., "Conceptualising Inclusive Pedagogy: The Inclusive Pedagogical Approach in Action," in *Inclusive Pedagogy across the Curriculum*, 2015(7), pp. 11-24.

续表

假设	关键挑战	教学实践
教师创造与他人合作的新形式； 愿意与其他人一起工作； 关注学生相互之间的关系而不是孤立	融合的思维存在狭隘，融合需要从关注大多数人和一些人到每一个人	尝试采用新的工作方式来支持所有儿童的学习； 在教学过程中尊重儿童作为班级共同体成员的尊严； 承诺进行持续性的专业发展，作为开发更多融合性实践的方式

第一，差异是人类在学习发展过程中的必要方面。传统特殊教育是基于统计学意义上的"正态曲线性思维"（见图 2-1）来区分正常/异常的。大部分儿童处于正态曲线的中间区域，属于正常范围；少数具有极端特质的儿童处于两端，他们就是"异常"（abnormal）的儿童，即在身心发展或心理活动、社会适应能力等方面明显偏离同年龄组的人。处于中间区域的儿童往往被视作参照的"正常"的标准，成为左端"异常"儿童应该靠拢的对象。人们希望"异常"儿童回归正常状态，于是特殊教育就朝向使特殊儿童"正常化"的方向努力。

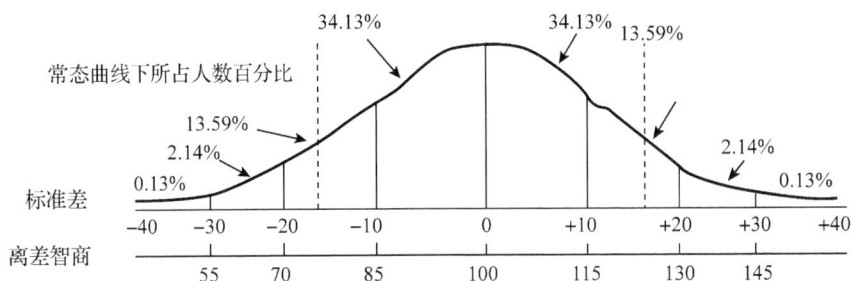

图 2-1　智商分数的正态分布

正态分布曲线为心理测量及教育实践提供了理论基础，被广泛作为一种组织性原则应用到学校教育实践之中，例如，根据能力对学生进行排序分组。同样，这种"正态曲线性思维"应用到特殊教育之中，成为鉴定与评估个体教育需要的依据。它用正常/异常的二分法标准武断地评定、划分儿童能力发展状态，将儿童按能力分为高、中、低等各种等级与正常或异常等各个类别。根据这一观点，一些学生将被归为"异常"，需要某些不同形式的或额外的教育支持。"正态曲线性思维"暗示着：通过普通的教育方式只能满足大部分的学习者，处于正态分布左端的一些学习者可能需要一些特殊的教学。

与传统特殊教育的差异观不同，融合教学法否定对儿童做正常/异常的划分；儿童首先是儿童，其次才是不同的儿童。融合教学法认为残疾本身并无特殊之处，它仅仅只是人所具有的无数身份特征中的某一个特征而已；绝不能把"残疾"作为隔离、排斥学生的正当理由。所有的儿童都一起在普通教室内上课，他们并不特殊。[1] 尽管一些残疾儿童可能会因生理或心理上的损伤而在教育上需要一些独特的帮助和支持，这些独特的帮助和支持完全可以通过教师为班级学生提供的多样化支持来实现。所有的学生都需要支持和帮助，只不过形式和程度有所不同，不必刻意强调针对残疾儿童的就是特殊的。例如，近视的学生需要眼镜，而低视力和盲生则需要放大镜和盲文教材。

第二，融合教学论强调教师应该根据学生的学习风格、偏好和能力设计和调整课程与教学，立足于课程与教学的改变来适应学生；而不是强制性地要求学生适应统一的课程与单一的教学，本质上体现了特殊教育的组织学范式。组织学范式认为，学生之所以出现学习问题不是学生本人内在能力的问题，而是由于"学校与课堂教学的缺陷"所导致的。Skidmore(1996)[2]指出，尽管当前随着融合教育的发展，学校中的学生呈现出前所未有的多样化，但学校组织与教师的课堂教学却并没有随形势做出相应的调整，学校中统一的管理方式、障碍重重的校园环境以及课堂中僵化的课程教学都会使学生面临严重的学习问题。对此，特殊教育组织学范式提出的解决方式就是重构学校组织和班级课堂教学以消除这些不利的组织缺陷和漏洞，将学生在学业发展中失败的问题最小化。显然，融合教学法倡导以教学的重构来消除学生的学习障碍，充分体现了组织学范式中"以学生为中心"的教学观。

第三，教师通过合作与他人创建融合教学的新形式。这种合作包括两个层面，一是教师之间的合作与协同；二是学生之间的合作与分享。合作教学主要指特殊教育教师或者专业人员与普通教师共同承担、分享教育普通班级具有异质的、多样化学习需要的学生的责任。这种合作教学的形式使普通教育与特殊教育相互渗透、融合，改变了传统的特殊教育模式以及普通教育的形式与发展方向。[3] 一般而言，合作教学是课堂上有两位及以上的教师共同合作上课，或分担教学，或主辅结合，相互协作完成课堂教学任务的一种形式。[4] 根据合作教学的定义，Cook 和 Friend 对其特定的要素加以分析，归纳出四个重点。

1. 合作教学包括两位或是更多位教育者；
2. 两方专业人员都积极参与学生的指导；
3. 教育者是在教导异质群体的学生，包括障碍学生；

---

① 颜廷睿：《特殊教育并不"特殊"——关于特殊教育"特殊性"的思考》，载《现代特殊教育》，2016 年第 10 期。

② Skidmore D. , "Towards an Integrated Theoretical Framework for Research into Special Educational Needs,"in *European Journal of Special Needs Education* , 1996(11), pp. 33-47.

③ Gately S. E. & Gately F. J. , "Understanding Co-teaching Components,"in *Teaching Exceptional Children* , 2001(33), pp. 40-47.

④ 盛永进：《随班就读合作教学的几种形式》，载《现代特殊教育》，2013 年第 11 期。

4. 合作教学的指导，主要发生在单一教室或物理空间中。[①]

合作教学的广泛使用改变了传统的教学范式。教学不再是一个单向的传递与给予过程，而是一个师生平等参与、共同经历、自主探索、思想碰撞的知识生成与发现过程。

合作学习是极富创意与实效的教学理论与策略体系，它以现代社会心理学、教育社会学、认知心理学等为基础，以研究与利用课堂教学中的人际关系为基点，以目标设计为先导，以师生、生生、师师合作为基本动力。合作学习通常以小组活动为基本教学方式，以团体成绩为评价标准，以标准参照评价为基本手段，旨在大面积提高学生的学习成绩，改善班级内的社会心理气氛，形成学生良好的心理品质和社会技能。[②]

总的来说，融合教学法代表着一种无差别教学理念的变革，即从有差异地为某一些学生提供个别化的教育支持，转向关注所有学生受益的多元化教学支持。[③] 融合教学法并不否认学习者之间的差异性，相反，它认为教师需要对班级中所有学习者的差异做出回应，并将差异视为学生的一种常态。融合教学论反对这种做法，即为大多数人提供一些支持，而为一小部分人提供额外的或特殊化的支持。融合教学论所秉持的融合理念是将融合视为增加所有学生参与，减少他们在课程、文化和学校共同体中被排斥的一个过程，而不是凸显某一部分人。

本章小结

本章从教学论的角度探讨了融合教育环境中的教学变革与方法体系。融合教育的理念与目标需要通过具体的教育实践来实现。融合教育最重要的就是范式的变迁，从重视"缺陷补偿"转向"潜能开发"；从特殊教学法转向融合教学法；教学组织形式从传统的大班或集体教学向分组、合作教学转变；课堂管理从传统的强调纪律走向注重多种积极支持的转变。融合教育从以教师为中心向以学生为中心转变；由以知识传递为中心的教学向以平等对话为中心的教学方式转变；由传统的讲授式向"参与式"教学转变；从重视行为训练的行为主义理论范式向重视学生权利和发展的建构主义范式转变。融合教育以"参与式教学"为特征的课堂必然是个别化的、合作的、差异化的。学校的

---

① Cook L. & Friend M., "Co-teaching: Guidelines for Creating Effective Practice," in *Focus on Exceptional Children*, 1995(28), pp. 1-16.

② 马红亮：《合作学习的内涵、要素和意义》，载《外国教育研究》，2003 年第 5 期。

③ Florian L., "Conceptualising Inclusive Pedagogy: The Inclusive Pedagogical Approach in Action," in *Inclusive Pedagogy Across the Curriculum*, 2015(7), pp. 11-24.

课堂教学活动是师生互动和共同发展的过程。从教学活动上强调"参与"，教学环境上强调"结构化"，教学方法上强调"合作"，教学过程上强调"活动"。融合教育推动学校整体变革，强调以学校整个体系应对学生个别而多样的需求。学校的整体变革要有利于每个学生，包括残疾学生；针对残疾学生的变革也有利于所有学生。在此基础上，综合运用合作教学、差异化教学、个别化教学等多种最佳实践方式，共同构成尊重差异、促进公平的融合教学法的主要内容。融合教学法逐渐被广泛运用，为所有学生提供适合其特点的教育和服务。

思考题

1. 如何理解融合教育教学？
2. 融合教育的最佳实践方式有哪些？
3. 融合教育教学法是什么？

推荐阅读

1. 邓猛：《融合教育与随班就读：理想与现实之间》，武汉，华中师范大学出版社，2009。

2. Friend M.，Bursuck W. D.，Including Students with Special Needs：A Practical Guide for Classroom Teachers. Boston，Pearson Education Company，2002.

3. Salend S. J.，Creating Inclusive Classrooms：Effective and Reflective Practices (7th ed.). New Jersey，Pearson Education Inc，2011.

融合教育课程概述

本章导言

　　融合教育课程是学校在教育教学过程中贯彻融合理念的主要举措，是评价一所学校融合程度的最重要指标之一，同时，课程的融合也彰显着一所学校的文化。在本章导言的案例分析中，通过来自北京市昌平区城北中心小学老师的陈述，细腻地再现了该校在融合教育过程中"融合"之于学校、教师以及学生三个层面的意义。[①]

　　班里的寒寒同学是位智力水平偏低的学生，学习成绩非常差。在我刚刚接手这个班级的时候，我就发现她上课时经常走神，很难集中注意力听讲，从不主动举手发言，听讲的效果不好。但是她比较愿意参与小组学习活动，在小组讨论时表现得十分积极活跃，能够和同学进行交流，虽然表达不是很精彩，甚至大多数时间所表达的内容都是有错误的，但是她还是能够主动表达出自己的理解。可是，我不能保证每一节语文课都安排小组合作学习，而且她在小组学习中，由于学习的能力有限，所取得的学习效果并不理想。要想提高她的成绩，还要在课堂教学上多下些功夫。

　　鉴于她在课堂上的表现，我觉得要想改变她在课堂上的听讲效果，提高她课堂学习的效率，就要利用她愿意参与小组学习这一特点，充分地调动她的学习积极性，并且在她所在的学习小组里，给她安排一个小老师。这样在课堂上，既能使她更多地参与到课堂学习中来，也能很好地发挥身边小伙伴的帮助与指导作用。

　　我为她安排了一个小老师——莉莉同学。莉莉在班级里表现优异，学习成绩优异，关键是她为人随和谦虚，在班级里乐于助人，很有领导才能。一天课间，我找到莉莉同学，向她表达了我的想法，希望她能够承担起帮助寒寒学习的任务。我向她布置了任务：我把她们安排成同桌，课上有学习任务时，莉莉除了要完成自己的任务，还要关注一下寒寒的学习状态，随时对她进行帮助。比如，上课听讲时，如果发现她注意力不集中，可以提醒她；做课堂练习时，对她进行辅导，帮助她完成最基本的练习，留在课下和老师一起帮助她进行讲解。有小组合作学习任务，莉莉同学要承担分配小组内学习任务的职责，要分配给寒寒简单的、其能够顺利完成的学习任务，并确保她能在小组合作学习中有时间和机会发表自己的见解。莉莉欣然接受了我的任务，表示愿意帮助寒寒在课堂上的学习。

　　为了全面提升寒寒的学习效果，充分利用一切时间和资源，我还为寒寒确定了两个助学伙伴，她们负责在课下帮助寒寒完成听写、扩词、背诵、默写等基本的学习任务，以提高她基础知识的掌握程度。

　　给她找到小老师和小伙伴以后，我一直不断地关注着寒寒的学习状况。我经常找

---

　　① 案例来自北京市昌平区城北中心小学，由该校王海山老师提供，案例中学生名字均为化名。

莉莉谈话，和她商讨怎样在课堂上帮助寒寒，并不断适时地调整帮助寒寒的方法。最开始时，莉莉也为了帮助寒寒而苦恼，因为让寒寒完成和其他同学一样的学习任务真的很难做到，即使莉莉非常认真地为她讲解，给她指出方法，仍收效甚微。看到这些，我适当降低了在学习上对寒寒的要求，给她专门制定了她要完成的学习任务和所要达到的学习标准。例如，听写词语时，其她同学每课的错误率控制在两个词语以内，我给她放宽到五个词语以内。随着她的提升再逐步提高对她的要求和标准。

由于我的班级有寒寒同学，因此我在设计教案时，经常要考虑普通学生的学习效果，同时还要兼顾寒寒，要让寒寒作为学习主体真正参与到课堂学习中来，从而取得一些基本的学习经验，完成最基本的学习任务。我特意在课堂上为她设计一些适合她的学习任务，让她能够完成，体验学习成功带来的喜悦。我根据不同学生的水平，为寒寒和其他学生提供不同的学习资源和学习任务。在为寒寒设计练习题时，我注意既要适合她的认知水平，又要有利于她自身学习水平的提高；既要让她够一够摘到桃子，又要让她体验学习的过程。例如，在讲授《百合花开》这篇课文时，我把整节课设计成了阅读自主反馈课，我为班里其他学生提供的阅读练习题是：请你从第六、第七自然段找出一对近义词和一对反义词。而为了降低难度，使寒寒尽可能地完成学习任务，体验学习的成功，我把给寒寒的练习题目进行了调整，设计成：请你从第六、第七自然段找出下面词语的近义词和反义词。把一对词语中的一个给出来，近义词：讥讽——，反义词：私下——，相对低一些的难度，使她完成起来简单一些。再比如，联系上下文理解词语这项练习，我对班里其他学生提出的要求是：自己写出词语的意思。而我对寒寒提出的要求是：根据我给出的解释进行选择。这些题的设计都给寒寒降低了难度，从她的现有能力出发，让她真正参与到课堂学习中来。

在完成习题的过程中，莉莉同学在完成自己的学习任务后，一直在耐心地帮助寒寒答题，她很细致地帮助寒寒分析题目，还一步步地带着她从文中找出相关信息、认真答题，大家能明显感觉到莉莉同学的认真负责。由于学生同龄，相对易于接触，寒寒对莉莉没有抵触和戒备，更愿意接受她的帮助，有些拿不准的问题，她还会主动向莉莉求助。小老师莉莉确实在寒寒的课堂学习中起到了重要的指导与帮助作用。随着时间的推移，渐渐地，寒寒在课堂上的收获越来越大，她在课堂上的表现也越来越活跃，现在她已经能够有效参与小组合作学习，并且能够主动回答老师提出的问题，回答问题的质量也越来越高。

我始终认为：对于班级内像寒寒这样的学生，他们不应是一个个孤立的个体，他们是班集体不可分割的重要组成部分。在小组合作学习中，充分调动其参与合作学习，有利于随读生克服自卑心理，使他们与普通儿童互相理解、互相帮助，共同提高。只有让其在集体中学习知识，学会交往，保持正常的身心状况，才能使他们自强自立。由于先天存在的智力等方面的不足，他们往往存在学习动力不足、缺乏自信心等情况，进而产生严重的自卑心理，他们的人生变得灰蒙蒙的。然而，这些孩子的生命也是鲜活的，对于他们的家庭而言，代表着百分之百的希望。因此，我们做教师的，应该尽自己最大的努力，挖掘他们的潜能，培养他们的兴趣，树立他们的信心，用爱心点燃他们灰暗的人生，让这些孩子也能像其他孩子一样享受人生的美丽。

第一节
融合教育课程的概念体系

融合教育理念源于美国 20 世纪 50 年代以来的民权运动，[①] 80 年代由 W. Stainback 和 S. Stainback 等学者(1984)[②]正式提出后迅速成为全球范围内特殊教育研究的热点。融合教育的理念在 1948 年联合国《世界人权宣言》中被明确宣告，在《萨拉曼卡宣言》和《特殊需要教育行动纲领》(1994)等联合国文件中得到了明确的规定：学校应该接纳所有的学生而不考虑其身体、智力、社会、情感、语言及其他状况。[③] 自此，融合教育作为一项促进教育公平和人权进步的措施，在世界范围内被广泛关注和认可。

融合教育倡导让所有儿童都能够在普通教室当中接受高质量的、适合他们独特学习需要的教育。[④] 尽管融合教育在伦理道德和价值追求上无可挑剔，然而在实施过程中却并不尽如人意。多数研究者认为，在融合教育环境中特殊儿童的学业发展并不比隔离环境中好。[⑤] 决定融合教育质量的关键在于课程与教学，课程的融合是融合教育最关键、也是最难的一环。《全纳教育指导方针》指出，所有人都能使用的、灵活的课程是建设"能为所有人提供教育的学校"的关键；[⑥] Ekyburn(2010)也认为，决定融合教育成败的关键在于课程设计。[⑦] 可见，如何通过对普通教室里的课程进行调整，形成真正的融合教育课程，使所有儿童都能够充分、平等地参与到学校课程活动中来，是融合教育必须要考虑的问题。

[①] 邓猛、潘剑芳：《关于全纳教育思想的几点理论回顾及其对我们的启示》，载《中国特殊教育》，2003 年第 4 期。

[②] Stainback W. , Stainback S. , "A Rationale for the Merger of Special and Regular education," in *Exceptional Children*, 1984(2)，pp. 102-111.

[③] 联合国教科文组织：《全纳教育：未来之路》，50 页，第 48 届国际教育大会，2008。

[④] Salend S. J. , *Effective mainstreaming*：*Creating inclusive classrooms* (3rd ed.)，New Jersey，Prentice-Hall Inc，1998，p. 85.

[⑤] 颜廷睿、邓猛：《西方全纳教育效果的研究分析与启示》，载《中国特殊教育》，2013 年第 3 期。

[⑥] UNESCO，Policy Guidelines on Inclusion in Education，2009，pp. 18-19.

[⑦] Edyburn D. L. , "Would You Recognize Universal Design for Learner If You Saw It：Ten Proposition for New Directions for the Second Decade of UDL," in *Learning Disability Quarterly*，2010(1)，pp. 33-41.

在我国的学校教育课程体系中，"课程"一词的含义并不唯一。宏观来讲，课程包含了学生在学校学习、生活及个人发展的全部体验；而从微观的角度而言，课程只针对某一门具体的学科。自二十世纪八十年代融合教育提出以来，学校教育课程如何适应新型教育理念成为课程研究绕不开的话题，课程的设计、实施与评估也顺理成章地成为融合教育需要重点关注的领域。

课程融合是融合教育最理想化的状态，传统意义上的课程与教学体系因为其陈旧的师生观念、课程内容及呈现方式、课程评价方法等与融合教育语境有着难以调和的矛盾，是以在全球融合教育快速发展的背景下，渗透了融合理念及做法的课程成为融合教育实践的精髓。正如 Eisner(2003)所言，课程是一个理论模型，它反映的是相应的领域及系统教育的思想精髓[1]。因而，融合教育课程应该是一种适用于所有学生需求的、高度通达且充满弹性的、极具开放性的一种课程模式，因为融合教育情境下的学生结构与传统课堂的学生结构相比，更加多元化。融合教育课程必须将学生的异质性特征考虑进来，打破以往统一标准的、闭环的课程设计框架，只有如此，课程才具有融合性，课堂才能成为一个融合教育的情境。可见，融合教育课程是融合教育由抽象理念转变为具体实践的渠道和工具，其不同于传统课程(包括传统普通学校课程和传统特殊学校课程)的地方在于，课程中渗透了融合教育的基本精神和原则。

一、融合教育课程关注残疾、面向全体

融合教育从残疾出发，却扩展至所有处境不利的人群，进而面向所有学生的成长。公平是融合教育课程的核心，为残疾学生设置的课程对其他学生要有好处，为其他学生进行的改革也要促进残疾学生的发展。融合课程既是针对学生个体的，又是面向所有学生的。它反对以牺牲能力一般或较差学生的发展需求、只注重极少数优秀学生发展的精英主义教育模式；以追求教育公平、实现社会公正为终极目标。因此，融合教育课程强调课程首先是学生的权利，即公平地准入(Access)课程的机会。融合课程是面向所有学生的，不能以学生的性别、年龄、身体状况、信仰、语言等为由而不予接受，这是一项基于"人人生而平等"的人权诉求。融合教育是应对多样性需求的教育，追求的是学校教育体制与教学范式的整体性变革，首先是面向所有学生的，其次才是面向包括残疾学生在内的处境不利学生的。第 48 届国际教育大会(International Conference of Education，ICE)会议报告中指出，融合教育课程应该能够反映促进融合社

---

① Diane Ryndak，*Curriculum and Instruction for Students with Significant Disabilities in Inclusive Settings*，Boston，Alyn and Bacon，2003，pp. 284-285.

会的因素，如更加均等的机会、重视差异性、消除歧视等。[1] Owens(2012)认为，融合学校的工作者要有一个基本的认识，即所有儿童都有权利参与到课程中来并成为课程的贡献者；[2] Gravestock(2009)认为，学生的权利应该融入课程计划与活动的设计中。[3] 实施融合教育课程的学校或机构应当通过提供各种资源、设备与服务，减少和消除学生进入课程的障碍，实现课程的"零拒绝"。融合学校要确保每个学生都能全面、平等地参与学校课堂内外的各种教学与活动，不能因为学生有残疾或有相关服务的需求而将他们拒绝于某项教学活动之外。因此，学校应该提供各种资源与支持、设备与服务，创建无障碍环境与平等的课程文化，改进教学策略，使融合课程真正成为所有学生都能够学习的、高质量的课程。

二、融合教育课程尊重差异、体现多元

　　融合教育课程接纳、尊重并欢迎学生的差异性。传统课程往往不注重学生的差异性，强调对学生的统一要求和单一评价，容易出现"一刀切"的现象。融合课程反对课程内容和呈现方式的"主流中心论"做法，其是多元的课程体系。Florian(2008)指出，融合教育的一个很重要的标志在于，它把学生间的差异性当作人类发展过程中一个普遍意义上的特征去对待并接纳。正如人类毛发有黄、棕、黑、白诸色之分，生存技能有农耕、畜牧、经商之别一样，身体状况、语言、肤色等也都是一般意义上的人类差异性呈现形式。课程的设计、实施和评价必须考虑到学生的差异性需求以确保"所有人都能使用"，[4] 因而，一种新型的强调课程设计模式——学习的通用设计模式（Universal Design for Learning，UDL）成为融合教育实践中非常流行的一种方式。UDL强调课程对所有学生的"通达性"，强调在课程设计之初就把学生的差异性考虑在内，以适应所有学生的多样性学习特征与学习需要。同时教师要意识到，多样性的学生结构是一种资源而非问题，教师应该乐见学生差异性的存在，[5] 正是学生的不同特征和需求才能打破了旧有课程的一成不变，也能督促教师在教学策略和方法上不断推陈出新。

---

　　[1]　R. Opertti, J. Brady and L. Duncombe, Interregional Discussions Around a Conceptualization of an Inclusive Curriculum in Light of the 48th International Conference on Education Capacity Building Program, UNESCO-IBE, 2009. p. 65.

　　[2]　Owens A., Curriculum Decision Making for Inclusive Practice, National Quality Standard Professional Learning Program (NQS PLP), e-Newsletter No. 38, 2012.

　　[3]　Gravestock P., *Inclusive Curriculum Practice*, The Higher Education Academy, July, 2009(V2).

　　[4]　UNESCO, Policy Guidelines on Inclusion in Education, 2009, pp. 18-19.

　　[5]　赵勇帅、邓猛：《西方融合教育课程设计与实施及对我国的启示》，载《中国特殊教育》，2015 年第 3 期。

三、融合教育课程强调合作、鼓励参与

融合的核心价值观念就是平等、差异、多元等后现代主义的价值观。学生学习特点的差异性决定了融合课程的多样性，课程的多样性则需要协同合作才能实施，协同合作则是保证学生平等参与、探究建构的基本前提。"平等参与"与"协同合作"是融合教育最基本的原则。融合教育背景下，特殊教育教师与普通教师相互合作，共同承担教育全班学生的责任，改变了课程的呈现形式与方法。其他相关人员，如医疗人员、社会工作者、康复师等也视情况走进普通教室。这些支持与服务不仅仅局限于特殊儿童，而是面向所有学生的。它们使普通学校的资源重新组合，结构更加异质化，功能更加多样化，保证有特殊教育需要的学生能够平等地"准入"融合课程。[①]

正如前文提到的，未来课堂上的学生结构越来越充满不确定性，融合教育的全面铺开注定带来课程体系的全面变革，实现与学生实际经验的关联，让包括残疾学生在内的全部学生都能充分参与到学习过程中去。联合国教科文组织于 2004 年出台的《融合教育共享手册》[②]指出，融合教育课程必须具有足够的灵活性，以适应来自不同社区、宗教、语言、种族的学生的需要，同时，课程要能根据个人需求进行调整，这需要教师采取一系列本土化、个性化的支持策略，如替代性目标、课程分层、延长测试时间等。所以融合教育课程应该具有高度的校本特征——或称之为"课程的本土化"，在国家课程标准框架下有高度的"课程自治权"，同时，这也赋予了教师更多的课程调整权。[③] 而传统课程往往以知识学习与标准化考试为中心，只关注学生的学业成绩，忽略了学生学习过程中的体验和感受。

四、融合教育课程激发潜能、追求卓越

融合教育拥抱"人皆有潜能"的基本信念，其课程设计体现"潜能开发优先、缺陷补偿其次"的原则。学校应达成所有的儿童都有学习能力与获得成功的权利的共识；学校应成为每一个儿童获得成功的地方，不能因为学生的残疾与差别而进行排斥与歧视。因此，融合课程以儿童一般身心发展规律为基础，不仅注重儿童学业领域的发展，还强调儿童人格、社会交往、情感等多方面的发展要求。融合课程的目的就是充分发展学生的各项潜能，鼓励学生之间的合作学习。这就要求课程要能充分适应学生的多样

---

① 邓猛：《关于全纳学校课程调整的思考》，载《中国特殊教育》，2004 年第 3 期。
② UNESCO，Open File on Inclusive Education，2004，pp. 100-118.
③ 赵勇帅、邓猛：《西方融合教育课程设计与实施及其本土化启示》，载《中国特殊教育》，2015 年第 3 期。

化学习需求，更要求课程评价机制的彻底改变。"成就"不再局限于学业考试或测验的结果，而是与课程相关的所有结果。融合教育课程绝不仅仅只是把学生纳入（including）就万事大吉了，更重要的是让学生有被纳入（being included）的体验，让学生在课程中体验到成就。这种成就应该与学生自身的经验相关，并体现在课程学习当中。课程评价本身也不再是简单的估量学生能够做到什么程度，而是衡量学生的整体价值和潜能。[①]　这样，课程评价就不再是惩罚学生的工具，而是一种支持学生的学习资源，尤其对处境不利的学生而言更是如此。[②][③]　因而，融合教育课程评价机制下的每个学生都能获得进步与成功。传统课程评价机制多强调淘汰与筛选，只有少数学生能够通过和获益的做法应该摈弃。

第二节
融合教育课程的内容结构

　　融合教育课程是一种在融合学校当中实施的学校课程，或言之，是渗透了"融合"价值理念的学校课程。尽管在本教材中，始终在强调融合教育课程的"灵活性""可调整性""可扩展性"等特点，并将之上升为融合教育课程区别于传统课程的重要特征，但这并不意味着融合教育课程可以脱离国家课程而独自运行，融合教育课程必须在国家课程框架下运行。同时，作为融合教育的实践载体，课程的有效性是课程内容设置必须要考虑的因素，也是融合教育得以开展的重要依据。在融合教育背景下，国家课程与学校课程有着怎样的关系呢？融合教育课程又包含哪些具体内容呢？

一、融合教育课程是国家课程的校本化实施

　　学校课程拥有充分的权限和自由来调整自身以适应充满变数的课堂，但学校课程的调整应以国家课程为基本前提，并主动接近国家课程的要求。

　　国家课程，顾名思义，是在国家教育政策指导下，体现国家意志的"国家统一课

[①]　Opertti R., Brady J. & Duncombe L., Interregional Discussions Around a Conceptualization of an Inclusive Curriculum in Light of the 48th International Conference on Education Capacity Building Program, UNESCO-IBE, 2009. p. 65.

[②]　Black P., Wiliam D., "Lessons from Around the World: How Policies, Politics and Cultures Constrain and Afford Assessment Practices," in *Curriculum Journal*, 2005(2), pp. 249-261.

[③]　Wiliam D., "The Meanings and Consequences of Educational Assessments," in *Critical Quarterly*, 2000 (1), p. 105.

程"，国家课程需要确保全国范围内的学校在教育内容与标准上遵循基本一致，受政府的认可和相应的法律保障，也决定着一个国家基础教育的总体质量，因而具有权威性和强制性。同时，国家课程与地方性学校课程须是协调互补的关系。学校课程由学校教师作为开发主体，以学校和学生的个性需求为导向，主要体现课程的"地方性"。国家课程校本化即在遵循国家课程所提出的原则性要求的基础上，根据本校（或本地区）所面临的实际教学情境，特别是学生学习的特点及学习需求，教师的业务能力和学校自身传统及当前校园文化等所做出的创造性实践。国家课程校本化能够：

(1)提高课程的适应性，促进学生的个性成长；

(2)提升教师的课程意识，做课程的主人，促进教师的专业发展；

(3)实现学校的课程创新，创建课程文化，促进学校特色的形成。

在融合教育背景下，课程要面向更为多样化的学生并要求所有学生都能取得相应成就，这就要求国家课程在目标定位、内容要求以及评价机制上有所调整，以适应融合教育课程灵活性、相关性和注重本土化情境的需求，将国家课程校本化实施。

例如，美国2002年的《不让一个孩子掉队法》规定要"加强地方教育当局的控制权和自由度"，这被视为该法案的四大基本支柱之一。联邦教育局给予各州的学校董事会以极大的教育决策权，其中就包括课程实施的决策权，在美国，这种管理模式被称为"地方管理模式"或"校本管理模式"。① 在这种模式下，多数学校都会有自己的课程委员会，委员会成员包括：校董、学校管理者、教师、家长代表、学生代表以及社区当中各个民族的居民代表。课程委员会制定的本地课程框架，在课程目标上必须能够反映当地学校教师、管理者以及家长和社区成员的意志，在课程内容上必须能够适应当地的具体情境，这需要在原有的联邦或州一级的课程标准基础上做一些调整或修改。②《英国国家课程框架》(2013)明确指出，国家课程是学校教育当中的基本要素，国家课程的目的在于为教师提供一个需要教授的核心知识概要，给学生提供最基本的教育内容；在结构上，国家课程会指定各个关键学段(Key Stage)学校必须教授的知识(Matters)、技能(Skills)和教学过程(Processes)；至于如何组织实施课程以达到国家课程的内容要求，则完全是学校的自由。③ 瑞典的态度与英国类似，财政资源和优先权都掌握在地方政府手中，国家课程也只是规定最基本的价值目标和一些基础性的指导。④

① Spellings M., Education and Inclusion in the United States: An Overview, U.S. Department of Education, 2008, pp. 23-28.

② Pattison C., Berkas N., Critical Issue: Integrating Standards into the Curriculum, Program Associates with the North Central Mathematics and Science Consortium at North Central Regional Educational Laboratory, 2000.

③ Department of Education of UK, The National Curriculum in England: Frame Document, 2013, pp. 4-9.

④ Engdahl I., "Implementing a National Curriculum in Swedish Preschools," in *International Journal of Early Childhood Education*, 2004(2), pp. 53-78.

学校拥有高度的自由去组织和调整课程，并不意味着国家课程的重要性下降了；相反，学校灵活地发挥自身创造性，结合当地的社会文化特征进行本土化的课程开发与实施，正是为了更好地实现国家课程所规定的目标。国家课程所要求的规范和目标往往通过这种方式被放在学校课程的首位。例如，瑞典哈根萨朱幼儿园的教师通过如下步骤在课程中体现"开放、尊重、团结和责任"的国家课程目标：第一，教师先分组讨论这些目标的意义，总结学校已经具备哪些经验，还有哪些需要改善，讨论的结果要设法让学生家长了解。第二，教师组织学生进行游戏教学，在游戏过程中学生可以利用一切感官来进行互动，并且可以使用各自的方言或母语，鼓励孩子们在游戏过程中发挥想象力，尽量保证每个孩子的参与都是自发的。[1] 我们可以看到，这种完全由学校教师开发、实施和评价的学校课程，实际上是在充分考虑了学校自身的特征之后，以体现自身特色和需求的方式去靠拢国家课程，它不是盲目地照搬或者直接使用某种现成的课程模式，而是先分析自身已有哪些经验，在此基础上提出适合于自身的一些策略，这些策略的制定由学校、社区和学生家长等共同完成。进而，在课程实施过程中，教师让学生充分发挥自己的主动性，课堂上同时存在不同的语言、不同的习俗和不同的行为表达方式，而这些差异性并没有成为孩子们沟通与合作的障碍，反而在整个游戏的过程中教会了孩子们合作与互助，培养了孩子对彼此的责任感。

可见，国家课程必须明确规定学校教育应该体现的核心知识、目标及价值，在此基础上给予地方和学校充分的权限和自由，让其根据自身的具体需求来进行课程开发与实施，这已经成为西方很多国家制定国家课程的一个基本思路。同时，融合教育课程要满足每个学生的学习需要，必须要求课程直接相关人员的有效参与，这些人员一般就是学校校长、教师和学生家长，而这种有效参与，必定是在一个相对宽松的环境当中才能实现。正如 Govinda(2009)所言，学校管理者、教师和家长能够有效参与到学校课程中来，对提升学校融合水平至关重要。[2]

二、融合教育课程的多样化结构

融合教育课程是丰富、多样的，并依据各地文化特色、学校实际、学生需求而不断变化，呈现出多姿多彩的样貌。因此，融合教育课程是动态的、弹性的、创新的；既涵盖学生生命发展各领域、全过程的关键要素，又体现因人而异、因材施教的个别化教育精神。从纵向维度来看，融合课程从国家课程走向地方、校本，最后落实到具

---

① Högsätra förskola, Arbetsplan för Högsätra förskola 1999 — 2000. Workplan for Högsätra preschool. Lidingö stad. 1999.

② Govinda R., Towards Inclusive Schools and Enhance Learning, A Synthesis of Case Study Findings from Different Countries, Paris, UNESCO, 2009.

体学生身上的个别化课程。从横向角度看，则根据学生实际需求提供知情意行、德智体美劳等多方面的课程要素与模块，可以包括：核心课程（往往与文化课程相关）、功能性课程、康复治疗性课程（Therapeutic curriculum）以及职业技能性课程；有的残疾学生可能还需要普通教育的课程（General curriculum）或者扩展的课程（Enriched curriculum）。所有这些课程中，不同的学生在不同阶段可能有不同的需求，那么学生在某个阶段最需要的某个课程模块则被称为优先课程（Prioritized curriculum）。具体到每个学生身上对这些不同模块的内容进行分别分层与组合，则构成针对学生特点的个别化的课程体系（见图 3-1）。[①]

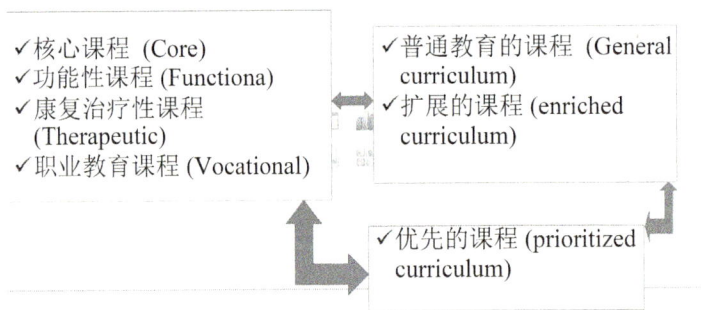

✓核心课程 (Core)
✓功能性课程 (Functiona)
✓康复治疗性课程 (Therapeutic)
✓职业教育课程 (Vocational)

✓普通教育的课程 (General curriculum)
✓扩展的课程 (enriched curriculum)

✓优先的课程 (prioritized curriculum)

图 3-1　融合教育课程的基本分类

在教育相对发达的西方社会，融合教育已经成为特殊需要儿童教育安置的主要方式。普通学校教育中，一般除了学术类课程外，还会开设各种各样的其他类型课程来满足整个学校所有文化背景学生的需求，如语言表达、手工、动物养殖、灾难急救、生活照料等。一般来说，人们更加习惯于将这种包罗万象的融合教育课程简化为三个主要的类型：学业课程、社会性发展课程与补充性课程。这三类课程中，既有国家课程规定的目标和内容，也有学校根据自身情况而开发的校本课程目标和内容。三类课程的设置以学生身心协调发展为出发点，平衡互补，不能因为学生的某种特殊需要而过分强调或弱化某类课程。

(一)学业发展课程

该课程也被称为核心课程，它以学生的学业成就为目标导向，是融合教育课程最核心的内容。学业发展课程主要表现为国家规定的具体的学科课程，如英国国家课程标准，对不同关键学段学校必须开设的学科科目进行明确规定，如在 K12 教育阶段（kindergarten to grade 12，幼儿园至 12 年级全阶段教育，笔者注），全英所有学校均需开设英语、数学和科学这三门课程，而到了 7~11 年级，鉴于该年龄阶段的儿童已

---

① 邓猛、景时、李芳：《关于培智学校课程改革的思考》，载《中国特殊教育》，2014 年第 12 期。

经开始具有政治和权利意识，学校必须要为该年级段的学生开设公民教育课程。① 需要指出的是，学业发展课程中除了国家课程所强制规定的部分，也必须要有学校自主开设的课程部分。这在一些多民族国家或移民社区学校有着最为典型的体现，如在澳大利亚，代表"国家课程标准"的联邦课程规定，基础教育是学校所必须要开设的核心内容。除此之外，很多学校尤其包含移民和原住居民的学校，必须要开设符合本地学生需要的双语教育和双重文化教育的课程，以满足学生需求和体现学校的多元文化特性。②

因为融合课程以满足所有学生多样性学习需求为目标，其学业课程与传统的学业课程是有区别的，主要表现在融合课程的灵活性与可调整性。但并不是所有的课程都需要做调整。有的课程完全不用做调整，有特殊教育需要的学生也能很好掌握。例如，对大多数肢体残疾的学生来说，课程基本不需要做任何的调整，只需提供适当的无障碍设施。有的课程只需要做很小调整，例如，对低视力的学生，只需要为他（她）提供大字课本和视力辅助设备即可。而有的课程就需要做很大的调整，以满足学生的特殊教育需要。例如，对于一名兼具听力、智力和肢体多重障碍的学生来说，课程就需要以尽量多的视觉信息来呈现，同时教师要为其制定 IEP 和课后辅导，提供无障碍设施等。

很多普通学校的课程经过适当修改或调整之后就能满足所有学生的需求，这种修改和调整的出发点不是刻意针对班级中的特殊需要学生，而是基于"班级中每个学生都不同"的信念。融合教育的基本原则就是：对学生整体所做的调整对残疾学生个体应该同样有帮助，反之亦然，对特殊需要学生有帮助的支持性策略对普通学生也有积极作用。③ 如学生可以用更多元的方式来汇报作业，对于有语言和言语障碍的学生来说，可以用视频、图片演示等形式来替代口头形式的作业汇报，并且这种形式与口头形式完全等效。这种多样化的呈现方式无疑会让班级中的所有学生从中受益。因为每个学生都可以发现，同一种事物可以用如此丰富多彩的形式来呈现。这样，针对学生的差异性而采取的策略反过来又促进了学生对差异性的认识和理解，这正是融合教育愿意看到的良性循环。

（二）社会性发展课程

社会性发展课程主要培养学生的社会适应与发展性能力，该类课程所涵盖的领域非常宽泛，一切与人的社会性有关的知识、技能、动机等都与该类课程相关。对于普

---

① Department of Education of UK, The National Curriculum in England, Frame Document, 2013, pp. 4-9.

② 郭宁：《澳大利亚全纳教育的实践研究》，博士学位论文，华东师范大学，2007。

③ Hallett G. & Hallett F. (Eds.), *Transforming the Role of the SENCO*, Backingham, Open University Press, 2010, pp. 61-72.

通儿童而言，日常简单的社会性能力培养通过耳濡目染的观察学习即能够领会，但对于相对复杂和抽象的社会性能力的培养如复杂理财、人际关系维护、特定文化习俗等，可能就需要通过专门的课程学习来培养和锻炼学生。而对于特殊需要的学生，可能对这类课程的需求就更为迫切和旺盛，因为相比于普通儿童通过观察学习就能习得的一些社会性技能，特殊儿童可能需要专门的学习才能习得，如钞票的识别、情绪的管理等。这类课程对学龄期儿童融入社会具有重大意义，同时对儿童个性、人格的形成也有着重要影响。尤其对于有特殊教育需要的儿童而言，社会性发展能力对提高他们的独立生活能力、参与学校及社区活动以及改善个人生活体验都至关重要。① 同时，重视儿童社会适应与发展能力与融合教育"课程要贴近儿童真实生活经验"的理念是一致的。② 同样地，社会发展课程也同时要包含国家规定的部分与学校自己开设的部分。英国国家课程标准规定，在中等教育阶段(11～16 年级)，学校必须开设与青春期教育有关的相关课程，如性教育、人际关系处理等内容。③ 类似地，美国公立高中对毕业生的课程要求中，除了英语、历史与社会学、数学等学业课程外，也强制性地包含有职业技能、商务理财及计算机操作等以社会性能力培养为目标的课程。④ 社会性发展课程的"社会性"不仅仅体现在内容上，也体现在课程实施过程中，即课程的"具体化"。如果只是僵硬教条的文本传输，这类课程的社会性功能将大打折扣，而如果校园环境本身即是无障碍的，校园文化本身即是无歧视的、尊重多元的，所有儿童都能平等地、高效地参与到学校的学习活动中去，这已经体现出了课程的融合性。社会性发展课程的呈现方式同样是灵活可变的，除了单独设课，也可以通过学业课程来传递一些社会性技能的培养，如通过团队合作学习来体现人际互助与沟通，通过艺术类课程学会欣赏美好事物等。

(三)补充性课程

该课程以生活技能、课外兴趣活动、功能补偿、社会转衔等方面为主要内容。不同于典型发展儿童，特殊儿童往往在生理、心理等方面有着高度个性化的发展特征，伴随着高度个性化的学习与发展需求，如高功能自闭症儿童中的"天才"儿童，尽管在某些领域如数学、记忆力、绘画、体育等某个方面会有超出常人的天赋，但也同时在独立生活、人际互动、情绪管理、语言习得等方面有着明显的滞后甚至障碍。对于这

---

① Mental Retardation：Definition，Classification，and Systems of Supports. Washington D. C. ，American Association on Mental Retardation，2002.3-10，p. 23.

② 邓猛、雷江华：《培智学校课程改革与社会适应目标探析》，载《中国特殊教育》，2006 年第 8 期。

③ Department of Education of UK，The National Curriculum in England：Key Stage 3 and 4 Frame document，2013，pp. 6-7.

④ U. S. Department of Education，National Centre for Education Statistics，2003，Digest，Table 137.

类儿童，融合教育学校在课程方面可能就需要进行大量复杂精细的调整，加入适合其发展特点的课程内容与实施方式，如除了安排大量超标准的"天才"课程，也需要同时安排大量生活技能性课程，如基本的卫生习惯、生活自理能力、性别角色等。[①] 而对于高年级的学生，面临进入社会、进入职场的关键时期，学校—社会的顺利对接往往既需要一定的文化知识，也需要一定的社会适应能力，这就涉及学生的"转衔"问题，学校课程中必须提供相应的过渡课程与服务，以支持他们适应以后的成人生活、发展相关的职业能力和独立生活的技能。为此，融合教育学校需要开设与此相关的课程，如劳动技术课程，覆盖日常生活中的基本劳动技能。需要指出的是，补充性课程的出发点不是强化特殊儿童的不足或者将他们从普通教室里抽出来进行个别化辅导或者康复训练，而是在融合教育背景下课程活动与教育服务多样化呈现的一种方式，一定要区别清楚这一点。

第三节
融合教育课程的设置原则

通过融合的视角看学校教育意味着从原来认为儿童有问题转为认为教育系统有问题，而这些问题可以通过融合教育的途径得到解决。[②] 作为融合教育实践途径的融合教育课程，在设计、执行与评价阶段应该如何去实现这种转变？课程的实施过程又需要那些支持来保障呢？

一、差异化原则

面对多元化的学生特点，学校课程的可调整性成为必需。融合教育课程是一种普通学校为满足所有学生多样化学习需求、学习风格以及文化背景等多方面差异而设计的动态弹性、优质有效，以及适性调整的综合课程体系。它改变了传统课程标准化的、封闭式的、不考虑学生异质性特征的课程设计方式，以实现教育公平与提升教育质量为目标。[③] 融合教育课程调整的方法与策略很多。例如，合作教学（Co-teaching）就需要

---

① Ashman & Elkins, *Educating Children with Special Needs*（*2nd ed.*），Australia，Prentice-Hall Inc，1994，p.17.

② Fennick E.，"Co-teaching：An Inclusive Curriculum for Transition," in *Teaching Exceptional Children*，2001（6），pp.60-66.

③ 赵勇帅、邓猛：《西方融合教育课程设计与实施及对我国的启示》，载《中国特殊教育》，2015年第3期。

特殊教育教师走进普通课堂；相关专业服务入驻课堂，如医疗人员、社工、各类康复师等进入普通教室；共同承担、分享教育全班学生的责任。又如，课程差异化的策略，这是融合教育课程调整的灵魂。不同学者对课程分层提出不同看法，Westwood（2000）[①]指出课程的差异化主要体现为课程内容的差异，即资质优异的学生学习更多、更艰深的内容，且经常要求他们独立完成；有特殊教育需要的学生学习较少、较简单的内容，且经常在别人的帮助下利用更多的教学辅助工具（如卡片、大字课本等）完成。King-Sears(1997)[②]则认为融合课程应根据学生水平分为同样的课程、多重课程和交叉课程三个层次。Lipsky 和 Gartner(1997)[③]认为除了以上的几种分层以外，还应该加上一种分层形式：替代性课程（substitute curriculum）。即由于普通学校传统课程不能满足某些学生需要，教师小组需要重新为他们设计单独的课程内容与教学活动。同时，很多学生有着自己独特的兴趣、天赋或者特长，他们则需要学校为他们提供扩展性的课程。融合教育根据学生需要为他们提供从完全同样到完全不同的课程变化与选择的范围（见图 3-2）。从不同走向相同，又走向不同；这些变化具体到每个学生身上，不同模块的内容分别进行差异化处理与组合，就构成了针对学生特点的个别化课程体系。这些课程可以根据需要在普通教室、学校或社区内进行，并吸纳有兴趣的同伴一起进行。在调整的过程中，融合教育课程体现其"可调整性"与"相关性"，做到与国家课程与地方、校本课程的高度契合。

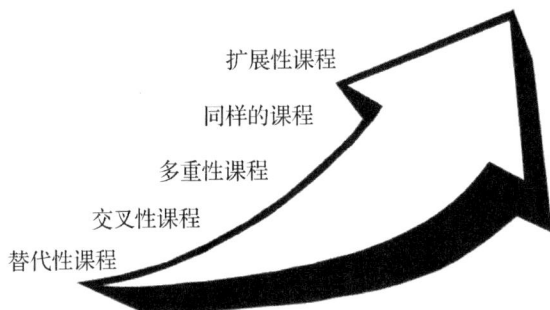

图 3-2　融合教育课程差异化结构

　　① Westwood P. , Differentiation as a Strategy for Inclusive Classroom Dractice: Some Difficulties Identified Paper Presented at the Hong Kong Red Cross 50th Anniversary International Education Seminar, 2000.

　　② King-Sears M. E. , "Best Academic Practices for Inclusive Classrooms," in *Focus on Exceptional Children*, 1997(7), pp. 1-23.

　　③ Lipsky D. , Gartner A. , *Inclusion and School Reform：Transforming America's Classrooms*, Baltimore, P. H. Brookes Pub. Co, 1997, p. 145.

二、学习通用设计原则

Blanco(2008)指出，融合教育的核心在于教育服务的多样化而非个别化，这就意味着需要一种通用化的学习服务设计，即在"教学—学习"过程和课程设计之初，就应该把学生的差异性（包括残疾）考虑在内。[1] 课程的通用设计集中表现在课程适应的通达性上，包括课程信息呈现方式的多样化、学生行为与表达方式的多样化以及学习参与方式的多样化。[2] 这些多样化的方式允许学生根据自己的需求进行选择，并且每一种方式都是等价的和有效的，例如，教师在呈现某一物理概念时，可以在口头讲解的同时，配合使用图画、影像和具体的实物演示以满足班上不同学生的信息获取需求；学生可以用自己拍摄的视频、制作的画册等来代替文字形式的作业。通用设计原则在课程的目标、材料、方法和评估设计中，将学生学习的障碍最小化，实现对所有学生的"通用性"。[3] 关于学习通用设计及其在融合教育课程中的应用，在本书第四章第一节有进一步阐述。

三、弹性化原则

前文已经提到，融合教育课程必须是弹性化的、相关的和可调整的，以满足终身学习者的不同学习特征与需求。[4] 课堂上每个儿童都能充分参与到相应的学习活动中，并实现有效的发展，是融合教育课程的重要前提，这也就要求课程与教学活动的高度弹性化，在教学方法、课程材料及课程评估等方面有充分的调整空间。

（一）教学方法的弹性化

教师的教学方法要面临和传统课堂极为不同的学生结构与学生需求，因而，教学方法与策略要能应对各种不同文化背景、不同学习特征的学习者，与此同时还不能降低总体的学业要求标准。因为融合教育绝非降低标准以让所有学生都能达到，而在于

---

① Blanco R., "Conceptual Framework of Inclusive Education," In Acedo C., Amadio M., Opertti R. (eds.), Defining an Inclusive Education Agenda: Reflections around the 48th Session of the International Conference on Education, Geneva, Switzer-land: UNESCO-IBE, 2009, pp. 11-20.

② Centre for Applied Special Technology: Universal Design for Learning (UDL) Guideline Version 2.0. Wakefield, Author, 2011, p. 6.

③ 颜廷睿、邓猛：《全纳课堂中的学习通用设计及其反思》，载《中国特殊教育》，2014 年第 1 期。

④ Opertti R., Brady J. & Duncombe L., Interregional Discussions Around a Conceptualization of an Inclusive Curriculum in Light of the 48th International Conference on Education Capacity Building Program, UNESCO-IBE, 2009, p. 65.

改变教师工作过程中的重点。[1] 这样，教师就需要更多地关注学生的差异性而非统一性，因此教学方法上的弹性化是在传统标准化教学基础上的一大突破，以应对出现在课堂中特征和需求各异的学生。根据具体的课堂情境，可以采用统一讲授、个别辅导、小组合作学习、项目学习等不同的教学方法。

(二)课程材料的弹性化

课程材料要结合学生学习特点，同时也结合学校的教育教学资源，跳出传统课程形式的樊篱，发挥教师和其他专业人员的教学艺术与创造力，提倡将所有有益于学生学习和表征学习的媒介都作为课程的材料来使用，并认可其有效性。例如，针对低视力学生的大字课本，针对盲生的音频播放设备、触摸板等。这些材料可以充分发挥学生潜力，并让他们以不同的方式参与进课程中并在课程中表达自己。

(三) 评估方式的弹性化

旧有的课程评估方式强调结果式评价，评价内容也局限在简单的学业评估，评价标准也以严格的标准化测试为主，这既不适应未来的融合教育课堂实际，也不符合融合教育提倡的尊重多元价值理念。在融合教育的语境中，课程评估的形式可以是多种多样的，评价的标准也是灵活多变的，例如，评估的形式可以是论文写作、作品展示、实地记录、小组项目等。事实上，在很多合作学习的小组中，残疾学生都扮演了极为出色且不可或缺的角色，是小组成果的重要贡献者；一些残疾学生只要给予充足的时间和相关支持，可以取得很好的与其能力匹配的学业成就。

四、融合教育课程的实施保障

课程实施是一个系统工程，课程能够顺利开展需要各方面的支持。首先是法律与公共政策支持。例如，英国议会 2001 年通过《种族关系法》(Race Relations Act，RRA)、2003 年通过《就业公平条例》(Employment Equality Regulations)，2005 年又通过了《反歧视法案》(Disability Discrimination Act，DDA)、2006 年通过《公平法案》(Equality Act，EA)。这些法律和政策成为英国实施融合教育及推行融合教育课程的有力保障。Chapman(2007)指出，上述法律和政策直接推动英国高校和基础教育学校重新审视自己的职责所在，规定学校应该在消除歧视、改善不同社会群体受教育机会均

---

[1]　Gravestock. P, "Inclusive Curriculum Practice," in *The Higher Education Academy*, July, 2009(V2).

等、欢迎学生差异性等方面做出承诺。[①] 美国分别于 1997 年和 2004 年两次修订了 IDEA(Individuals with Disabilities Education Act)，要求普通学校尽最大可能接纳残疾学生。[②] 其次是学校层面的行政管理支持，在营造接纳氛围、调配学校资源的过程中，学校领导尤其是校长的作用至关重要。校长的倡导和积极拥护，往往会直接导致学校环境的转变，接受先前被明确拒绝的学生；并重新组织和调配学校资源，形成面向全社区所有成员开放的融合教育环境。[③] 第三是教师教育方面的支持，在课程实施过程中，教师的地位极其关键。正如 Halinen(2009)等人所言，相比以往提到的班级规模、班级结构等因素，教师的教学质量对学生学习效果的影响更为重要。[④] 教师作为课程的重要参与者，在融合教育方面的信心、资质、知识以及态度是融合教育课程能够稳固推进的必要前提。教师职前教育应该包含丰富的融合教育内容，这也是融合教育课程实施的重要推力。

那么，国外有无具体的、可操作的融合教育课程案例可供参考呢?

在美国，智力障碍儿童在 3 周岁以前，其相关服务由早期干预机构提供。家长和专业人员一起制订一份"个别化家庭服务计划"(Individualized Family Services Plan, IFSP)来指导家长应对相关问题。到了学龄期，智力障碍儿童的特殊教育和相关服务换由学校系统接手，由学校教师与家长共同制订一份"个别化教育计划"(Individualized Educational Plan, IEP)。IEP 的定位和作用与 IFSP 类似，通过文件的方式规定对智力障碍儿童等家庭提供免费的特殊教育与相关服务。[⑤] 美国普通学校的课程会根据学生在课堂中的需求实时做出调整，如智力障碍儿童往往需要通过一些帮助才能学会某些学业内容和技能。同时，与儿童真实生活经验相关的课程与教学对智力障碍儿童是十分有效的，也就是说，实用技能(functional skills)是智力障碍儿童在普通学校接受教育期间极其重要的学习内容。例如，对语文课程而言，教师往往通过一些贴近实际、与儿童真实生活经验相关的内容来发展智力障碍儿童的听、说、读、写等语言能力，如通过编制工作表格——表格中的内容多是与儿童生活息息相关的如菜单、街道名称、名

① Chapman V., "Developing Inclusive Curricula," in *Learning and Teaching in Higher Education*, 2007(8), pp. 62-89.

② Smith T., Polloway E., Patton J. & Dowdy D., *Teaching Students with Special Needs in Inclusive Settings* (*2nd ed.*), Boston, Allyn & Bacon, 1998, p. 220.

③ Salisbury C. & McGregor G., "The Administrative Climate and Context of Inclusive Elementary Schools," in *Exceptional Children*, 2002(2), pp. 259-274.

④ Halinen I., Savolainen H., E-forum Discussion Paper on Inclusive Education and Inclusive Curriculum, UNESCO-IBE, 2009.

⑤ Luckasson R., Mental Retardation: Definition, Classification, and Systems of Support-Workbook, Washington, American Association on Mental Retardation, 2002.

人名字、电视节目、体育团队等——来锻炼儿童的读、说能力；通过猜谜语、编谜语、文字游戏等来提高儿童的文字识别、理解和想象能力。同时，教师也会给智力障碍儿童提供大量表达自己的机会，包括戏剧表演、日记撰写、学校生活札记等方式，儿童通过对自己日常生活的记录、表达，锻炼和提高自己的口语、书写能力。[①]

香港特区教育局颁布实施的"全校参与模式融合教育运作指南"指出：面对所有课堂内的个别差异，教师已不能用同一种教学方法来教导全班学生。学校必须透过各方面的调试与调整，帮助学生发展多元智能。[②] 全校参与模式通过一套称之为"三层支援模式"的运作渠道，使学校可以照顾到更多学生的个别差异，帮助所有学生、教师、家长能够认识、接受和尊重个别差异，甚至欣赏差异的可贵性，借此推动学生的个人成长（见图 3-3）。"三层支援模式"将学校资源重新统整，针对不同学生需求的差异性，提供程度、质量与之匹配的支援；从最普遍的针对学习困难学生课堂教学微调与质量提升，到对有持续困难学生的危机干预及额外支持，到对明确特殊教育需要学生的个别化、集中的专业支持；层层递进，支持由少到多，动态、及时地响应学生的教学需求。与之匹配的是三层师资培训，通过三层课程（基础课程、高级课程和专题课程）的教师培训，来提高教师照顾有特殊教育需要学生的专业能力。[③]

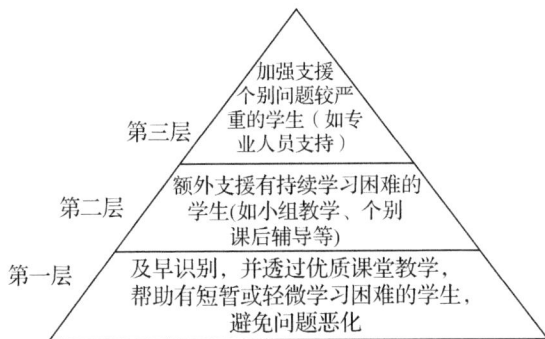

图 3-3 三层支援模式

---

① Algozzine B., Ysseldyke J., *Teaching Students with Mental Retardation*, Thousand Oaks, Corwin Press, 2006，pp. 33-41.

② 香港特别行政区政府教育局全校参与模式的融合教育—融合教育运作指南，详情参见：https://www.edb.gov.hk/sc/edu-system/special/support/wsa/index.html，2021-2-1.

③ 香港特别行政区政府教育局全校参与模式融合教育，详情参见：https://www.edb.gov.hk/sc/edu-system/special/support/wsa/3-tier-model.html，2021-2-1.

第四节
融合教育课程体系的本土启示

可以看出，西方社会文化背景下的融合教育是一种理想主义的教育模式，它以西方个人自由、社会平等等社会观念为基础，是在隔离式教育发展到一定阶段，特殊儿童义务教育已得到实现的基础上发展起来的。其目的是保证特殊儿童与正常儿童一样平等地在普通学校接受"免费、适当"的公立教育；追求的是特殊教育的高质量，最终实现个人尊严与社会公正的目标。建立在融合教育基础上的课程体系是为包括特殊儿童在内的所有儿童提供高质量教育的具体课程实施举措，是融合教育价值体系的外在体现，同时多样化的课程调整模式也在不断充实融合教育的价值体系。

与西方不同，我国实行的是高度统一、集中的教育管理模式。国家课程标准往往除了在课程目标、课程内容等较宏观的方面做出明确规定之外，还对学校教师的教学细节提出了详细的要求，例如，国家课程标准中详细的"教学建议"模块就鲜明地体现了这一点。这使得一线教师可自由发挥的余地很小，课程的弹性不够，教学的变化不足，在应对越来越多样化的学生结构方面显得越发吃力。这也导致了很多学校的学科课程走进了"僵化""封闭"的死胡同。我国的特点是幅员辽阔、各地情况复杂多样，在这种情况下，根据当地生源情况、经济条件等因素酌情设计适合当地需求的本土化课程时，应该既保持国家课程的指导地位，又适应各地的具体情况。

在特殊及融合教育领域，国家课程走向地方课程，进而走向校本、班级为本，进而发展成"以生为本"的个别化课程，是课程改革的基本趋势。在这一过程中，需要在保持国家课程的权威性与校本课程的自由度之间保持良好的平衡。邓猛（2004）指出，普通学校要实现融合教育倡导的让所有儿童都在普通教室里接受高质量的、适合他们独特学习需要的教育，就必须重视调整普通教室里课程的形式、内容与实施策略，以使有特殊教育需要的学生能够和他们的同伴一起充分、平等地参与学校课程活动。[1] 崔允漷、汪贤泽（2006）也指出，课程改革的配套政策问题让很多学校只专注于一些考试科目，能够体现学校特色和适应本地学生需求的校本课程开发成为一句空话。[2]

令人欣慰的是，教育部在出台的义务教育各学科课程标准的实施要求中，对课程调整做了明确论述，其中在"加强课程资源建设"模块中提到：各地要结合本地区实际，

---

[1] 邓猛：《关于全纳学校课程调整的思考》，载《中国特殊教育》，2004年第3期。

[2] 崔允漷、汪贤泽：《基础教育课程改革的意义、进展及问题》，载《全球教育展望》，2006年第1期。

做好课程资源开发利用的整体规划，有机统整学校、社会、网络等方面有益的课程资源，为教师深入开展教学改革创造有利条件。要鼓励和引导教师根据教学实际需要，创造性地开发并合理利用课程资源，不断丰富教学内容，激发教学活力。

教育部 2001 年颁布的《基础教育课程改革纲要（试行）》当中，明确提出了要"改善课程实施（教学）的过程"。因为，"没有教学改革的课程改革最终的结果充其量只能局限于教科书的更替"。在课程评价方面，要"建立发展性课程评价体系"。课程评价绝不是考试那么简单，从某种程度上说，课程评价的指导思想是"创造适合儿童的教育"，而考试的指导思想则是"选拔适合教育的儿童"。[①] 在课程管理模式方面，"为保障和促进课程适应不同地区、学校、学生的要求，实行国家、地方和学校三级课程管理"。课程调整的关键和主要环节正是课程实施与评价部分，三级课程管理模式也给予了学校更多对自身课程调整的权力。这为今后我国义务教育阶段各级各类学校进行学校课程调整、开发特色校本课程奠定了政策基础，具有重大意义。基于融合教育课程理念与设置原则的课程调整开始成为我国基础教育课程实施过程当中的必要因素和提升教育质量的重要推力。

尽管我国并没有像西方那样的社会文化土壤，现行的随班就读只是解决我国残疾儿童教育问题的一个具体实施办法。但改革开放以来，我国社会、经济形势已经发生了巨大变化，特殊儿童教育已经不能局限在入学率要求上，而应当提升质量。2017 年 7 月，教育部等七部门印发《第二期特殊教育提升计划（2017—2020 年）》，在总体目标中明确提出："到 2020 年，各级各类特殊教育普及水平全面提高，残疾儿童少年义务教育入学率达到 95％以上……普通学校随班就读质量整体提高。"同时在提高残疾儿童少年义务教育普及水平方面指出，要"优先采用普通学校随班就读的方式，就近安排适龄残疾儿童少年接受义务教育"。这意味着，普通学校随班就读是特殊儿童入学主体，提高随班就读质量成为当前特殊教育发展的重要步骤。融合取向的课程模式无疑正是当前我国特殊教育政策目标落实的关键。具体到我国随班就读学校课程，应特别关注以下四个方面。

第一，普通学校课程的准入应基于所有学生平等的受教育权，强调课程的开放性与包容性。在我国，残疾人群体依然是受教育权遭受不公平对待最严重的群体之一，学校以生理缺陷为由拒绝残疾儿童入学的现象依然存在，即使是能够接纳残疾儿童的普通学校，对于残疾类型与程度也有严格的限制。[②] 这其中固然有学校资源有限、条件不具备接纳残疾儿童的原因，但深层次上还是由于权利观念没有深入人心，公平与人道价值观还没有得到践行。很多残疾儿童及其家庭更多地把这种拒绝归结于自身的不

---

① 崔允漷：《新课程"新"在何处》，载《教育发展研究》，2001 年第 9 期。
② 肖非：《中国的随班就读：历史・现状・展望》，载《中国特殊教育》，2005 年第 3 期。

幸，而很少去想是不是自身的权利受到了侵害。我们应该转变思维，加强宣导。残疾儿童作为社区的一员，与同龄的所有儿童一样拥有同等的入学机会和平等的受教育权利。残疾儿童入学困难是教育系统的问题而非残疾儿童的问题，课程的准入对残疾儿童设置门槛是对公民受教育权的侵害。残疾人群体应该大胆地表达自己的权利诉求，教育行政和管理人员更应该具备这种权利意识。如此，基于人权的受教育观才能逐渐被认可，残疾儿童入学难的问题才能得到改善，普通学校的课程才能更加开放和包容。

第二，普通学校课程要面向所有学生。课堂中的每个学生（包括残疾学生）都应有效参与到课程中来并获得相应的成就。我国随班就读正从"普及数量"、提高入学率向"提高质量"、追求融合的方向转变。与西方追求残疾儿童平等地接受适合的、高质量的教育不同，我国特殊教育发展的出发点长期都聚焦于提高残疾儿童的入学率。[①] 这使得大量的残疾儿童进入普通学校随班就读的同时，他们的受教育质量没有得到保障。事实上多数学者认为我国的随班就读发展良莠不齐，整体质量并不高。[②] 正如本文前面提到，融合教育强调的不仅仅是将所有儿童都纳入进来，更要求所有儿童在课程学习中都能够充分参与并得到发展。课程关注的不是某一部分学生，而是所有学生的发展。融合教育课程必须让每个儿童感觉到，自己是学习的参与者和班级的贡献者。这要求我国在教育政策层面做出调整，由过去强调提高残疾儿童入学率真正转到提高残疾儿童受教育质量上来，学校课程要关注包括残疾儿童在内的所有儿童的教育需求，要真正面向所有学生，追求卓越。

第三，国家本位的课程向学校本位的课程转变。西方国家几乎一面倒地强调学校课程的重要性，国家课程的功能是为学校实施课程提供一个宽泛的框架和目标导向。这就允许学校按照自身的具体情况来决定怎样设置和安排课程，怎样通过学校资源的重新组织和调配来满足这样的课程设置。我国的特点是幅员辽阔、各地情况复杂多样，在这种情况下给予学校充分的自由度，根据当地生源情况、经济条件等因素酌情设计适合当地需求的本土化课程应该是顺理成章的事情。我国当下正在进行的新课程改革也提出了很多创新的理念与设想，但这些设想很多并不能付诸实践，原因之一就在于相关的政策支持跟不上课程改革的步伐。例如，以升学考试为导向的课程内容依然是学校教学的基本依据，这使得很多校本课程被迫停留于设想阶段，无从实施。国家课程对于保障全国范围内的学生都能得到基本的教育、制定基本课程标准等具有重要意义。但如果国家课程对学校具体的教学细节干预过多就会成为学校教育的负担，不仅无助于课程本身的创新，而且会阻碍学生的成长和发展。

---

① 邓猛、潘剑芳：《关于全纳教育思想的几点理论回顾及其对我们的启示》，载《中国特殊教育》，2003 年第4 期。

② 邓猛、景时：《从随班就读到同班就读：关于全纳教育本土化理论的思考》，载《中国特殊教育》，2013 年第 8 期。

第四，普通学校课程评价模式应由结果性评价向过程性评价转变。融合教育课程强调学习过程中学生的体验，注重学生在学习活动中的参与。因而，学习更多意味着一种经历与体验，过程与结果并重。融合教育课程的评价也是关注与课程整体相关的所有体验与结果，而非仅仅只是学业测试的成绩。我国基础教育评价机制基本上还是以升学为主导的评价机制。在这种机制下，成绩差的普通学生都很难得到认可，更不用说残疾儿童了。[1] 所以，过程性的、注重动态成就的、不局限于学业内容的、多样化的评价机制是我国当下新课程改革的重点关注，也是融合教育课程的关键。

本章小结

纵观融合教育课程的概念体系、内容结构、设置原则以及实施过程，可以发现，融合教育课程与以往的传统教育课程并非界限分明、没有联系，而是在传统课程的基础上，以适应越来越多样化的学生需求为出发点，或做小范围的调整，或做比较大的修改，或增加必要的课程内容，或删减过时的课程要求。通过这些措施来保证每个学生的受教育权得到保障，每个学生都能得到高质量的适合的教育。同时，在国际融合教育背景下，我国特殊教育发展要实现整体质量提升，要抓住时代机遇和政策契机，在新一轮基础教育课程改革当中，首先要强化残疾儿童权利本位的受教育观。其次，转变特殊教育办学理念，落实从"普及数量"向"提高质量"转变；同时在课程理念层面要重视学校本位的课程，处理好国家课程与学校课程之间的关系。同时，课程的评价模式要从结果性评价模式走向过程性评价模式。

思考题

1. 融合教育课程是如何体现教育公平的？
2. 融合教育课程的设置原则有哪些？谈谈你对这些原则的理解。
3. 谈谈你对"权利本位"的受教育观的理解。

---

① 邓猛：《关于全纳学校课程调整的思考》，载《中国特殊教育》，2004 年第 3 期。

推荐阅读

1. 颜廷睿，邓猛：《西方全纳教育效果的研究分析与启示》，载《中国特殊教育》，2013 年第 3 期。

2. 赵勇帅，邓猛：《西方融合教育课程设计与实施及对我国的启示》，载《中国特殊教育》，2015 年第 3 期。

3. 邓猛：《关于全纳学校课程调整的思考》，载《中国特殊教育》，2004 年第 3 期。

4. 肖非：《中国的随班就读：历史·现状·展望》，载《中国特殊教育》，2005 年第 3 期。

第四章

融合教育课程的设计

本章导言

　　课程作为学校教育的主要内容载体，是一定时期主流教育思想和教育观念的集中体现。融合教育课程是反映融合教育思想精髓的一种课程。联合国教科文组织在 2009 年明确指出，融合教育课程作为实现融合教育的一个重要途径，其核心意义就在于将"融合"的原则在教育系统中诉诸行动。[1] 要面向所有学生，并使所有学生都成为课程的有效参与者和贡献者，这主要表现在课程通用性与可调整性上。国际教育委员会于 2009 年提出，融合教育课程必须是弹性化的、相关的和可调整的，以满足终身学习者的不同特征与需求。[2]

　　北京市昌平区巩华中心小学针对本校随班就读的学生进行"差异教学"的策略，来尽可能地实现课程的通用性与可调整性。[3] 针对随读生平平，老师先对其平时的问题行为及各方面能力进行总结并分析。

　　平平在班内不爱与同学交往、游戏。下课时也是自己在座位上坐着，很少与他人有主动的交流，偶尔开口与同学交谈或是对答问题，语言也是平淡、单一的。平平平时情绪低沉，但有时情绪变化明显，不高兴就会默默地哭，高兴就会极大声地笑，但没有攻击性行为。

　　平平的学科学习能力：

　　语文方面：该生语言能力差，读书不连贯。回答问题时好长时间才能说出一句，也表达不清自己的意思。注意力不集中，上课时会沉浸在自己的世界里。

　　数学方面：理解能力也比其他同学差很多，只能做一些最基础的题目，而且正确率很低。

　　英语方面：喜欢上英语课，能够跟读并做动作，但是发现有人注视就会立刻停止。

　　劳动技能方面：喜欢劳动，在值日时总是默默完成自己的工作，如扫地、收拾课桌等。

　　基于上述总结与分析，我们为平平制定了相应的教学策略。

　　随班就读智力障碍学生以直观思维占优势，抽象、概括思维能力弱，注意力容易被一些形象鲜明生动的事物所吸引，在课堂教学中，我们采取多种教育教学手法来吸引学生的注意力，丰富他们的感性认识。

---

[1]　UNESCO，Guidelines for Inclusion：Ensuring Access to Education for All(2009)，Paris，2008，p. 28.

[2]　Opertti R.，Brady J. & Duncombe L.，Interregional Discussions around a Conceptualization of an Inclusive Curriculum in Light of the 48th International Conference on Education Capacity Building Program，UNESCO-IBE，2009，p. 65.

[3]　案例来自北京市昌平区巩华中心小学，由该校左鑫培老师提供，案例中学生均为化名。

1. 运用游戏，吸引随读生参与活动

由于智力障碍的学生在学习能力上比普通儿童要低，教学中，我们鼓励其参加游戏活动，关注老师、同伴的讲话内容，仔细倾听游戏规则。

2. 巧用媒体，获取知识

随班就读课堂教学中，多媒体计算机信息技术和学科教学的有机整合，形象、声音、文本等多种因素刺激智力障碍学生，能够促进他们的认知快速发展。

3. 创设情境，激发兴趣

在教学过程中，我们根据教学内容来创设合适的情境，使智力障碍学生可以在适宜的学习情境中稳定心智，自然投入，让他们在具体、有趣、和谐、宽松的课堂教学中领会和掌握教学内容。

[片段一]

在《认识"几"和"第几"》的教学中，为了增强学生对"几"和"第几"的感性认识，我们在教学过程中安排了一个"坐火车"的游戏，并特意邀请平平一起参加这个游戏。在游戏过程中，老师做火车头，学生们轮流加入进来做车厢，老师不时地让学生数车厢数量，问他们自己在第几节车厢。几轮游戏后，平平也轻松地理解了"几"和"第几"的概念与区别，这增强了她的自信心和学习积极性。

[片段二]

在教学《坐井观天》时，我运用多媒体展示一只动感的青蛙，吸引了孩子们的眼球，平平也神情专注地盯着画面，并且多次举起小手认真回答问题。在这堂课上，平平集中注意力的时间达到了课程时长的一半以上，而且对主人公青蛙的了解和对整个故事的理解比平时明显提升了一个层次。因此合理地利用多媒体教学手段，可以将智力障碍学生的无意注意转化为有意注意，激发他们的情感和想象，充分调动他们的积极性，使教学质量得到提高。

[片段三]

在数学课学习"平均分"这个概念时，我先让随读生平平帮老师把 10 颗糖果分给 5 个小朋友，她先将糖果每人分 1 颗，看看手里还有剩就又每人分 1 颗，直到分完。这时我让学生们观察，现在 5 个小朋友手里的糖果数量是否一样多。同学们异口同声地说："一样多。"这时老师小结引出"平均分"的概念，再让他们对图画、数字进行平均分。在情境教学中学生的心情是放松的，他们能自然地进入课堂教学。

第一节
融合教育课程与学习通用设计

一、学习通用设计（UDL）概述

通用设计（Universal Design，UD）的概念由美国学者 Ron 首先提出。他认为，通用设计是一种普适性的设计理念，在考虑产品或建筑设计的使用对象时不应仅局限于普通人群，也应考虑到老人、孩子以及各类残疾人。简而言之，就是在产品、环境或建筑设计之初即以"全体大众"为出发点，考虑到所有的人，无论其身体状况、年龄、障碍的程度，让设计的环境、空间与设备产品能适合所有人使用，这就是通用设计的核心理念。[1] 通用设计旨在于使所设计的产品、环境和建筑适合所有的人，因此在设计过程中，设计者不仅要考虑到正常健康的成年人的需求和能力，而且要考虑到孩子、老人和那些有生理机能障碍而行动不便的人的需求和能力。[2]

但通用设计不是要在产品设计中强加上某些东西，而是提醒设计师在设计过程中考虑产品的广泛适用性，从产品或环境设计之初就考虑到潜在使用者的需要，将一种通达性（accissibility）与灵活性（flexibility）融入到所设计的环境或产品构造当中，并通过采用适当的方法与技巧使产品成为和谐统一的整体，适用于各种类型的群体。例如，建筑设施设计的坡道入口，不仅仅适用于坐轮椅的人，也适用于拖着行李的人群；大而突出的指路牌，不仅对视力不好的人或老年人有用，在光线黯淡的情况下，也适合于正常人。另外还有一些计算机上安装的语音识别系统，设有按键、显示灯和音量控制器的公共电话，斜式滚筒洗衣干衣机，一些笔记本电脑的键盘设计等都是通用设计产品的典型代表。[3]

通用设计的突出特点就在于它在满足多样化群体需要的同时还能将这种体现差异的需求视作正常，而不是异常或另类需求。对于残疾人而言，通用设计产品与辅助产品或设施的根本差别在于，它不像辅助产品或设施那样人为地将残疾人与普通人区别开来，强化和夸大了他们在某些方面的能力不足，突出了他们在某个方面的残疾衰弱，

---

[1] 李斌、万莉君：《从无障碍设计迈向通用设计》，载《包装工程》，2007 年第 8 期。

[2] 曹阳：《通用设计的方法与应用》，载《河南社会科学》，2004 年第 4 期。

[3] 范劲松、安军：《论通用设计思想指导下的工业设计》，载《包装工程》，2006 年第 4 期。

将他们视作整个社会的弱者或者令人同情的对象，这从客观上对他们产生了社会性的歧视。[①] 通用设计产品为所有人共同使用，只是每个人根据自己的特点使用它的方式存在差别。通用设计不仅仅满足了包括残疾人在内的所有人的需要，更重要的是它体现了一个社会充满人文关怀的理念。通用设计产品是通过自身内在的灵活性与可变性"变化"来实现设计使用方面"个人化""多样化"宗旨的，其具体实现方法就是在相同系统内针对不同使用者的不同需求进行"可变化"的设计。

学习通用设计就是根据建筑学中通用设计的理念来设计融合教育课程、满足学生多样化需求的一种努力和尝试。学习通用设计是以满足学生多样化需求为基础的一种课程设计框架，通过对课程的目标、方法、材料和评估等的重新设计，致力于减少课程的障碍，并将现代信息技术渗透于课程各个要素的设计中，通过为学生学习提供丰富多样的支持，使每个学生，特别是有特殊需要的学生都能最大限度地获得知识、技能和学习热情，并维持对他们的高期望值，保持他们的高成就水平。学习通用设计强调在课程设计之初，就将潜在学习者的不同特征和需求考虑在内，因而在设计框架中即认同课程的灵活性及呈现方式的多样性，只有这样，才能应对未来不同学习者的需求，达到课程对所有人的"通达性"。同时，学习通用设计将数字媒体技术渗透于课程的各要素之中，通达性构成了学习通用设计的核心，保证了包括残疾学生在内的所有学生都有机会享受优质的教育，体现了融合教育课程设计的核心精神。[②]

针对学习者的个体差异，通用学习设计建议设置灵活的教学目标、教学方法、教学材料和教学评估，从而帮助每一个教育者实现这些不同的学习需求。根据通用学习设计理论所设计的课程，从一开始就要考虑所有学习者的不同需求，从而避免既昂贵又费时的事后修正。通用学习设计鼓励在设计之初就采用灵活可定制的设计方案，以便不同的学习者可以从各自真实的不同起点开始学习，而非我们想象的他们所在的起点。良好的课程设计方案，要足够灵活并且完善，可以为不同的学习者提供有效的学习支持和引导。

通用学习设计的三大原则，是基于神经科学而建立的，是通用学习设计的指南和基本理论框架。

原则一：提供多种形式的知识呈现方式（学"什么"）。

对于相同的学习内容，不同的学习者有着不同的认知和理解方式。例如，无论是在感官方面有障碍的人，还是有学习障碍的人（如读写障碍者），或者存在语言或文化差异的人，又或是其他具有不同背景的人，他们都需要以不同方式来接触和体验学习的内容。也有人可能更习惯通过视频或者音频来快速获取信息，而非通过印刷材料。

① 何灿群：《通用设计的理念与方法探析》，载《包装工程》，2007 年第 2 期。
② 邓猛、孙颖、李芳：《融合教育理论指南》，150 页，北京，北京大学出版社，2017。

同时，通过使用多种形式的知识呈现方式进行学习，有助于学习和学习迁移的产生，因为它让学生可以在不同的概念之间形成关联。总之，没有任何一种知识呈现方式对所有人都是最佳的，因此提供不同的知识呈现方式是必要的。

原则二：提供多种形式的行为和表达方式（"怎样"学）。

对于怎样适应和利用学习环境，并表达自己已经学会了什么，不同的学习者有着不同的方法。例如，无论是有着明显肢体残疾的人（如脑瘫患者），还是在策略和组织方面有困难的人（如执行功能障碍症患者），或者那些有语言障碍的人，以及更多其他不同类型有特殊需求的人，他们在面对学习任务时都有不同的途径。一些人可以通过书面文字很好地表情达意，却不擅长口头表达，或者刚好相反。我们同样需要知道的是，所有的行为和表达方式都需要基于一系列的策略、练习和组织协调，而不同的学习者在这些方面都可能有差异。事实上，不存在任何一种行为或表达方式对所有学习者都是最佳的，因此提供不同形式的行为和表达方式是必要的。

原则三：提供多种形式的参与与激励方式（"为什么"学）。

情绪反应是学习过程的重要因素之一，用以调动和激励不同学习者的学习热情的方式也千差万别。影响个体情绪反应的元素有很多，包括神经学的、文化的、个人经历、主观的和背景知识等方面的差异。一些学习者能非常主动而积极地参与教学活动，而其他人可能不太主动甚至畏惧主动参与，他们更倾向于有固定的学习安排。有些学习者可能喜欢独自完成任务，而另一些人倾向于与伙伴协作。实际上，并不存在一种对所有人都是最佳的学习参与激励方式，因此提供多种形式的激励方式是必要的。

二、基于学习通用设计的融合教育课程

(一)学习通用设计课程的目的

学习通用设计课程的目标，不仅是帮助学生掌握一门特定的知识或者一系列特定的技能，还是为了让学生学会如何学习，也就是说，学会成为专家型学习者。专家型学习者发展了三个主要的特征，内容如下。

1. 有策略、有技巧并且以目标为导向

学习者会通过有效的策略和方法优化学习过程；他们组织各种资源和工具来辅助学习；他们监控自己的学习进展；他们能认识到自己作为学习者的优势和劣势所在；他们会放弃低效的计划和策略。

2. 博学而有见识

学习者会将大量的已有知识带入新知识的学习中，并且可以激活旧的已有知识来识别、组织、协调和同化新信息；他们知道什么样的工具和资源可以帮助他们找到、结构化以及记住新的信息；他们懂得怎样将新信息转化为有意义、可以应用的知识。

3. 有决心，渴望不断学习

学习者渴望学习新知识，并且能从学习本身中获得激励和驱动；他们在学习中有明确的目标；他们知道怎样为自己设定具有挑战性的学习目标，并且知道怎样保持努力和毅力来达到目标；他们能够意识到并管理好那些可能影响和干扰目标达成的情绪反应。

通过使用通用学习设计来设计课程，可以让老师在设计中减少和去除那些可能阻碍学生达到这一重要目的的各种障碍。

(二)学习通用设计课程的构成

一门基于学习通用设计的课程由四种具有高度关联关系的组件构成，包括：课程目标、教学方法、课程材料和课程评估。下面我们将从这四个方面来解释传统的课程设计与通用学习设计的区别。

1. 课程目标

课程目标通常被描述为学习期望。它们代表所有学生都必须掌握的知识、概念和技能；这些目标又通常来源于课程标准。在学习通用设计框架下，对于课程目标的描述，本身就体现了对学习者差异的考虑，以及区分了课程目标和教学方法。这些前提使得通用学习设计课程的老师可以提供更多的选择和替代方案，可能是不同的路径、工具、策略和帮助学习的辅助资源。传统的课程设计往往主要关注教学内容或者成绩表现，而学习通用设计课程追求培养发展"专家型学习者"。这就为课程设定了更高的学习期望，而每个人又都可以达到。

2. 教学方法

教学方法通常是指专业教师用来帮助和提升学习过程的教学指引策略、方法、流程或者常规环节。专业教师应用有事实依据的教学方法，并且根据不同指引目标采用不同的方法。通用学习设计理论会根据学习者的个体差异，结合具体的学习任务、学习者的社交和情感资源以及教室所处的环境，来进一步有针对性地使用不同的教学方法。符合通用学习设计理论的课程灵活多变，会不断地监控学习者的学习进展并做出适应性调整。

3. 课程材料

课程材料通常被理解为用来呈现学习内容和用来表达学习者知识的媒介。在通用学习设计框架下，课程材料的核心品质在于多样性和灵活性。为了传达概念性知识，学习通用设计教学材料提供多样的媒介形式，配备丰富的背景信息知识，例如以超链接形式及时展示的词汇、背景信息，以及随屏幕展现的使用指引。为了实现有策略的知识学习和表达，学习通用设计材料提供了用于获取、分析、组织、综合和展示所学知识多种形式的工具和辅助。为了促进学习参与，学习通用设计的课程材料为学习者提供了多种路径以达到学习的目的，包括了具有适当的不同难度的支持、挑战的内容，以及多种用以引发和保持兴趣与学习动机的方案。

4．课程评估

课程评估描述的是通过一系列方法和材料来收集关于学习者成就的信息的过程；这个过程是为了确定学习者的知识、技能和动机水平，从而做出教育决策。在学习通用设计框架下，课程评估的目标是提高评估的准确性和及时性，并且需要保证它是全面的、能为教学指导提供清晰说明的，同时也能为所有学习者提供这样的指导。要实现这一点，不同于手段的多样化，需要密切关注课程目的，提供多种支持和辅助手段来建构相关的学习或课程项目。通过增加评估方式来适应学习者的多样性，因此，基于学习通用设计课程评估减少甚至消除了那些准确测量学习者知识、技能和参与情况的障碍。

第二节
融合教育课程的可调整性设计

随着两期"特殊教育提升计划"的颁布实施，我国特殊教育的发展重点逐渐从关注特殊儿童的入学率走向提升特殊教育质量。尤其是在融合教育理念越发深入人心的当下，越来越多的特殊儿童进入普通学校随班就读，如何实现融合、如何让他们获得有质量的教育已经成为我国特殊教育发展中突出的问题。融合教育的实践与推广，其效果最终都要体现到课程和教学中去，而课程的可调整性是衡量融合教育的重要指标之一。特殊学生要真正脱离相对隔离的环境，并不只是单纯地更换物理空间环境，而需要一整套与融合理念相契合的服务与支持体系，其相关服务可能涉及课程设计的改变、不同教学方式与策略的调整[①]。普通教育想要实现让包括残疾儿童在内的所有儿童都在普通教室里接受高质量的、适合他们独特学习需要的教育，就必须重视调整普通教室里的课程形式、内容与实施策略，使有特殊教育需要的学生能和他们的同伴一起充分、平等地参与学校课程活动。

---

① 邓泽兴：《试论融合教育推动下的课程调整》，载《重庆文理学院学报（社会科学版）》，2012 年第 6 期。

一、融合教育课程调整的层次性

自融合教育被提出以来，课程即成为学者们反复探讨的问题：应该为教室内的特殊儿童提供怎样的课程？是向教室内所有儿童提供同样的还是不同的课程？是向特殊儿童提供高水平的还是打折扣的课程？[①] 争论的结果是：传统的普通学校课程不能满足教室内多样的学习需要；融合学校要实现"所有儿童都获得成功"的目标，课程必须针对所有儿童。[②] 这就要求普通课程与特殊教育课程发生关联，来共同协作，以实现课程的"面向所有儿童"。

根据前文关于融合教育课程内容的介绍，融合教育的课程调整正是将普通教育和特殊教育的课程理念进行互相融合的过程；既要关注学生的学业发展，同时也要兼顾其社会适应能力的培养。课程的分层（Differentiation）是特殊教育最为必要的组成部分，它根据学生能力与需要的不同确定适当的课程内容与形式、教学策略以及评价方式。[③] 然而分层是讲究策略的，简单粗暴地将不同学生与不同内容含量、不同难度的课程去对应，并不是融合教育课程调整的理念，国际上普遍采取"最少分层"的原则，即尽量让所有的学生都参加同样的课程与教学活动，并尽量让他们独立完成任务，只有在十分必要的时候才改变课程内容与教学方法。因此，课程分层调整的第一选择是不变，其次是小变，第三是同学帮助，第四是教师的辅导，最后才是替代性的特别设计课程与教学活动，以及在家庭里开展的特别训练活动。以下将根据课程调整对象的不同，依次介绍以下四种层次的课程调整以供参考。

（一）课程共通

共通性课程是指所有学生学习同样的课程，不对课程做出任何的调整，教学目标和要求也相同。这类课程最大的特点就是对原有的课程框架不做出任何改动，直接使用原有的普通课程成为该生的课程，视学生的适应情况，让学生全部或部分参与普通课程的学习。因此，这类课程多适合于残疾程度相对较轻的学生，如肢体残疾、感官障碍、轻度发展性障碍等学生。

（二）课程微调

课程微调是指在共通性课程的基础上，仅仅对教学方法与策略、课程评价手段等

---

① 邓猛：《关于全纳学校课程调整的思考》，载《中国特殊教育》，2004 年第 3 期。
② Ashman A.，Elkins J.，*Educating Children with Special Needs*（2nd ed.），Australia，Prentice-Hall Inc，1994，p. 157.
③ Westwood P.，Differentiation as a Strategy for Inclusive Classroom Dractice：Some Difficulties Identified Paper Presented at the Hong Kong Red Cross 50th Anniversary International Education Seminar，2000.

方面做适当的调整，但并不对课程内容与课程评价目标做任何改变。具体来讲，课程微调的重点在于教师教学设计与教学方法上的创造性，以及对学生学习评价的多元化设计。对于班上不同学习需求的学生，教师在不改变原有学习内容容量与难度的前提下，发挥自己的教学艺术，通过改变学生座位的物理结构（如扇形座位、圆形座位分布等）、使用多样性的教学材料（如视频材料、实物展示等）、适合的教育辅助技术介入（如音频—文字转换软件、大字投屏技术等）等各种教学方法与策略上的调整，来应对不同学生的需求。同时，在课程评价方面，多元化的评价方式是课程微调的重要特点，教师于整个课程体系允许学生使用不同的方式来表征自己的学习效果，并承认每种表达方式在学习意义上是等效的。例如，对于"光沿直线传播"这一物理学科知识点的掌握，教师可以提供若干种不同的考察方法让不同的学生选择：原理口头陈述、实物作品表达、论文表达等，不同的学生可以选择自己最擅长或最合适的方式来表征自己对这一知识点的理解程度，这避免了用同一种评价方式来衡量所有学生的弊端。

（三）课程修改

课程修改是在课程微调的基础上进行的进一步调整，随着融合教育的推进，普通学校班级中将会出现越来越多残疾程度不同、学习特点也不同的学生。仅做教学方法与策略上的微调有时候已经无法满足所有学生的学习需求，这时候，需要再进一步对共通性课程的内容和评价目标做相应的调整。具体而言，主要是对诸如数学、语文、科学等知识性较强的学科进行内容和评价层面的"修改"：如适当增删知识点的数量，适当调整知识点的难度等。对于超常儿童来说，显然常规的学习内容与难度已经不够，需要在常规课程的基础上增加知识点的数量与难度，甚至直接使用更高阶的教材；而对于许多智力障碍或发育迟缓的儿童来说，常规的课程不论在知识容量还是在难度上都已经不适合他们的学习特点与需求，这时候就需要做相应的修改，但绝不是简单的学习内容删减，而是在教师教学策略与方法的支持下，让其获得与其学习能力相匹配的学习成就。

（四）课程替换

课程替换是指在原有课程内容与评价目标体系之外，增加适合随班就读学生需求的替代性课程，如生活自理、社会交往等课程。由于普通学校传统课程已经不能满足某些学生的需要，教师小组需要重新为他们设计单独的课程内容与教学活动。这些课程可以根据需要，选择在不同的场所进行：普通教室、学校或社区内，替代性课程可以吸纳有兴趣的普通学生一起进行，[1] 这既体现了融合教育课程的包容性，也能减弱标

---

[1]　邓猛：《关于全纳学校课程调整的思考》，载《中国特殊教育》，2004 年第 3 期。

签效应。替代性课程从课程主题到课程目标以及内容，都与共通性课程（普通课程）完全不同。这主要是针对重度或多重障碍的学生的，旨在为他们提供更具功能性和实用性的课程，以符合其需要。从调整的程度来看，替代是对原有普通课程的全方位调整，也就是最大限度的调整，是基于学生特点而使用另一种更适合学生学习的课程主题、目标和内容，将该课程完全置换掉的调整方式，同时教学方式也一并进行相应的调整。只有确定对课程进行了前叙各种调整后学生仍然无法适应时，才会采用替代性课程，或者是围绕生活实用技能设定替代性的教育目标和具体教学内容。

事实上，在融合教育的实践中，只有极少数学生需要单独设计的、完全不同的替代性课程。多数有特殊教育需要的学生只需要采用经过很小修改的、甚至是完全相同的课程即能适应融合教育的课堂环境。① 调整只有在特别需要时才有意义，过度的调整并不见得是好事。表 4-1 对上述四种课程调整层次进行了一个简单的总结："课程共通"基本不需要做出任何调整，也更适用于障碍较为轻微的学生；其他三种层次的课程调整都需要做出不同程度的调整，其中课程替换是幅度最大的调整，多适用于障碍程度较重的学生。

表 4-1　融合教育课程的多层次调整

课程调整层次	调整内容
课程共通	无需调整
课程微调	仅做教学方法与策略、课程评价手段方面的调整，不对课程内容与难度做任何改变
课程修改	在课程微调的基础上，进一步修改课程内容的难度或增删部分课程内容量
课程替换	更换课程内容，提供更具实用性和功能性的内容

二、融合教育课程调整的适切性

(一)课程调整要以学生需求为本位

融合教育课程是多元的，既根据学生能力表现设计课程，也根据学生的实际需求进行调整，从能力为本转向以需求为本，满足学生多样化学习的特点与需求。特殊教育要超越于满足其最基本的生活自理和身体上的健康范围，拓展到满足他们的归属感、情感的需要、尊重的需要、认知学习的需要等多方面，包括个人价值的自我实现、自我决定、追求美好与高尚的生活。融合教育课程调整的全部意义在于，在学生高度个性化特征的基础之上，满足其多样性的学习需求。世界上没有两片完全相同的树叶，

---

① 邓猛：《融合教育与随班就读：理想与现实之间》，270 页，武汉，华中师范大学出版社，2009。

也没有两个需求完全相同的人。人在不同的时空情境中，会产生不同的教育需要，这种"不同"是多维度的、立体的，不是所有身心障碍的学生都需要调整，也不是一直都需要调整或是在所有的课程中都需要相同的调整。[①] 因此，课程调整需要讲究策略，需要与学生的身心发展特点相契合，也需要与学校的实际情况相结合。

1. 课程调整应基于学生的身心发展特点

儿童的身体心理发展在各个不同的年龄阶段会表现出共性。大多数教师在做课程调整的时候，都会更多地考虑学生心理年龄的发展程度尤其是智力水平，而忽略生理年龄的特点。与学生的年龄相符合，有两层含义：第一，课程调整与学生身体发展水平相符合。美国心理学家格塞尔认为成熟与学习是支配心理发展的两个基本因素。个体的生理和心理发展，都是按照其基因规定的顺序有规则、有次序地进行的。发展是由机体成熟而预先决定和表现的；教育抢在成熟的时间表前是无意义和低效的。成熟是推动儿童发展的主要动力，没有足够的成熟，就没有真正的发展与变化。[②] 奥地利生态学家康罗德·洛伦兹(1937)提出关键期的概念，特指儿童对某些技能或行为模式发展有最大的敏感性或准备状态的时期。某些技能或行为模式在关键期开始之前是不可能出现的，当关键期过去后，形成某种技能就极其困难。任何行为的成功出现都有一个发展的关键期，这取决于有机体的生物准备和环境的支持。

认识残疾儿童身体发展的特点，抓住儿童发展的关键期，是我们进行课程设计与个别化教育的基础。对于许多特殊儿童来讲，身体发展具有不平衡性的特点。我们既要了解相关年龄阶段儿童身体发展的共同规律，又要考虑儿童身体发展的实际情况。既不可拔苗助长，又不可拖延落后。同样，课程设计与调整需要遵循儿童心理发展的年龄特征，抓住儿童发展的关键期进行教学，从共性出发的同时关注儿童特性。课程的调整仅仅关注课程难度、深度的扩展是不够的。一味追求知识的难度，就会忽略学生生理年龄及相应的心理特点，造成意想不到的后果。相比"拔苗助长"，特殊教育领域更多出现的是对特殊儿童的低期望值与能力误判(更多是低估)。例如，对于认知程度较低的学生来说，老师往往会选择与其智力年龄相符合的课程，以至于经常会见到一个十几岁的中学年龄段的学生，还在大量学习幼儿或小学阶段内容的现象，这显然与学生本身年龄段的发展不相符合，也使得学生更容易遭到他人的嘲笑。因此，教师在选择课程内容、设计教学方案的时候，一定要兼顾学生心理年龄和生理年龄的特点，让学生以最适合他特点的方式，学习最适合他的内容。

2. 课程调整应聚焦学生的潜能发挥

"潜能开发优先，缺陷补偿其次"是融合教育的基本原则之一。儿童的潜能是无限

---

① Byrnes M. , *Taking Sides*：*Clashing Views on Controversial Issues in Special Education*，Chicago，Irwin Press，2005，p. 257.

② 桑标：《儿童发展心理学》，35 页，北京，高等教育出版社，2009。

的，往往超出我们的意料与想象之外；康复与训练则是有限的，只能够无限接近而达到"正常"的水平。因此，康复训练是支持性的，而基于潜能开发的教育则是主导性的，不可本末倒置。课程的调整首先要对学生的潜能进行评估，评估内容更加关注学生的优势而非不足、潜能而非缺陷。通过评估了解学生的教育需求从而制定课程和服务内容。但是在现实生活中，教师常常容易出现两种问题：一个是过于依赖评估结果，而导致对学生的能力认识不足甚至错误。现有的能力评估过于重视能力的程度，而忽略能力的表现特征；再加上由于评估时间的有限和工具的特殊性，会使评估的结果与学生的真实情况差距较大。例如，有的学生评估某一项测试项目失败，对评估的过分依赖会导致教师无法真正了解学生失败的原因。到底是学生本身能力有限不能达到要求，还是缺乏动机与兴趣，或是其他原因。项目失败与学生不会并不总是一回事。学生做项目的过程远比项目失败的结果更加重要。教师的工作不仅仅是教会学生不懂的问题，还需要了解学生不懂的原因，并以此作为课程调整的依据。另外，老师在评估时常常容易聚焦于学生的缺陷和弱势，尤其当这个学生有重度且多重障碍时。须知评估的目标是要发现学生的闪光点，而非证明学生的失败或者刁难学生。所以老师看到的是学生不能做什么，而不是能做什么、想做什么。这使得教师对学生的期望不高，在进行课程调整时常常将内容调整得过于简单，使学生缺乏进一步的学习。所以，只有了解了学生的能力与兴趣、爱好，教师才知道课程的内容、教学的顺序以及教学的方法等。

因此，课程调整要与学生的能力相符合，需要做到以下几点：第一，全面、动态地了解学生的能力。不仅仅依赖于评估表，还需要从家庭收集资料，从跟学生的直接互动中获取信息，更多地依赖动态的、非正式的、课程本位的评估方式，对学生进行全面的教育评估。此外，一个人的能力是在不断变化的。这与其所处的环境以及前期的教学效果有着密切的关系。第二，为学生设计最近发展区内的课程目标和内容。维果茨基认为学生有两种能力水平，一种是现有水平，一种是可能的发展水平，也就是潜能。教学应从学生的潜能出发，潜能之所在，即是教育之所在。着眼于学生的最近发展区，为学生提供有难度、有挑战性、有趣的内容，调动学生的积极性，提供支持，使其能够发挥潜能，推动、引导学生向下一阶段发展。

3. 课程调整应基于学生的兴趣与动机

兴趣是最好的老师，学习必须激发学生的学习动机。这对于有特殊教育需要的学生来讲尤其重要，这就对课程的内容提出了要求。符合学生兴趣的课程也更能调动他们学习的积极性，使其主动学习。兴趣是变化多端的、动态的。教师要通过观察与评估、搜集资料、与学生互动等方式，来了解学生的兴趣爱好，偏好的学习方式、学习风格等，综合分析和利用这些信息，来提高课程调整的效率。在具体的教育教学过程中，教师可以充分发挥自己的教学艺术与教学创造性，用不同形式的媒介或教学设计，创设教学情境，吸引学生的注意力，引导学生的思维能动性。教学既是科学，也是艺术，在这个时候，教师要在遵循教育科学基本规律的前提下，最大限度地展示自己的教学艺术，将游戏、故事、舞台艺术、语言艺术、表演艺术等各种形式融进自己的教学过程中，支持学生的学习活动与各项能力发展。

4. 课程调整应基于学生真实生活情境

儿童行为塑造、改变以及知识学习有赖于环境改造与重建。环境包括物理环境和具有社会性的各种情境。环境多样意味着教学的多样性；环境的结构化往往意味着教学的结构化。教师应该精心创设结构化的、生活化的、儿童友好型的情境，将家庭、学校、社区范围内真实的生活情境与片断纳入课程与教学过程。[①] 生活环境包括家庭环境、校园环境和社会环境，它会直接影响学生的学习需求、个性特点、兴趣等。与生活环境相符合，意味着课程源自于儿童的生活经验，回归儿童的生活世界；意味着能否得到家长的支持与参与，是否能够实现学生发展所需的生活元素与必备技能。只有课程调整与学生的生活环境相符合，才能最大限度地促进学生的发展，也才能真正做到从学生出发、从生活出发，去建构真善美的童心世界。处于不同生活环境的学生，对课程的需求可能是不同的。例如，课程内容的选择需要考虑到不同地区的经济、文化差异，让课程充分体现出功能性和实用性。再如，对于一个每天都需要乘坐公交车上下学的学生来说，教会他如何乘车就是首当其冲的事情。

(二)最少的干预走向最大的融合

差异容易导致分层，分层容易出现马太效应。如何在差异化与公平之间保持适度的平衡，至关重要。在进行融合教育课程调整时，应按照两个基本原则进行。

第一，从少到多的顺序调整。调整是融合教育最根本的特征与手段，但能不调整就适合最好，所以不变是最好的选择，只有不得已才进行调整。调整的次序应该先从教学调整开始，再视情况逐步过渡到调整课程；如果课程调整以后仍无法满足学生的需求，则考虑使用替代性活动。[②] 课程调整的目的不是让特殊学生被隔离或特殊化，而是要最大程度地促进特殊学生融入普通班级；因此教师在进行调整时的策略应该是悄无声息的、润物细无声的；但同时又要实现最大的融合程度。要让学生能够最大限度地融入普通班级，就要尽量选择最少干预的调整策略。[③] 例如，在普通教育课堂中，如果教师将特殊学生抽离出来放在教室后面进行与主题相关但不相同的活动，实际上是将该生和班级同学隔离开来，这是一种干预较多的调整策略；而如果让特殊学生坐在班级中读简化的教材，则是一种干预较少的调整策略。再如，做操时如果教师让肢体

①　邓猛、景时：《特殊教育最佳实践方式及教学有效性的思考》，载《中国特殊教育》，2009 年第 2 期。

②　Janney R. E. & Snell M. E.，*Modifying Schoolwork*，Baltimore，Paul H. Brookes，2000，p. 26.

③　邓猛：《关于全纳学校课程调整的思考》，载《中国特殊教育》，2004 年第 3 期。

障碍的学生坐在教室做其他的事情而不参与班级活动，这是一种最少融合的干预策略；其实，教师可以选择让该生到操场上帮助喊口令，使其可以最大限度地参与到班级活动中去。

第二，一般性调整与个别化调整相结合。一般性调整是指针对班级所有学生所进行的调整与改革，个别化调整是针对特定学生实际进行的因材施教式的改变，往往指针对残疾学生进行的实质性、支持性的调整。对班级所有学生所做的任何改变对特定的残疾学生应该有帮助，反之，对残疾学生进行的个别化调整也能部分或者全部推延至其他学生。一般性调整先于个别化调整，二者相辅相成，保证调整过程中的全面性与公平性。

三、融合教育课程调整的发展趋势

融合教育发展历程是特殊和普通教育相互博弈、包容的长线过程，是一个从分到合、分分合合的演变过程。在该过程中，教师成为课程的主人，学生的主体地位则日益凸显。融合教育课程，既是学生个体权利的体现，也是学校文化与办学理念的落实，是在普通教育课程的基础之上进行复杂、精细的调整才形成的，而不是简单地将特殊教育的理念与内容包含进去。融合教育课程并非将二者凑成拼盘，而是形成自己的特点，面向学生日益增长的学习多样性特征，实现"整体大于部分之和"的目标。

同时，在世界范围内，既没有哪个国家的融合教育模式来为所有国家提供借鉴的模型，也没有所谓的一成不变的融合教育实践可以恒久适用。融合教育实践模式是深深扎根于本土文化社会土壤中的[①]，融合教育课程调整也是随着其所处的社会文化的变迁而随之不断演化的。在经济全球化背景下，国家与国家之间的合作与联系越来越紧密，随之带来的资源共享与价值共通程度也越来越高，借鉴别国的成功经验并不意味着全盘照搬，而是要结合本国的实际需求；同时，课程调整中的"后发性"思路容易让精心设计的课程调整策略成为"折扣式"的普通教育课程，进而带来普通学生和特殊学生之间的马太效应，使二者差距越来越大，而从课程设计之始就将学生差异性考虑进来的学习通用设计（UDL）将为融合教育课程调整加入极好的思路；最后，课程调整是一项系统工程，涉及的是整个学校的资源重组，所以，"精细化"的课程调整是融合教育实践的必要组成部分。

(一)通过统整实现课程分化与综合的结合

课程是很复杂的概念，从狭义的角度来讲，课程就是学科或者特定的科目。但是，

---

① 邓猛、刘慧丽：《全纳教育理论的社会文化特征与本土化建构》，载《中国特殊教育》，2013 年第 1 期。

融合教育课程并不局限于此，它是教师和学生共同从事的活动，是儿童的生活世界，是儿童的经验体验，是特定的社会文化的再现。因此，融合教育课程与真实的社会现实生活是相连接的，是儿童经验世界的总结与反映，是对知情意行的综合，对真善美的不断追求。① 学科的分化与整合是特定学科演变的重要特征，也体现课程调整的基本规律。课程分化指的是课程内容根据系统、专门的学科知识不断进行分类、深化的过程，体现特定学科的话语体系及概念体系的完整性、逻辑性。普通教育中的分科课程是以学科知识的传授为主要目标的，这种分化课程有助于学生系统地掌握学科知识，但不能满足培养具备较高人文素养、创新性人才的需求，不能够满足当今素质教育的要求。从分化课程走向统合课程，既是当今教育发展的必然趋势，也是融合教育课程的必然选择。

课程统整是将两种或两种以上的学习内容或经验，组合成一个有意义的整体课程的过程。统整的课程不仅更加符合真正的社会生活情境，而且有利于学生将所学的知识与过去现在的经验连接起来，进而达成有意义的学习。课程的统合性更多地体现了"功能性的要求"。功能性课程更多地表现为把各种知识、技能及社会适应性行为训练整合在一起，集成在某个主题的教学中。② 融合教育对传统课程模式提出的挑战在于，要求对普通教育中盛行已久的分科课程进行统整，基于儿童真实经验与现实生活来统合知识。学校应该通过系统的课程设计与实施，帮助学生整合各学习领域的内容，特别是将社会适应的内容贯穿到各个科目中。课程实施上也需要统整，以帮助学生将片段的、零碎的知识结合起来，解决实际问题，发展实用技能，适应社会生活，并以活动的方式呈现给学生，促成其知识经验间的紧密联系，最终形成有意义的社会生活能力。课程内容层面，则以"生活""经验""活动"等有关系的内容优先，将相关的知识内容及学习经验完整地组合在一起。课程统整建立在以建构主义为基础的现代教学理论基础之上，认为新知识的获得必须建立在原有经验的基础之上，教学要基于典型的、鲜活的真实事件或真实问题，必须到现实世界的真实环境中去体验、探究，以获得解放性的知识。融合教育课程统整的方式是分化与统合相结合，学科内与跨学科的综合相结合，最终实现"学科内融合＋学科间融合"。这就要求教师不仅需要具有学科教学的能力，更需要具备处理好学科分科与统合之间关系的能力，能够根据实际需要将课程进行适度分化、有效统合，提高融合教育的效率。

（二）通过丰富扩展使同质的课程走向异质化

同质性和异质性是相互对立与统一的矛盾体。同质意味着完全相同，彼此之间没

---

① 邓猛、景时、李芳：《关于培智学校课程改革的思考》，载《中国特殊教育》，2014 年第 12 期。
② 盛永进：《当代特殊教育课程范式的转型》，载《外国教育研究》，2012 年第 1 期。

有差异。课程的同质性意味着课程目标、内容、评价各方面完全统一、相同。异质则意味着差异和多元，是不同性质的混合体，异质性课程要求根据学生的差异采取不同的、多样化的课程与教学。传统的课程是同质性的，有统一的国家课程标准对学生进行统一的要求、按照年龄组分班；有标准的测试、教材、教法；采用大班教学、统一授课、统一评价；以升学、考试为目的，轻视学生能力培养。忽视儿童个别差异以及缺乏对儿童多样性的尊重是当今我国教育中最大的弊病之一。在传统的普通学校中，学校和老师所考虑更多的是大多数儿童的利益，如在教学进度、教学内容讲解等方面，考虑更多的是那些学习能力处于平均水平的"大多数"儿童，而较少考虑那些学习差和某些能力超常儿童的需要；更多考虑的是儿童发展的共性，忽视儿童发展的个别差异性。这样的课程遵循的是以现代性为特征的同质平等观，在这种情况下，儿童的个性与能力发展普遍受到压制，有特殊教育需要的儿童也得不到应有的帮助，不能适应在普通学校的学习和生活。这样，许多需要特殊教育的儿童就不得不进入专门设立的各类特殊教育学校，接受"特殊"教育，从而形成了普通学校与特殊教育学校的对立。因此，本质上讲，特殊学校的存在是由于普通学校不能适应有多样化需求的学生的需要，而非儿童本身的问题。

事实上，在任何一个自然的班级里，有学优生，也有学困生；有正常学生，也可能有残疾学生等。课堂教学方式的改革应首先面向所有学生，关注学生的多样性与独特个性，这种理念以后现代主义的异质平等为追求目标。学生的多样性并非课堂教学的负担，相反应该成为教学的资源与优势；多样性的学生能够为班级贡献多元的观点与学习、交往方式，使教师和其他学生都从中获益。[①] 正是多样性的存在，才构成了丰富多彩的世界，而我们每个人作为一个独特存在的生命体，也因此具有了不可重复性和不可取代的唯一性。残疾儿童恰恰是个别差异比较显著的群体，了解和尊重普遍存在的个别差异，是我们学习特殊教育的首要前提。

一直以来，普通教育课程正是在这样一种同质化——即一种课程适用于所有的学生(one size for all)的前提下进行着的。在这种"同中无异"的课程体系中，学生个性化的教育需求无法得到满足。对于那些有特殊教育需求的学生来说，很难参与到传统的教育之中，更无法从中获得对应的成功。因此，融合教育崇尚异质性的课程，强调对现有课程进行各种调整，使之得到丰富与扩展，形成多元化的课程，满足学生个别差异。异质性的课程是以学生为中心的课程体系，它与学生的生活世界、兴趣动机、未来发展等都有着更加紧密的联系，它是开放的、动态的、宽广的课程；它具备弹性与包容性，不仅注重儿童学业领域的发展，而且强调儿童人格、社会交往、情感需求等多方面的发展要求；它关注儿童现有的发展水平，更关注学生的未来发展潜能；它以

---

① 邓猛、郭玲：《教育公平与特殊教育发展》，载《教师博览》，2007年第11期。

追求教育公平、实现社会公正为终极目标。异质性的课程有利于学生的平等参与，体现公平、多元、共享的价值理念，使不同学习能力的学生能够真正参与到课程与教学活动中来，因此它是参与性的、体验式的、互动型的课程。

（三）通过差异分层使标准化课程走向个性化

融合教育课程应该建立在满足学生多样性需要、尊重学生平等权利、发挥学生潜能等信念的基础之上。这样的课程应该是多样化的、涵盖生命全程与生活全领域的、宽泛而平衡的课程。课程的"差异分层"是融合教育的最佳实践方式之一，通过差异分层的策略来实践学生个别化的发展目标。"差异分层"同时体现因材施教的理念，根据学生独特的学习能力与认知风格，针对性地采用不同的课程设计与教学策略，使学生得到发展。这对教师而言是个性化教学的体现，教师也成为课程的主人，有权利对课程进行有机的调整和处理。融合教育课程既注重课程的共同性，从儿童发展的共性出发；又注重课程的差异分层，关心课程内容与要求的个别化，使课程更具弹性，并以此来适应学生的个别化需求。

普通教育的课程体系建立在国家课程基础之上，是面向所有学生的、标准化的课程体系，具备基础性、全面性、强制性的特点。但这种课程却很难满足全国不同地区、不同学校、不同学生的多样化及本土化需要，也很难适应不同地区的实际情况。统一化的标准也极大地剥夺了每个学生获得成功的机会。对于那些无法达到既定标准的特殊需要学生来说，他们往往成为普通班级中的边缘者和失败者。因此，标准需要弹性，国家课程需要走向学校，进而走向班级和个体。对于残疾学生而言，课程有着更加特别的意义，因为课程是他们人生中不可缺少的快乐体验与经历。融合教育课程要通过差异与分层，建立弹性的、个别化的课程体系，因为每个孩子都是独特的、不同的，他们的课程范围理应在满足其生活自理、身体发展、学业文化等的需求的基础上，拓展到满足其情感需求、认知发展、生命体验等多方面的需要。① 因此，运用通用学习设计理念，进行课程适应性调整和修正，以儿童发展为中心，将基于标准的课程和融合的理念相结合，构建多方参与，协同合作的融合课程体系，实现课程的个性化。

（四）基于"本土化"需求的精细化、通达性调整

西方融合教育理论的生成与发展是建立在西方社会的政治、经济、文化基础之上的，是西方特有的社会文化发展的结果。② 因之，源自西方的融合教育课程调整也必然

---

① 汪斯斯、邓猛：《当代美国智障教育课程的发展述评》，载《中国特殊教育》，2014 年第 9 期。
② 邓猛、苏慧：《融合教育在中国的嫁接与再生成：基于社会文化视角的分析》，载《教育学报》，2012 年第 1 期。

带有浓浓的西方文化印记，落实到课程调整的具体做法，也必然体现着其文化与价值痕迹。然而，中西方的社会文化基础、价值取向、生活方式乃至于表达方式等都有着或多或少的差异，这就导致了我国一线教师在进行课程调整实践过程中，难以接受充满了西方话语意味的课程调整术语和策略，甚至排斥这些策略。因为在我国随班就读的现实中，班额问题、资源教师支持问题、课程校本化问题、学校管理体制问题等一系列议题都与课程调整息息相关，将运转在西方融合教育情境下的课程调整拿到我国随班就读情境中直接使用，无异于"南橘北植"，必然会遭遇诸多困境与阻碍，尤其是来自一线教师的困惑与不解，因此，如何结合我国的教育实际进行课程调整，可能是接下来我国融合教育实践的努力方向之一。

与此同时，学习通用设计思路已经在西方融合教育实践中广泛使用，其"在课程设计之初，即考虑到学生所存在的各种差异以及可能遇到的障碍和困难"的通达性课程思路被认为是应对日益多样化的学生需求的良好策略。传统课程调整策略更注重在课程实施过程中的"补救性"调整，其思路本质上是一种基于普通课程的"打折"，并以此来满足特殊学生的差异化需求。这就使得调整可能会是一个永无止境的"亡羊补牢"式过程，尽管可以通过不断的经验总结来完善课程调整策略，但在效率上却并不值得称道。与此同时，补救性的课程调整容易形成标签，不利于特殊学生的身心发展。最关键的是，一些课程调整策略，如分层调整，会使有的学生课程内容分量与要求降低，而有的学生则增加。这容易产生马太效应：学生能力强的变得更强，差的变得更差，学生之间的差距扩大。这有违全纳教育追求的平等与公正的原则。如何在分层与公平之间保持适度的平衡，至关重要。而学习通用设计的思路是在起点进行课程革新，强调课程准入的通达性，并将通达性渗透到课程的各个环节：课程设计、课程实施、课程评价等，学习通用设计强调多样化的课程表现方式、多样化的行为与表达方式、多样化的学习参与方式等，与传统的课程调整思路相比，学习通用设计为包括特殊学生在内的所有学生带来了更大的可能性，也为教师教学带来了更广阔的发挥空间。

最后，课程调整无疑是一项庞大的系统工程，牵扯到的不仅仅是教师课堂这一个微观环境，而要通过整个学校的资源重组才能达到，所以，"精细化"是融合教育课程调整必要的发展方向。正如在学习通用设计当中提到的，课程调整需要调整的是关于课程的所有环节，而不是简单的实施环节。而针对每一个环节的调整，也都是一个小的调整系统，例如，对于本节中介绍的"课程微调"，微调的依据必须依据特殊儿童的详细评估报告，选择进行"微调"的学习科目与项目，进而，"微调"的具体策略不仅仅包含教师的教学策略与方法调整，也包括该学生所在课堂的学习环境的调整：座位安排、教学设备与器械、学习伙伴等，还包括课程的评价调整。这些调整的策略和依据都必须记录在案，体现在学生的学习档案中，或个别化教育计划当中。这些策略实际上都包含在学习通用设计的思路中，只不过是不同层面的不同强调。课程调整的精细化操作也因此需要一整套资源的协调运作才能实现：校长及其管理团队、学校管理制度、课程与教学设备、教师及专业人员团队，等等。可见，只有投入系统的、精细的课程调整，才有高质量的融合教育产出。

本章小结

　　融合教育课程与教学直接关乎融合教育的质量，是整个融合教育过程中至关重要的一个部分，也是最具实际操作性的一个部分。本章重点介绍了当今最新、也是最盛行的学习通用设计理念，从其他学科(如建筑学科)中汲取营养，进而为融合教育所用，体现了融合教育乃至特殊教育本身的学科交叉性。学习通用设计理念要求在融合教育的课程设计之初即考虑课程受众的多样性，这本身就是融合教育课程弹性化和可调整性的体现。同时，本章对融合教育课程的可调整性做了详细的介绍，尤其在课程调整的多层次性上，实质是教育公平(而非一刀切的"平等")最集中的体现，根据每一个学生需求的不同，进行高度个性化的调整，使课程调整的概念生动化，而不是死板一块。课程共通、课程微调、课程修改、课程替换四个层次的调整程度，每个层次中的调整细节充分体现在教师的教学策略和教学艺术中。总之，课程调整的核心原则为：符合学生需求、最少干预和最大融合。在未来，融合教育课程调整将会从分化走向统合、从同质走向异质、从标准走向弹性，最终实现课程的个别化。同时，课程调整更需要考虑本国的社会文化情境，来设定课程调整的方向，调整中也应关注精细化、通达性的课程思路。

思考题

　　1. 请比较融合教育课程与传统普通课程之间的异同。
　　2. 请比较融合教育不同课程类型之间的异同以及对特殊学生的意义。
　　3. 结合你的理解，谈谈融合教育课程的"可调整性"。

推荐阅读

　　1. 胡芬：《通用学习设计在特殊教育领域的应用》，载《社会福利》，2014年第 3 期。

2. 颜廷睿，邓猛：《全纳课堂中的学习通用设计及其反思》，载《中国特殊教育》，2014 年第 1 期。

3. 邓猛，景时：《特殊教育最佳实践方式及教学有效性的思考》，载《中国特殊教育》，2012 年第 9 期。

第五章

融合教育课程的实施

　　课程实施是将课程计划与设计付诸实践的过程，是融合教育课程得以落实的关键环节之一，也是教师发挥自身教学艺术与能动性的重要体现。前述章节对融合教育课程的基本涵义、特征、原则及设计等进行了讨论，在一线教学实践中，究竟该如何实施融合教育课程呢？

　　来自北京市东城区府学胡同小学的案例为我们展示了一个可供参考的方向。[①]

　　卢老师是该校的语文老师，她的班上有一名随班就读孤独症谱系障碍学生亮亮。他比班中学生大两岁，课上情绪能基本保持稳定，偶然躁动时能在老师的安抚下正常上课，但语言表达能力较差，在老师的引导下，能运用一些词语表达自己的意思，大多数时候咬字不清、语速过快、音调太高或太低，连词成句表达比较困难。需要理解和记忆的知识，他自己单独完成不了，对学伴的帮助偶尔乐意接受。他不能独立完成最简单、最基础的作业，需要有人全程指导。该生在课上喜欢画画，或沉浸在自己的世界里说笑玩耍，偶尔能参与到课堂活动中。在其情绪稳定时，能写出较为规范的汉字。

　　卢老师分享了她教授《可贵的沉默》一课的过程，展示了融合教育课程实施的策略。结合该生本学期个别化教育计划中语文学科方面的目标，本节课的目标主要是巩固拓展识字量、增强语言表达能力、理解人物神情，并能够看图写出简单的感受。卢老师的授课环节与策略如下。

　　首先，全程关注，控制情绪，兼顾"无痕"。亮亮性格内向，学习上受情绪影响严重，需要老师在第一时间帮他建立自信，调整好情绪，并辅以耐心的指导及热情的鼓励，以便较好地完成本节课的学习。在复习生字词的环节中，我走到他的身边，指导其进行正确书写，见他书写时字迹工整，书写正确，于是鼓励他大胆上前展示，并借用对他的评价，激发他的学习兴趣，使其内心感受到快乐，以更好地参与到学习活动中来。在"抓重点词语体会朗读"环节中，在全体学生默读圈画的过程中，我对其进行单独辅导，使之能够找到比较容易理解的词语，从而画出相应的语句。这篇文章贴近学生生活，在第一课时的教学中，我发觉他对这篇课文比较感兴趣，课文中的简单语句大体能够读通顺。因此在这一节课的学习中，我在反馈交流的时候，将比较简单的句子让其自己读出来，向大家汇报自己的学习成果。这一环节的设计没有特意降低对他的学习要求，而是让他和大家一起感受着由浅入深，逐层体会"教室沉默"的过程。老师只是将回答浅显问题的机会留给了他，这样通过老师对其回答的评价语，使他内

---

　　① 案例由北京市东城区府学胡同小学卢维娜老师提供，案例中学生姓名均为化名。

心再次感受到快乐，同时增强了一些自信，让其情绪保持稳定，从而参与到学习活动中来。相同的课程内容，不同的辅导，既符合亮亮的认知水平，又由浅入深，与大家同步，使其在自己原有的基础上逐步提高。这体现了"兼顾无痕"，能逐步实现"同班就读"的教育目标。

其次，利用插图，整合信息，体会情感。课文的插图也是文本的一种呈现形式，插图中包含的丰富信息会促进学生对文本的理解和情感的体验。在教学中，我利用教材中的两幅插图整合学生情感，引导学生进行学习。我引导学生观察插图上的人物的表情、神态，并用语言描述出来补充文中的内容，进而揣摩人物心理，体验人物情感。由于在之前的"复习字词"环节中对亮亮的优势进行了表扬，使其很好地控制了情绪，所以在该环节中，他能在同伴的帮助下仔细观图，比较准确地说出图中人物的神情，当"他们的脸红了！"一句从他的嘴里说出后，全班同学不由自主地向他频频点头，表明对其发言的认可与鼓励。他回答的内容虽然简单，但这说明他已经和文本中的人物产生了共鸣，再加之老师、同学的鼓励，其为后面的学习进行了很好的铺垫。

最后，读写结合，潜心文学，突破难点。体会沉默的可贵是本节课学生理解的难点。这一环节要求学生们通过插图中人物言行、心理的描写，将学习到的方法在表达中运用，使学生们真正走进人物内心。学生们观看自身成长照片，内化个人情感，挖掘自身思想，再来动笔。此时学生们很自然地由对文本的学习，转变为自我情感的释放。我这样引导亮亮：孩子们在这沉默中寻找着蕴含在他们心灵深处的那极为珍贵的东西。（出图）我们一起沉默着："你看到了什么？"我们先帮亮亮明确图中人物的表情；接着让其听同学的发言，观看图片，使他能够初步了解人物内心的感受；在写话时，我再次对他进行个别指导，帮助其表达出一句通顺的话语，并给他奖励，让他回去读给妈妈听！他这样写到：我要给妈妈过生日。言语虽然简单，但我们透过文字不难看出，他已经感受到了沉默的可贵，懂得了关爱父母，达到了读写互促的效果。

融合教育课程的实施是一个"浸润式"的过程，对学生产生"润物细无声"的影响。卢老师的授课案例展示了一堂成熟的融合教育课程，依据对学生基本能力及在本学科学习能力的全面了解，基于 IEP 的学科目标明确了本节课的目标。整个授课过程既注重普特生"齐头并进"，又处处体现对特殊学生恰到好处的"特别关注"。无论是情绪的安抚，还是难度的调整，亦或采用图文结合的方式帮助学生理解，以及"无痕"的个别辅导，都彰显了一位优秀融合教育教师的智慧，帮助我们更好地理解融合教育课程实施的过程。

第一节
融合教育课程实施的路径

　　融合教育课程的实施应充分考虑所要调整的课程自身的特点和具体的特殊学生的实际需要，课程的调整首先要从特殊学生的教育目标出发，其次要从课程的特点出发。[①] 实施融合教育课程可遵循如下路径：第一，对特殊学生进行全面的教育评估，了解学生的能力水平与对课程的掌握程度；第二，对普通班级的课程分模块进行分析；第三，为特殊学生制订个别化教育计划，作为融合教育课程实施的依据；第四，对普通班级课程通过扩充、精简、替代等策略进行调整；最后，通过多种方式对融合教育课程实施的效果进行评价，如图 5-1 所示。

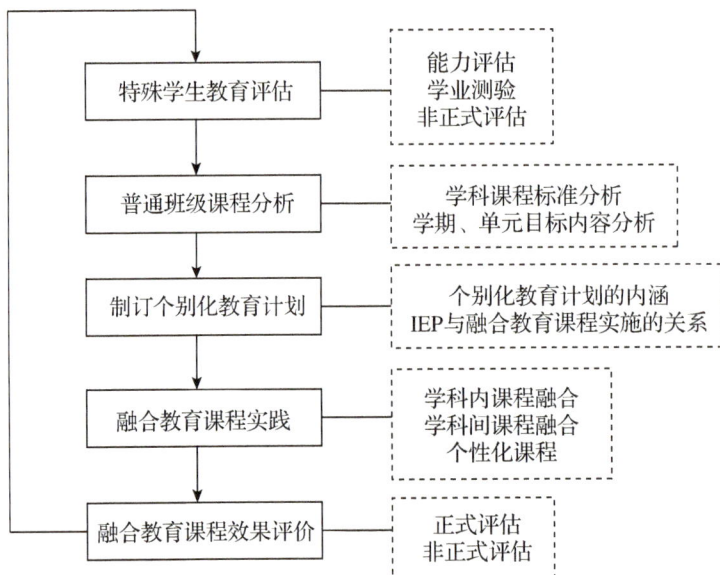

图 5-1　融合教育课程实施路径图

一、特殊学生的教育评估

　　特殊及普通学校教师往往以为基于医疗器械和程序的医学诊断及标准化测量工具

---

　　① 于素红：《普通学校随班就读学生的课程建设》，载《中国特殊教育》，2005 年第 4 期。

的心理鉴定才是特殊儿童最需要、最有用的鉴定与评估。事实并非如此，教师并不能直接根据医学诊断结果进行课程设置与教学。教师需要关注的是学生在日常生活及教学活动中的实际表现，并以此作为课程实施与教学的起点。在普通学校随班就读的有特殊教育需要的评估主要涵盖：学习认知、言语沟通、社会交往、情绪行为、心理健康、身体发展等领域。教师往往采用基于学生表现(Performance based)、非正式的教育评估方式，对学生进行生态的、动态的观察和评估。实施融合教育课程的起点与基础就是了解特殊学生的基本情况与能力水平，因此对学生进行教育评估是实施融合教育课程的首要步骤。对学生进行评估的方式常见的包括专业化的能力评估、标准化或教师组织的学业测评，以及非正式评价。

（一）能力评估

对学生进行能力评估是实施融合教育课程的基础，只有基于学生的现有能力水平，教师才会尊重学生发展的规律，在学生的"最近发展区"内教学，不至错误地归因于学生的学习态度或学习习惯，导致揠苗助长。能力评估是指由专业人员对学生认知能力、适应行为、动作发展、言语语言等多方面的能力进行综合评估，如韦氏儿童智力测验、适应行为评估等。认知能力是学生认识世界、获得知识、了解事物发展规律的基本能力，认知能力评估主要是了解学生的认知能力与同龄儿童相比处于何种水平，以及学生个体内部不同认知能力的发展水平，如观察力、理解能力、思维能力、记忆力、注意力等。适应行为评估主要用于了解学生适应班级、学校和社会生活所表现出来的能力，如沟通能力、社交能力、自我管理、情绪管理、健康安全、自我照顾、居家生活等多个方面。了解学生的动作发展水平是对体育课程进行调整的基础，包括了解学生的肢体控制、肌张力、协调性等。言语语言评估主要是对学生的发音、语言理解与表达能力进行评估，从而确定在课程实施过程中如何满足学生语言发展的需要。

（二）学业测评

学业测评是了解学生学业水平的基本方式，包括各学科标准化测验、随堂纸笔测验等。通过学业测评，教师可以了解学生所掌握的学科基础知识，并以此为依据对学生设计差异化的课程目标、内容与教学方法。学科的标准化测验多指全市(区)或全校统一组织的考试，部分地区的政策允许随班就读学生成绩不计入班级总分，导致部分教师不关注此类学生的学业成绩或所掌握的学科知识，缺少了通过标准化测验了解学生学业水平的机会。教师自行组织的随堂测验是了解特殊学生学业水平的主要方式，教师根据自己的授课进度设计纸笔测验内容，通过分析特殊学生的作答情况，了解学生对本科目知识和技能的掌握情况，从而作为课程实施的基础。

(三)非正式评价

非正式评价不同于前两种方式，主要是指教师通过日常观察或访谈，分析学生的作业等方式，了解学生对学科知识的掌握情况，以及学生对学科学习的参与情况。教师的课堂观察主要集中在学生参与课堂的程度、注意力状态、行为表现、问题回答情况、与同伴的互动情况等。教师还可以设计观察记录表，持续收集学生课堂参与或行为表现的数据，从而对学生的评价有数据作为支撑。教师在日常教学过程中，与特殊学生进行交流，了解学生的学习状态、对学科知识感兴趣的程度，以及对知识的掌握程度，从而及时调整课程实施的过程。教师通过对学生作业或作品的分析，直接了解学生对学科知识或技能的学习进度，从而帮助教师基于学生学习现状进行有针对性的课程设计。

二、普通班级的课程分析

教师分析各学科不同阶段的课程目标与课程内容，并与学生的能力评估结果进行匹配分析。为更好地实施融合教育课程，教师需要对学科课程标准、学期课程目标与内容、单元目标与内容等进行具体分析，并与学生能力评估的结果和特殊教育需要进行匹配分析。

(一)学科课程标准分析

课程标准规定了本学科的课程性质、课程目标、课程内容以及实施本学科的教学建议，是学科课程实施的纲领性、指导性文件。对课程标准的分析有利于把握本学科目标与内容的脉络结构与总体要求，从知识与能力、过程与方法、情感态度价值观等三个方面设计课程目标。通过分析课程内容的结构，教师可以明确融合教育课程实施的逻辑框架与重点，即便进行课程调整，教师仍旧能够保证课程实施的体系化与连续性，例如，在义务教育阶段语文课程标准中，教师需要始终关注识字与写字、阅读、写话/写作、口语交际、综合性学习五个方面。此外，教师还需要分析各阶段课程内容的具体要求，以及各阶段内容之间的衔接。例如，在语文学科第一学段(1～2年级)识字与写字上，要求学生"认识常用汉字1600个左右，其中800个左右会写；掌握汉字的基本笔画和常用的偏旁部首，按笔顺规则用硬笔写字"；第二学段(3～4年级)识字与写字要求学生"累计认识常用汉字2500个左右，其中1600个左右会写；会运用音序检字法和部首检字法查字典、词典"。① 在实际操作过程中，教师需要把握本学科课程组织的原则，在"螺旋式上升"的教材编排方式下，同一模块的知识会安排在不同的学段让学生循序渐进地学习，因此教师通读各学段的教材，厘清知识脉络与前后联系。根据儿童认知发展规律，学生任一特定水平想要顺利发展是建立在前一个水平的基础上的，假如学生处于较低水平，而教师的教学内容已经过渡到较高层次，学生则无法理解和掌握教师的教学内容。② 因此，教师只有掌握不同阶段课程标准的具体要求，才便于和特殊学生掌握的基础水平进行匹配，设计具体的学段课程目标。

（二）学期与单元目标、内容分析

　　课程实施一般以学期为单位，教师在实施课程前，一般都会提前对本学期的课程做出总体分析，并对各单元的目标与内容进行具体的分解与分析。教师需要熟悉学期教学单元的具体内容，梳理各单元之间的关联，并提炼每个单元的重点与难点教学内容，确定每个单元的教学课时以及目标达成的评价方式，明确每个课时的教学目标与内容，尤其要分析课程内容与特殊学生能力水平的匹配程度。具体而言，教师在实际教学中将课程的分析落实为对教材的分析，教师在学期开始前需要通读本学期的教材，了解这一学期的教材内容在所有学段中的作用，提炼学期的总体目标与教学单元，明确重点与难点，确定单元目标与内容以及每个单元的课时安排，从而细化确定每个教学课时的目标与内容。例如，人教版数学教材四年级下册内容包括：四则运算、观察物体(二)、运算定律、小数的意义与性质、三角形、小数的加减法、图形的运动(二)、平均数与条形统计图、数学广角—鸡兔同笼等九个方面的内容。其中，在图形的运动(二)单元，目标为"要求学生进一步认识图形的轴对称，探索轴对称图形的特征，能在方格纸上画出一个轴对称图形的另一半；能按要求画出简单的平面图形平移后的图形，掌握平移的特征"。教师需要清楚把握学期的教材内容、单元目标，乃至课时目标与内容，在此基础上与特殊学生的具体能力水平相匹配，从而确定融合教育课程调整的目标、内容与策略。

---

　　① 教育部关于印发义务教育语文等学科课程标准(2011 年版)的通知，详情参见中华人民共和国教育部门户网站。

　　② 曾文静：《基于课程内容组织原则对数学教材适切度分析的研究——以人教版义务教育阶段三角形知识内容为例》，载《课程教学研究》，2018 年第 12 期。

三、制订个别化教育计划

(一)个别化教育计划的内涵

个别化教育计划(IEP)是指一份由学校和家长共同制定的针对学生个别需要的书面教育协定,[①] 也是对特殊学生在学校接受教育各方面要求的总体设想与方案。1975 年,美国国会通过了《所有残疾儿童教育法》,首次提出要为每位接受特殊教育的残疾儿童制订个别化教育计划,实施细则详细规定了 IEP 的内容、参与制订人员与制订的程序。其中,内容必须包括:(1)儿童的现有受教育水平;(2)年度目标及相应的短期目标;(3)为儿童提供的特殊教育及其参与普通教育的程度;(4)计划开始日期与实施期限;(5)教学目标达成的适合标准,至少在一年内对教学目标达成情况进行评估。IEP 小组的成员应当包括学区的行政人员代表、普通教育的教师、特殊教育的教师或提供相关服务的专业人员、儿童的父母或监护人、诊断或评价人员,如果有需要而且情况允许,儿童本人可以参加个别教育计划的讨论与拟订。[②] 盛永进总结了 IEP 一般必须包括:学生现有的学业成就与功能表现水平描述;可测量的年度目标的陈述,包括学业目标与功能性目标;具体的特殊需要教育及相关服务支持;参加地区学业与功能水平评价调整的说明;转衔服务等。此外,如果有必要对随班就读学生参与的普通课程进行调整,则需在 IEP 中进行记录和描述;如果随班就读学生在某些学业课程或功能发展领域方面需要单独设计教育的支持计划,或者在资源教室中进行学习,那么仍需在 IEP 的单独栏目中进行具体探讨。[③]

(二)IEP 与融合教育课程实施的关系

特殊学生融合教育的课程实施是 IEP 的重要组成部分,也是落实 IEP 的核心环节,只有将对学生能力水平的分析,以及整合相关支持资源体现到普通班级的课堂中,才是特殊学生深层次的融合,有利于学生真正享受高质量的教育。IEP 对学生的综合能力及其对教育的影响进行了分析,长短期目标也是借由课程实施得以实现的,根据学生的需要,IEP 中单独一部分内容对学生参与融合教育课程的内容调整及实施策略进行分析,或在学科计划中进行更加具体的规定。与国外 IEP 文本不同,本土化的 IEP 中,学科 IEP 占据重要比例,因为学科 IEP 是让文本内容真正得以落实的砝码。例如,对于认知能力明显落后于同龄儿童的四年级自闭症谱系障碍儿童,IEP 团队在为其制

① 刘春玲、江琴娣:《特殊教育概论》,59 页,上海,华东师范大学出版社,2008。
② 肖非:《关于个别化教育计划几个问题的思考》,载《中国特殊教育》,2005 年第 2 期。
③ 盛永进:《个别化教育计划的撰写》,载《现代特殊教育》,2015 年第 5 期。

订 IEP 时，需要重点关注这一阶段内，该名学生要达到的长期(学年/学期)与短期目标(单元/月)，以及具体到学科后的单元目标，如在数学学科四年级下册图形运动单元，仅要求学生感受轴对称的图形，在教师辅助下总结轴对称的特点，不对画出轴对称图形做要求。这是基于学生视觉空间能力较强，但表达能力与抽象思维能力欠缺、精细动作较弱的特点提出的目标。此外，IEP 中还提供了融合教育课程调整策略的分析，例如，充实哪些课程内容，如何充实；简化哪些课程，如何简化；或者替代哪些课程，如何替代等。

四、融合教育课程的实践

融合教育课程实践究竟体现在哪些层面？毋庸置疑，需要与普通学校课程保持一致，在普通课程的框架内进行调整性实施。根据普通学校内的课程活动，主要体现在学科内融合、学科间融合，以及个性化课程的实施三个方面，各有侧重、互为补充。教师通过学生的教育评估结果，综合了解学生在认知、适应行为、动作、语言、注意力等方面的基础能力；其次对本学科的课程标准，以及学期和单元目标与内容进行综合分析，全面把握学科脉络与知识之间的衔接，并对教学内容与学生能力进行匹配分析，从而确定课程调整的内容与策略。

(一)学科内融合

当前乃至今后较长一段时间之内，课程实施仍旧会以"分科"为主，因此，融合教育课程的实施首先需关注"学科内融合"。当学生的能力无法达到普通学生共同的目标时，教师应该考虑如何简化目标，适当降低难度，缩减教学内容；当学生具有某方面的潜能，可以在课程中加以拓展时，教师应该考虑教学目标如何充实，如何丰富教学素材，提供何种支持，充分发挥特殊学生的潜能；当学生由于自身条件所限，无法参加某门课程时，教师需要共同商讨，确定学生的替代课程，这是最高程度的调整，若没有深入全面的思考，容易将学生剥离出融合的课堂，导致"假融合，真隔离"。

在学科 IEP 中，教师会对学生在本学科的基础能力，以及要达到的学期与单元目标进行分析，之后需要落实到每个教学课时，表 5-1 呈现了教学设计中体现的对特殊学生进行的课程调整。

表 5-1　特殊学生数学四年级下册课程目标的调整

学情分析
基本信息： 姓名：时时　性别：男　年龄：10 岁　　障碍类别：自闭症谱系障碍 基础能力： 1. 学生认识基本图形，包括三角形、正方形、圆形等 2. 学生有一定的视觉优势，喜欢认识图形，空间概念较好 3. 学生能够在老师和助学伙伴的帮助下，进行图形的变换运动 特殊需要： 学生抽象思维较弱，总结表达能力缺乏，手部精细动作不灵活，需要辅助

教学目标	
普通学生	特殊学生
教学目标： 1. 经历观察、操作等活动，进一步认识图形的对称轴 2. 探索并描述轴对称图形的特征和性质，并能画出一个图形的对称轴 3. 在活动中欣赏图形的对称所创造出的美，进一步感受对称在生活中的应用，体会数学的价值	教学目标： 1. 借助生活常见图片，在助学伙伴的帮助下认识图形的对称轴 2. 能够找到并圈出简单图形的对称轴 3. 在活动中欣赏图形对称所创造出的美
教学重点： 理解并掌握轴对称图形的特征和性质	教学重点： 感受并体验对称轴的含义
教学难点： 准确判断轴对称图形，并找出对称轴	教学难点： 判断对称轴的位置

　　本节课为人教版数学四年级下册第七单元《图形的运动（二）》第 1 课时的教学目标，普通学生需要理解对称轴的内涵、描述特征与性质，画出对称轴，并欣赏图形对称的美。该名自闭症谱系障碍学生具备一定的图形知识，但缺乏一些必要的表达与抽象思维能力，因此，教师在教学过程中简化了内容，降低了难度，提供教学图片与助学伙伴的支持，让学生在常见图片的辅助下认识并找到对称轴，而无需画出，能够欣赏对称的美。教师将融合教育课程调整的理念与方法融入到每节课的教学中，教学过程考虑到所有学生的特点与差异性，才是真正实现了融合教育课程，这才是普通班级课程的常态。

(二)学科间融合

　　融合教育课程实施的基本原则就是"以学生为中心"，无论是基于特殊学生的能力，还是考量其未来的发展，理想化的融合教育课程必定是以特殊学生面临的实际问题为导向，将不同学科加以综合。学生对世界的认知不是孤立和割裂的，在解决问题时需要调动不同方面的知识，受特殊儿童自身认知特点的影响，这就必然要求在学科课程之外，注重学科之间的融合。学科间融合主要有"渗透式"融合与"完全式"融合两种方式。前者是不打破学科之间的界限，经过不同学科教师的共同教研与备课，重点关注具有相似主题或元素的教学单元，在不同学科教师的课堂上进行分别授课，但教师会与相关学科进行关联。例如，语文课中讲到某位历史人物，教师会渗透所处的历史背景与时代特点，或介绍政治地位等，这样学生可以将不同的知识进行统合，既拓展知识，又丰富思维方式。"完全式"的学科融合，打破学科边界，采用主题式的方式进行活动，学生在体验式的活动中，感受对知识的需求、掌握知识、运用知识并进行内化。依据多元智能理论，学生具有不同方面的潜能，通过学科间完全融合，实现特殊学生综合能力的发展。例如，当前部分中小学开展的"项目式学习"，强调学生的主体地位，同时，还重视学习的情境、有明确的目标导向，培养孩子的综合性思维。[1]

(三) 个性化课程

融合教育课程的实施最具特色的部分便是以学生需求为中心，设计"私人订制"的课程。例如，清华附小的"1＋X课程"体系中设置了阳光种子课程，根据"特长"与"特需"，一方面，发展学生的潜能；另一方面，提供个别辅导，使其获得适合的发展。如通过"水木秀场""小小书法家""绘画家""品三国"等活动展示学生的闪光点，并提升其综合能力；通过"童心港湾"或"丁香心语"对学生进行团体辅导或个别辅导，帮助提升解决困难的能力。[2] 此外，生命课程、生活课程、艺术课程、科学课程、读绘课程、康复课程、亲子课程等都为特殊学生创造了个性化的学习机会。[3]

第二节
融合教育课程实施的策略

融合教育课程实施的核心是在普通班级课程的基础上进行调整，这也是融合教育课程实施的主要方式。课程调整包含的要素有目标的调整、内容的调整、实施过程的调整和评价方式的调整四个方面。融合教育课程的调整主要依据学生的能力水平和普

---

① 滕珺、杜晓燕、刘华蓉：《对项目式学习的再认识："学习"本质与"项目"特质》，载《中小学管理》，2018年第2期。

② 祝军、李佳楠、张敬娟：《基于融合教育理念的阳光种子课程的设置与实施》，载《现代特殊教育》，2016年第17期。

③ 储昌楼：《积极推进普通学校融合教育资源中心课程建设》，载《现代特殊教育》，2018年第17期。

通教育课程目标的实现程度，当学生能够较高程度地达到普通教育课程目标时，教师无需对普通教育课程做出调整，但可以适当改变教学材料与方法，提高学生对课程的掌握程度；当普通教育课程难以满足学生的需求时，可以采用扩充普通教育课程的方法；当学生较少达到普通教育课程目标时，则尝试采用精简、分解、替代等策略，并同时对课程评价做出调整。

一、融合教育课程目标与内容的调整

融合教育课程目标与内容的调整依据学生的能力水平和掌握课程内容的程度，课程内容的调整依据对目标的调整而进行，对课程目标和内容的调整策略包括扩充、精简、分解、替代等。

(一)扩充策略

扩充策略主要是在原有普通教育课程的框架内丰富内容、加深难度、增进技能等。扩充策略所增加的不仅仅是普通课程未涉及的内容，还包括能够促进学生更好地参与普通课程所需的技能，以及促进学生全面发展所需的其他技能。为此，扩充的方式有以下三种。第一，在原有普通教育课程框架下采用增添的方式来扩充课程内容，如增加课程的难度。第二，促进学生更好发展所需的技能，设计个性化的课程，如语言训练、定向行走、动作训练等。① 第三，扩充课程内容呈现的方式，如提供实例、图片、图表等，或者给学生更多的练习机会等。

菲菲在 4 岁时被诊断为自闭症谱系障碍，7 岁时进入普通小学一年级就读。菲菲在学校没有自己的朋友，不知道如何与小朋友沟通，整天沉浸在自己的世界中。班主任与资源教师沟通后，决定在普通课程中突出有关社交技巧的内容，并在资源教室中开设个性化的社交训练课程，帮助菲菲认识不同的社交场景及在不同社交场合应出现的社交行为，培养菲菲的社交能力。

(二)精简策略

精简策略包括减少课程目标与内容的数量、降低难度与深度要求。当特殊学生明显无法跟上普通教育课程的进度时，教师可以选用精简的策略，降低课程目标的难度，减少课程内容的范围。教师在使用精简策略时不可随意删减内容，应充分考虑到普通教育的课程是有系统性的，是建立在学科的逻辑体系基础上并照顾到正常学生的发展水平和学习特点的。因此，调整后的课程应保持原有课程的基本结构，应系统地呈现

---

① 邓猛：《融合教育实践指南》，82 页，北京，北京大学出版社，2016。

学科的核心知识。调整内容的深度是指特殊学生与普通学生学习基本相同的课程内容，但是适当降低内容的深度和难度，所谓"同教材、同进度、异要求"，譬如，回答的问题少而简单，只完成最基本的目标。[①]

亮亮在 7 岁时被诊断为轻度智力发育障碍，韦氏儿童智力测验得分为 55 分，适应行为得分为 70 分。升入三年级后，各科内容难度加大，亮亮明显跟不上普通教学进度，听不懂教师的授课内容，在课上坐不住，总摆弄自己的学习用具，还不时地发出与学习无关的声音。班主任召集各科教师针对亮亮的问题展开研讨，决定在课上多关注亮亮，对他提问基本概念方面的问题，单独为他设计简单的教学目标，在语文学科中，亮亮只需要掌握简单的生字词，了解常用生字词的含义；在数学学科上，亮亮只需要理解乘法的含义，会计算一位数的乘法。

(三)替代策略

替代策略是选择与普通学生所学课程不同的目标、内容或方法。首先，方法的替代主要是指学生所学内容相同，但是在学习的工具或者是方式上做出替代，例如，一位盲生写作文，可以采用录音、盲文打字等方式完成，其写作的主题与内容要求与普通学生一致。其次，目标与内容的替代是指部分或完全改变特殊学生参与的活动或所学习的内容，这种调整策略是对普通课程最大程度的调整。当课程通过上述两种策略的调整之后，学生仍不能有所收获，则考虑采用替代的策略。例如，对于重度肢体障碍的儿童而言，普通体育课经过调整之后，学生仍无法参与，则考虑将体育课程替换为运动康复类课程。

欢欢现就读于普通小学二年级，8 个月时被医院诊断为脑瘫。欢欢每周有两节体育课，最开始时，其他同学去操场上课，欢欢和她的助教老师在教室坐着。之后，经过班主任、体育教师和资源教师商定，请专业人员对欢欢进行动作评估，并制订了运动康复的方案，决定在体育课的时间，让欢欢在资源教室接受大运动训练。

二、融合教育课程实施方法的调整

(一)课程实施环境的调整

课程实施环境的调整是指通过创设适合的物理环境或营造利于课程实施的班级氛围。为自闭症学生减少环境中的强光、噪音等对感官可能造成的刺激，增加环境的结构化程度和视觉提示的内容。将智力障碍儿童安排在容易被教师关注并指导的位置，配备愿意为智力障碍儿童提供支持与帮助的同桌。把注意力缺陷多动障碍儿童安排在

---

① 于素红：《普通学校随班就读学生的课程建设》，载《中国特殊教育》，2005 年第 4 期。

靠近讲台的位置，方便教师及时关注并提醒学生。将有情绪障碍的儿童安排在教室中比较安静的位置，让学生能较好地调节与控制情绪。为肢体残疾学生提供斜坡、扶手等，提供环境的便利。班级融合氛围的营造有利于为课程实施提供保障，起到融课程于无形之中的作用，例如，教会普通学生包容、友爱、分享，让特殊学生积极参与班级活动，掌握必要的社交技巧等。

(二)教学材料的调整

为学生提供特别设计的教学材料、学习指南或学习清单，帮助学生清楚地了解课堂将要学习的内容。例如，教师为低视力学生配备助视器和大字课文，提供大字考卷；教师为自闭症学生提供结构化的任务单或日程安排表，提前让学生熟知需要完成的任务；教师为注意力缺陷多动障碍儿童提供学习清单，提供视觉化的提示，帮助学生集中注意力，按顺序完成任务，避免"丢三落四"或者遗漏重要的学习内容。此外，教师还可以通过改变教学材料呈现的方式，丰富教学的形式，如增加图片、视频、音频、实物等素材，促进课程更好地实施。例如，教师在语文课多媒体课件中加入动画视频和图片，并将课文内容进行分解，提供详细的解释等，从而帮助特殊学生更好地理解课文内容。

(三)课堂提问的技巧

课堂提问是帮助学生巩固课程所学内容、了解学习效果，并确认学生参与课堂的重要方式。为促进融合课程更好地实施，教师需要对特殊学生进行恰当、有效地课堂提问，教师需要着重关注对学生提问"什么"、"何时"提问、"如何"提问。教师对学生的提问需要基于学生的认知水平，及其对本学科知识的掌握情况。对于智力障碍的儿童，教师提问的问题多集中在基本概念、基础知识等"是什么"类型的问题上，很少情况下提问关于"为什么"以及"怎么做"的问题；提问的时机多是在提问普通学生之后，这样可以由其他学生提供示范，便于特殊学生模仿或复述；教师提问的方式可以是走到学生身旁，提示学生需要回答问题，教师应使用简洁明了、便于学生理解的语言提问，提问时可以升高语调，以便引起学生的注意。

(四)教学策略的改进

教师综合使用差异教学、合作学习、课堂辅导等多种策略，采用"视觉提示"的方式，引入图片、视频等"先行组织者"。教师改进教学策略，有利于丰富教学的形式与内容，便于课程实施，有利于特殊学生掌握所学内容。教师通过使用差异教学策略，为学生制定个性化目标，通过差异分组，让学生掌握适合其能力水平的课程内容。通过合作学习，让特殊学生学会合作的技巧，在小组成员的辅助下获得新知。教师在课堂中还可使用的一项策略就是巡回辅导，当其他学生完成任务时，教师可单独对特殊学生进行辅导，进一步澄清教学内容，帮助学生梳理知识、解答问题。教师在课堂中提供先行组织者是指在正式学习某项内容之前，先提供一些教学材料以增强新知识和学生已有知识间的联系，帮助学生掌握基础概念与技能。[①]

第三节
融合教育课程实施的保障

　　融合教育课程的实施并非凭教师一己之力可完成，需要得到多方面的保障。首先，相关政策法规确保融合教育课程的实施具有合理合法性，提前预防由于融合教育课程实施可能引起的纠纷；其次，融合教育课程的实施具有很强的专业性，需要将融合教育理念、方法与普通教育课程体系密切结合，因此，教师需要得到领域专家的相关指导；再次，融合教育课程的实施具有较高的灵活性和一致性，因此，需要各科教师协同一致，共同确定对特殊需要学生实施融合教育课程的总体策略；最后，融合教育课程的实施需要得到家长的配合与支持，也需要与家长共同沟通了解特殊学生的需要，确定课程实施的方向。

一、融合教育课程实施的政策依据

　　目前国家没有出台关于融合教育课程实施的专门政策，相关要求只是作为有关特殊教育政策要求的一部分内容，从国家到各省市的政策文件中都做出有关规定。2017年《残疾人教育条例》第二十一条规定："随班就读残疾学生的义务教育，可以适用普通义务教育的课程计划、教学大纲和教材，但是对其学习要求可以有适度弹性。"2020年教育部颁布的《教育部关于加强残疾儿童少年义务教育阶段随班就读工作的指导意见》指出："普通学校要根据国家普通中小学课程方案、课程标准和统一教材要求，充分尊重和遵循残疾学生的身心特点和学习规律，结合每位残疾学生残疾类别和程度的实际情况，合理调整课程教学内容，科学转化教学方式，不断提高对随班就读残疾学生教育的适宜性和有效性。""普通学校要针对残疾学生的特性，制订个别化教育教学方案，落实"一人一案"，努力为每名学生提供适合的教育。"这些文件为融合教育课程实施提供了政策依据，并指明了课程调整的总体方向。

---

　　① 于素红：《普通学校随班就读学生的课程建设》，载《中国特殊教育》，2005 年第 4 期。

北京、上海等地出台的政策中也提及关于融合教育课程实施的内容，其中，上海市还将探索专门有关随班就读课程实施的指导意见。北京市 2013 年颁布的《关于进一步加强随班就读工作的意见》中指出："随班就读教学执行普通学校课程方案和课程标准，学校可以根据随班就读学生的实际情况，在保证教育质量的前提下，对其教学内容和教学要求做适度调整。教育教学中充分考虑随班就读学生的特殊教育需要，在座次安排、集体活动、教学具准备、助学伙伴配备等方面加以关注和落实。"上海市 2018年颁布的《上海市特殊教育三年行动计划（2018—2020 年）》指出："编制并实施《上海市义务教育阶段随班就读课程实施指导意见》，加强对随班就读课程教学的管理与指导。明确个体发展目标，开展有针对性的个别化教育，注重整合普通学校、特殊学校课程，适度开发校本自编课程，合理安排随班就读学生的学习内容、学习时间和空间。"

融合教育课程的实施本质上是在普通课程体系内，依据特殊学生的个性化需要进行调整的过程。无论国家或省市级相关政策都提到，融合教育课程实施首先要执行的是普通学校课程方案与课程标准，特殊学生使用的教材也与普通学生相同。在此基础上，根据特殊学生的实际情况，对教学环境、教学方法、教学目标与内容进行适度的调整，以满足学生的差异需要。

二、融合教育课程实施的专业指导

融合教育课程的落实取决于融合教育教师的课程执行能力，若想加以提高，首先需要为其提供足够的专业支持。[1] 研究发现，普通学校教师缺乏对特殊教育基础常识的了解，[2] 有意愿进行课程与教学调整，但不了解特殊儿童的学习特点和教育需求，缺乏对特殊儿童开展课堂教学和课外指导的能力，导致因为缺乏训练和相关知识而难以改变目前的情形。[3] 谭和平调查发现，接近七成的教师认为自己缺乏特殊教育知识，超过八成的教师反映自己缺乏特殊教育的技能；[4] 王雁等研究发现，普通教师获取专业支持的能力最差。[5] 实施融合教育课程是普通教师融合教育素养的重要组成部分，但由于他们缺乏特殊教育专业背景，对特殊学生缺乏了解，日常工作繁忙等，即便具备了基本的融合教育理念，或增加对特殊学生的课堂关注，但真正进行融合教育课程的设计与

---

① 颜廷睿、侯雨佳、邓猛：《融合教育教师课程执行力的内涵、结构及发展策略分析》，载《中国特殊教育》，2017 年第 7 期。

② 张宁生、陈光华：《再论融合教育：普小教师眼中的"随班就读"》，载《中国特殊教育》，2002 年第 2 期。

③ Graham S., Harris K. R., Fink-Chorzempa B. & MacArthur C., "Primary Grade Teachers Instructional Adaptations for Struggling Writers: A National Survey,"in *Journal of Educational Psychology*,2003(2), pp. 279-292.

④ 谭和平、马红英：《上海市随班就读教师专业化发展需求的调查研究》，载《基础教育》，2012 年第 2 期。

⑤ 王雁、王志强、冯雅静等：《随班就读教师专业素养现状及影响因素研究》，载《教师教育研究》，2015 年第 4 期。

实施是比较困难的。因此，需要加强对普通教师实施融合教育课程的专业指导，包括安排融合教育课程实施的相关培训，定期举行校内融合课程教研，由巡回指导教师入校进行指导等，构建"培训—教研—指导"为一体的融合教育课程实施指导体系。

首先，由普通学校所在区的特殊教育相关部门统筹，如特殊教育中心，组织融合教育课程实施的专题培训，涵盖融合教育课程的内涵、融合教育课程实施的原则、融合教育课程调整的模式、融合教育课程实施的策略等方面的内容。这些培训可以采用进阶的方式，培训的初级阶段关注教师对融合教育课程基本概念与内涵的了解；培训的中级阶段关注教师对课程调整方法的掌握，注重结合实际案例，让教师更加直观地学习融合课程实施的技能；培训的高级阶段关注教师的实际操作，指导教师走入普通班级课堂，从教学设计、授课过程、效果评价等方面对普通教师提出针对性的建议。其次，学校应建立特殊学生的学科教师全员参与的教研团队，定期研究学生的特殊需要，研讨进行课程调整的方向与策略，从而保持协调一致；针对融合教育课程实施过程中出现的问题，集体商讨对策，及时加以解决。最后，由区特教中心派出教师在不同学校间巡回指导，通过观察课堂、与教师沟通，访谈学生等方式，将学生的需要、学生 IEP、教师授课等进行综合分析，为教师提出有针对性的改进课程实施的建议。

三、融合教育课程实施需要教师协作

教师间的协作对促进教师专业发展，提升教师效能感都有积极作用，普通班级教师和特教专业教师都能从合作教学中受益，教师间的合作可以为学生树立良好的榜样。[1] 此外，教师之间的合作可以共享关于融合教育课程的资源，以及调整课程的专业知识和技能等，从而提升团队在实施融合教育课程方面的能力。[2] 融合教育课程的实施是一项系统的工程，需要各科教师相互配合，可由班主任主导或资源教师发起校内关于特殊学生融合教育实施的研讨，并在实施过程中及时沟通问题，商定解决方案。

首先，学校资源教师与各科教师共同参与特殊学生个别化教育计划的制订，依据特殊学生的能力水平共同确定在一学年内要达到的长短期目标，在此基础上，确定学生的学科计划，以及不同学科可以实现的衔接。例如，语文学科要求学生能够看图说话，对应的美术学科可以让学生将这幅图或其中一部分画出来，从而加强学生对图画的观察与理解。其次，教师在实施融合教育课程的过程中，难免遇到棘手的问题，这时可以寻求资源教师的支持。资源教师是学校专门从事特殊教育工作的人员，他们有

①　杨凤金：《协同教学在美国融合教育中应用的研究》，硕士学位论文，华东师范大学，2013。

②　Avissar G. ,"Inclusive Education in Lsrael from a Curriculum Perspective: an Exploratory Study," *European Journal of Special Needs Education*,2012(1),pp. 35-49.

较为系统的特殊教育专业知识与技能，对于学生的能力能够进行更为综合的评估与分析，也对普通教育课程有所了解与掌握。因此，当教师难以把握融合教育课程调整的方向，不知道如何调整或者评价实施融合教育课程的效果时，可以由资源教师进行较长一段时间的课堂观察，并向普通班级教师了解详细情况，为课程调整提出针对性的指导建议。最后，当教师间的合作变为自发的、自然的过程时，融合教育课程的实施才会更加顺畅与有效。例如，教师在课下面对面，或在社交平台上，交流关于特殊学生的问题或进步情况，谈论自己教学的策略和课程的调整，自然地给其他学科教师以启发，并为他们提供了情感上的支持，从而形成了帮助特殊学生、实施融合课程的共同体，这样一个学习型组织的存在，无疑对特殊学生享受高质量的课堂融合是非常有益的。

四、融合教育课程实施需要家校合作

家长参与学校教育在西方教育改革中取得了良好的效果，有利于促进学生社会技能、情感发展以及学业能力的提高。[1] 同样，家庭对特殊学生的发展发挥着无可替代的作用，家校协力共育可对特殊学生的长远发展奠定重要的基础。具体到融合教育课程实施的过程，一方面，教师在实施课程调整之前需要从特殊学生家长处了解学生的基本情况，了解家长的需求，根据家长反馈的情况，教师可以更为全面地进行融合教育课程的设计；教师在提出课程调整的方向之后，如降低难度、充实内容，选择替代课程等，都需要家长的知情同意，这些都与学生在校接受教育的全过程密切相关。另一方面，若想保持融合教育课程实施的效果，家长需配合学校的相关安排，辅助学生参与学校的集体活动，在家庭中辅助学生完成任务，在生活中加强学生对课堂上获得的知识与技能的掌握，例如，加法的运用，金钱的使用，日常沟通与表达等。此外，家校合作还可以提前预防家庭与学校之间关于特殊需要学生教育的分歧，既可以让学生积极参与课堂，避免在课堂中被边缘化；又可以让学校真实了解学生的差异需要，从而让更有经验的教师提前设计适合学生的课程内容，实现学生、家长、学校教师等多方共赢。

本章小结

融合教育课程实施遵循了学生评估——课程分析——制订 IEP——融合课程实践——课程评估等路径。融合教育课程实施的主要方式是在普通班级课

---

① 袁玉婷：《新课程实施中的家校合作》，载《安庆师范学院学报（社会科学版）》，2005 年第 1 期。

程的基础上进行调整，包括学科内融合、学科间融合等方式，也可根据学生需要设计个性化的课程。为最大程度保证普通课程的系统性与连贯性，教师应该选取适合的课程调整策略，先调整教学的方法，如环境的调整、教学材料的调整、提问技巧等，之后再考虑采用扩充、精简、替代等策略。融合教育课程的实施是基于对学生能力水平的了解，以及对学科课程的分析，将学生能力与课程分析的结果进行匹配，从而确定融合教育课程实施的模式与策略。融合教育课程若想得到良好的实施，需得到外界较多的支持，包括细化融合教育课程的政策细则，特殊教育及课程领域专家具有针对性的专业指导，教师的协作，以及家校沟通与合作。唯有如此，融合教育课程的实施才不会停留在倡导与呼吁中，继而真正融入普通学科教师的日常教学中。

思考题

1. 如何看待融合教育课程的实施？
2. 融合教育课程实施的过程包括哪些方面？
3. 分析融合教育课程实施的困难体现在哪些方面。
4. 为特殊学生个案制订一份融合教育课程实施的方案。

推荐阅读

1. 于素红：《普通学校随班就读学生的课程建设》，载《中国特殊教育》，2005 年第 4 期。
2. 邓猛：《融合教育实践指南》，北京，北京大学出版社，2016。
3. 肖非：《关于个别化教育计划几个问题的思考》，载《中国特殊教育》，2005 年第 2 期。
4. 杨凤金：《协同教学在美国融合教育中应用的研究》，硕士学位论文，华东师范大学，2013。

第六章

融合教育课程评价

本章导言

　　在进行了一个阶段的课程之后，教师往往需要通过测量融合课堂对所有学生的影响来评估融合课堂的有效性。《基础教育课程改革纲要》指出：课程评价不仅要关注学生达到的学业成绩，而且要发现和发展学生多方面的潜能，了解学生发展中的需求，帮助学生认识自我，建立自信。卓小梅（化名）是一位有听力障碍的学生，她的老师这样描述她在课程评价上遇到的问题："平时她要是带着耳机（助听器）的话还能听懂，但是没有耳机的话她就听不大懂。我也不知道她是否清楚课程内容，有没有达到课程目标，所以我经常让她回答问题，她也很积极，但就是东拉西扯乱答一通，答不到点子上。而且她发音不清楚，声调都不对，所以有时候都听不懂她说什么。数学课上她有时会回答一些问题，但是我只需要她回答这一部分的内容，她可能答着答着就回答到别的地方去了，其实对我们来说有一点点答非所问。班会课上我们比较自由一点，比如比较开放的一些问题，看了这个视频你想说一点什么呀，只要你说了都是对的。这种情况她说出来的跟其他孩子说的其实都是一样的，我有的时候也会利用这种机会，她若举手也会点她回答。数学课的时候，因为知道她说的可能跟我们不一样，为了后面的上课进程，就很少点她回答问题，她举手的次数也不是很多，但是我会让她在黑板上写出来或者在课件上展示出来，另外我会更加关注她的作业表现，并在课后给她做指导。"[①]

　　在上面的案例中，卓小梅的老师并没有因为学生的听觉障碍而忽略她在课堂上的表现，而是会利用机会、创造机会帮助学生回答问题，从而对学生进行课程评价。在我国随班就读的现实背景下，班额大，学生差异大，因此在进行有效性的评估上，教师就会遇到诸多问题。譬如，在融合班级里，评价如何才能满足每个学生的需要？教师怎样才能精确而恰当地对学生的学业表现进行评价？如何评估学生的社交和行为表现？教师的课程调整是否适合学生的障碍类型和程度？如何提高融合的有效程度？本章从融合教育背景下的课程评价、融合教育课程评价的价值取向、融合教育课程评价的内容三个方面进行介绍，以期帮助读者和教学工作者解答疑惑。

---

　　① 本案例来自广东省中山市特殊教育学校，案例中学生姓名均为化名。

第一节
融合教育背景下的课程评价

众所周知，课程评价在我国是起步较晚的领域。直到 20 世纪 90 年代，由于教育改革实践的需要，课程评价在我国才逐渐受到了重视。目前，我国对课程评价的概念理解主要有两种。从狭义上看，课程评价特指课程计划、课程标准。教材在改进学生学习方面的价值，做出判断的活动或过程，一般包括对课程目标体系的评价、对课程计划的评价、对课程标准的评价、对教材的评价等核心内容。它的实施一般是受过培训的专业人员，借助于专门的评价方法和技术而进行的。广义的课程评价即教育评价，是指按照一定的价值标准，通过系统地收集相关信息，对教育活动中受教育者的发展变化以及构成其变化的诸种因素做出判断，并对被评价者的自我完善和有关能力进行评估的过程。在本书中，课程评价更倾向于广义上的概念，是指对教师指导下各科教学、学习等活动的评价，是庞大的教育教学系统中的重要组成部分。当我们把课程评价作为一个整体的教育活动时，它就涉及到对课程目标、课程实施过程、课程组织、课程结果等各个环节的评价。

Kyriazopoulou 和 Weber 在 2009 年巩固了一套衡量融合教育质量的重要工具，他们建议使用"输入过程—结果"模型来评价融合教育。如图 6-1 所示。

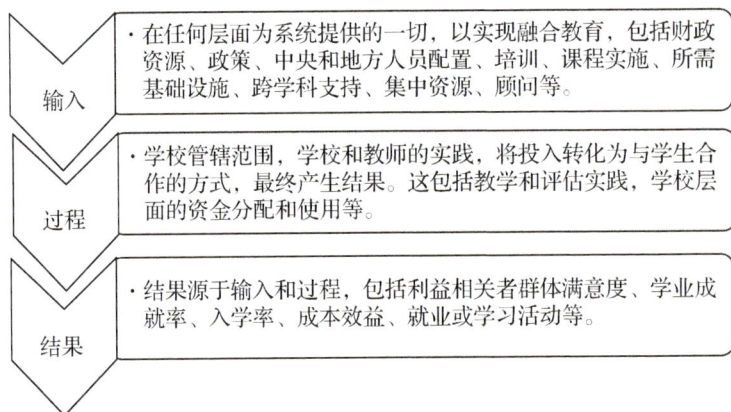

输入 · 在任何层面为系统提供的一切，以实现融合教育，包括财政资源、政策、中央和地方人员配置、培训、课程实施、所需基础设施、跨学科支持、集中资源、顾问等。

过程 · 学校管辖范围，学校和教师的实践，将投入转化为与学生合作的方式，最终产生结果。这包括教学和评估实践，学校层面的资金分配和使用等。

结果 · 结果源于输入和过程，包括利益相关者群体满意度、学业成就率、入学率、成本效益、就业或学习活动等。

图 6-1　融合教育质量模型

从模型中可以看出，融合教育质量在输入阶段中的课程实施、过程阶段中的学校和教师的实践、结果阶段中的学业成就率、就业或学习活动等都与"课程评价"密切相关。而在融合学校中，融合教育教师面临的主要挑战是与课程相关的问题，例如，课程改编和课程评价调整的实践。① "融合教育课程评价"是"针对作为学习活动而开发的一连串课程内容为对象，判定其优点、价值、意义的步骤"的活动，是评价课程本身的活动。它的下位概念是"课堂评价""教师评价"和"学习力评价"等。这些概念的结构层次犹如俄罗斯"套娃"般，层层相扣。②

我国《基础教育课程改革纲要（试行）》中指出：课程评价不仅要关注学生的学习成绩，而且要发现和发展学生多方面的潜能，了解学生发展的需求，帮助学生认识自我，建立自信。因此，新课程观点之下的课程评价不仅仅包括对学生习得的知识与技能的评价，还必须要关注学生各种能力的发展。尤其是对特殊儿童而言，他们的认知水平往往比普通儿童要低，在普通班级里，需要通过课程调整才能满足其学习需求，并且为了毕业以后转衔至社会上能够更好地独立生活，更快地融入社会，他们的功能性能力也需要培养和提高，如生活自理能力、情绪管理能力、社交沟通能力、问题解决能力，等等。因此，课程评价除了关注学生的认知能力、学业成绩以外，还要对儿童其他方面的能力进行测量，目标则立足于学生全面能力的发展。

融合教育课程评价与特殊教育课程评价和普通教育课程评价都有所不同，融合教育的评价观强调多元化的评价主体和协商建构的评价方式，它以关注所有儿童为前提，以整体性的视角，通过多种评价工具、多元化的评价主体与方式，评价儿童发展的各个方面。课程评价除了给教师和学生反馈课程实施的效果以外，还应激发各个评价主体的反思，从而帮助教师改进课程实施的过程、课程目标的设定等，进而为每个学生提供满足其需要的高质量的课程。并且，融合教育课程评价涉及融合课程目标、融合课程内容、融合课程调整、融合课程实施、融合课程效果等多方面的评价，强调将学习通用设计理念贯彻于课程设计之中，为特殊学生提供多样化的课程学习选择。融合教育课程评价同时关注教师的教学和学生的学习两方面：强调教师应根据差异化教学理念，为学生提供多样化的教学方法和策略，如多样化的内容呈现方式、多样化的内容组织形式和多样化的学生评估形式等；对于学生的学习，融合教育课程评价强调学生的有意义学习，特别是特殊儿童能够积极参与到课堂活动当中，与同伴合作学习，获得学习所需要的各种支持和资源③。

---

① Malik, GhulamBhehlol, "Inclusive Education: Preparation of Teachers, Challenges in Classroom and Future Prospects,"in *Pakistan Journal of Education*, 2011(2), pp. 63-74.

② 钟启泉：《走向人性化的课程评价》载《全球教育展望》，2010 年第 1 期。

③ 颜廷睿、关文军、邓猛：《融合教育质量评估的理论探讨与框架建构》，载《中国特殊教育》，2016 年第 9 期。

第二节
融合教育课程评价的价值取向

一、全面化的评价标准

细观我国义务教育教学中的课程实践，不难发现教师们进行的课程评价方式仍然在以"学生是否掌握了要求学习的知识"这一主题展开，无论是学校的发展水平还是教师工作绩效，都将学生的学业水平当作衡量的硬指标。这就是说，教师过分关注学生认知层面的发展，而忽视了其非认知层面的发展。课堂活动往往变成一种冷冰冰的"记忆活动"，学生学习的意义在于掌握背诵前人的经验，而忽略了包括社会交往、职业发展、情绪管控等其他能力的发展。而融合教育的发展最终要通过学生个体层面的认知与非认知两个方面的发展来体现。融合教育要求班级中的所有学生，包括有特殊需要的学生，积极参与到课堂和学校的活动之中，提高社会交往技巧，树立正确积极的自我形象，能够进行适当的情绪和行为管理等。

基础教育的独特之处即在于，它是学生形成学力基础与人格基础的重要阶段，因此，如果课程评价只关注学生学习能力的提高，忽略对人格形成的"整体性"考察，那就与教育目标背道而驰。我国现阶段的教育目的是"培养学生的创新精神和实践能力，造就'有理想、有道德、有文化、有纪律'的德、智、体美等方面全面发展的社会主义事业的建设者和接班人"。"全面发展"不是"平面发展"或是"平庸发展"，而是促成每一个儿童作为一个整体的人的"整体性"的发展。

因此，要使个人内在能力变为有实用意义的功能，无论是特殊儿童还是普通儿童，都应该关注人格发展的各个方面。尤其是对于特殊儿童来说，他们存在社会交往障碍、言语语言障碍、情绪控制障碍、视觉空间认知障碍等其他问题，教师应该关注这些障碍，通过课程让学生参与各种社会活动，让他们所学的知识和技能在现实生活中能发挥有利的作用，并在教学中有意识地采取措施提高这些方面的能力，以促进学生的全面发展。

二、多元化的评价主体

融合教育对残疾儿童的教育评估、主张评估过程是一个多方参与、团队合作的过程。在对残疾儿童进行教育评估时，应当争取各利益相关者共同参与，充分听取不同方面的意见，协调各类价值标准的差异，最终使活动实施过程能获得多方面的支持和协助，促进教育活动的有效开展。因此在融合教育的课程评价上应该注意主体多元化，建立教师、学生自我评价、学生相互评价和家长评价相结合的制度。

(一)自我评价，学生互评

学生既是被评价者又是自我评价者。引导学生自评，有助于各方评价者间良好评价关系的建立，有助于教师掌握和指导学生的发展过程，帮助学生根据评价结果不断发展和完善自身。要通过有效的途径培养学生的自我教育能力，让他们自己评价自己，自己教育自己。

融合教育强调学习者应当成为积极的学习者，这种积极的学习者不仅表现在对学习的主动参与，而且也其现在其主动承担起教学评估与反馈的工作，不仅要评估自己的学习情况，而且要评估学习课程和学习活动本身。学习者完全有可能参与到对自身学习的评估和反馈中来，参加那些真正能够让他们评估和反馈自己学习情况的工作。那么，如何培养学生自我教育和自我评价的能力呢？首先，理论上引导，确定自我教育的理念，由重他律改为重自律。其次，在实践中培养、提高自我评价与自我教育的能力，实现让学生自我教育的目的，实践的方式包括：①创设成功机会，培养自信心；②利用集体力量，激发上进心；③发挥舆论作用，培养良好品质。

此外，评价过程中尊重学生的主体地位还可以通过学生互评来体现。增加特殊儿童和普通儿童互评的机会可以提高他们的判断、分析和评价能力，促进他们的反思和自我发展，有利于班级中构建一种新型的民主、平等的评价关系，发挥了学生集体的教育作用，也可以从根本上实现教育评价的教育功能，最终达成促进学生发展的目标。并且，特殊儿童和普通儿童之间友好、合作、帮助等积极行为与同伴接纳呈正相关，学生之间互评也有利于同伴关系的发展，进一步提升融合的程度。

(二)教师评价，以生为本

教师是课程评价改革的主力军。作为课程评价者的教师应该提高自己的评价能力，具体来说有三种能力：观察力、判断力和鉴赏力。

第一，观察力。现行课程是否适应所有学习者的"教育需要"？融合教育教师在课堂活动和课间活动时要进行不定期的观察，并结合学生的作业、IEP的实施效果等发掘学生的潜能和需要。

第二，判断力。融合教育教师锤炼评估课程，观察课程成效及其局限性的判断力。为此，教师需要积累丰富的课程评价经验。

第三，鉴赏力。融合教育教师将课程评价的成果分享给更多教师，并和他们共同探索新的技能和方法。

除了提高自身的上述能力以外，教师还应该持"以学生为本"的评价理念。以学生为本的评价体系要求评价过程中的数量指标、过程指标、结果指标、质量指标等都围绕学生进行，要以促进学生全面发展为目的。以学生为本的评价体系，要求其评价标准、评价内容和评价方法都要凸显学生的主体性。以学生为本的评价体系，要求必须先转变学生的评价理念。改变以往陈旧的以教师教学质量为最终评价指标的理念，树立"以学生为本"的评价价值观，从观念上树立学生的主体地位。这需要教育工作者多阅读和学习先进的教育教学理念，将学生学习和发展摆在首位，仔细分析、学习以学生为本课堂教学评价的理论和其他学校成功的实践经验，及时反思现有评价体系。此外，还必须优化课堂教学评价内容，学生应从客观的学习感官角度评价教师的教学成效。在此过程中，评价体系不能过于单一，应关注学生思想道德发展的情况，正视学生的差异性，在课堂教学和课堂教学评价中体现因材施教和差异化教育，真正实现以学生为本。[1]

(三)家校合作，形成合力

目前家庭教育和学校教育存在明显的脱节现象，学校和家庭之间分别孤立地进行教育，就不能形成教育的合力，达不到教育应有的效果。家长和孩子之间有着特殊的关系，家长的评价影响力不可低估。学校教师具有一定的专业知识和教育经验，学校要发挥其教育优势，对家长进行科学的引导，帮助家长确立正确的教育理念，改变教育评价方式，营造民主和谐的家庭教育氛围。

造成教师和家长间合作障碍的因素来自社会、教师和家长三方面。

教师方面：

(1)教师认为家长应为孩子的不佳行为表现负责，导致家长有压力，产生逃避心理；

(2)教师认为他们知道什么对孩子来说是最好的，而不愿意接受家长的意见；

(3)教师时间有限，工作量过大；

(4)教师无法了解部分家长面临孩子问题的严重性，且未能提供解决策略。

家长方面：

(1)家长过去与学校人员有不良的互动经验，导致对学校的印象不佳；

(2)家长和教师之间对孩子行为问题的看法不同；

(3)家长有极大的压力，如个人、婚姻关系、教养压力和社会支持不足，导致动机低落，这些压力会造成家长教养功能的瓦解；

---

[1] 束云刚：《以学生为本的高校课堂教学评价体系研究》，载《西部素质教育》，2017年第22期。

(4)家长的精力和时间有限，不知道如何与教师沟通与合作。

随班就读学生家长对自己的孩子往往存在某种消极心态。有的家长会认为孩子有了残疾，觉得对不起孩子，产生负罪心理，在教育中对孩子百依百顺，疏于管教；有的家长不正视孩子的缺陷，不承认现实，不能或不敢面对孩子的残疾而采取消极回避的态度，面对孩子的问题束手无策，也缺乏教育的信心和方法，没有更高追求，产生了"残疾孩子活得好就成了，读不读书无所谓"的心态，这些不同的心态对于学生的评价都会产生不良影响。教师要从学校教育的专业角度出发，给予足够的理解和尊重，设身处地地为他们考虑，有针对性地做一些心理疏导，使家长放下包袱，正视现实，同时教给家长一些行之有效的教育方法，使他们在随班就读的教育过程中感受到孩子的成长和进步，获得成就感。

教师在家校合作评价上可以运用的主要方法有：

(1)通过举办家庭教育讲座、召开家长会、家长联谊会，畅通联系渠道，实现信息互动；

(2)教师要和家长相互信任，虚心听取家长意见；

(3)教师要以理解为基础，善于与家长共情，掌握沟通艺术；

(4)家长可以参与管理，实现家校配合。

三、多样性的评价方式

在评价时要采取量化评价方式和质性评价相结合、内部评价与外部评价相结合、标准化和非标准化评价相结合等多种评价方式。

融合教育中越来越强调评估过程的"响应"和"建构"，提出要在自然情境下运用质性方法收集数据，并促进相关人员通过协商形成共同的心理建构。毋庸置疑的是，缺乏"质量标准"的融合教育质量评价体系终究是落后的、不系统的、不科学的。因为融合教育的本质在于培养人、塑造人，其根本的目的在于提高人的素质。所以，只有"质量标准"得以真正实现，融合教育才能切实提高教育质量。此外，特殊儿童才能与正常儿童一样，健康成长，达到融合安置的"双赢"目的。这就要求融合教育课程在评估方法上是往复的、互动的、辩证的、开放的，并能更加深入事物的内部，能从内部分析残疾儿童的教育需要。[①] 最后，将标准化测试运用于评价特殊儿童的发展，会因为儿童能力水平的受限而更加棘手，毕竟他们无法像普通儿童那样表现自己，也较难在短时间内从心理上和陌生人建立友好关系。[②] 因此，对特殊儿童发展的评价需要将标准化评

---

① 邓猛：《融合教育实践指南》，55 页，北京，北京大学出版社，2016。

② 高敬：《儿童发展真实评价在美国早期教育运用的分析及启示》，载《外国教育研究》，2018 年第 10 期。

价和非标准化评价相结合。

四、评价出发点：从障碍到能力

评价目的着眼发展性：促进学生全面发展，促进教师不断提高，促进学校课程的发展。

融合教育提倡"增能、赋能"即着眼于学生的个性、优势和动态发展，主张挖掘残疾学生的潜能和优势，突出其主体性、能动性和价值，着眼点在学生的能力，[①] 这种教育目标体现在教育评估上则要求教育评估的是学生的能力而不是障碍。传统的教育评估希望通过评估预测学生能达到的教育水平，重点关注学生的发展限制而非其发展潜能。在融合教育的理念之下，人人都能有其优势，只要给予适当的资源与支持，所有的学生均可达到高水平的发展。在融合教育中，尤其重视关注儿童的潜能，即在评估中发掘儿童的优势和长处。因为在教育中，残疾儿童极易被低估其能力，教师、家长等倾向于将残疾儿童的学业、社会能力等方面的落后归因于残疾问题，给残疾儿童低期望，使得其潜能发展受到外界限制。因此在残疾儿童教育评估上需要重视潜能的开发，这样才能为残疾学生的个性发展提供平台，也有利于教师发掘学生的优势智能，从而进一步从课程教学上促进学生的潜能开发。

五、评价的程序：变静态为动态

动态评估的概念主要是针对传统即静态评估的弊端提出的。静态的课程评价只评价一次，但是动态评价能实现多次评价和随时评价，变横向评价为纵向评价，通过测定儿童在评估者的提示、反馈、引导下其行为发生改变的情况，从而了解儿童的学习潜能。Sternberg 和 Grigorenko[②] 将动态评估定义为主要成果在于考虑干预结果的过程。动态评估描述的是一种交互评估过程，这种评估采用测试—教学—再测试的模式。主要具有以下几个特点：(1)看重的是儿童发展的潜能，评估的是儿童的潜在水平；(2)评估通常分为三个部分，前测、教学干预和后测，并且会把前测和后测分数作对比，以得到更真实的评估结果；不存在歧视现象，会考虑社会文化因素对儿童发展的影响，适用于所有的儿童；(3)在整个评价过程中，教师或者施测者会随时介入，对儿童进行指导，以利于儿童学习，教师或者施测者与儿童之间存在着良好的互动；(4)评

---

① 陈启娟：《从特殊教育需要评估到个别化教育计划：英国全纳教育的两个核心主题》，载《外国教育研究》，2014 年第 4 期。

② Sternberg Robert J. & Elena L. Grigorenko, "Leaching for Successful Intelligence：To Increase Student Learning and Achievement (2nd ed.)," in *Reference and Research Book News*, 2007(4), p. 197.

估会与教学紧密结合，在教学过程中进行评估，有利于教师或施测者根据评估结果及时调整教学，以达到最好的教学效果；（5）时间上的连续性，即将学习的过去、现在和将来紧密联系在一起；（6）评估与情境密切融合，具有真实情境性，即让儿童实地解决真实性问题，观察其在解决问题过程中的表现。

　　教师需要注意动态评估过程中的几个要点：首先，在动态评估模式中个体的操作水平，最终达到改变认知机能的目的，但由于时间等因素，有些效果不稳定。动态评估提供了被试的认知缺陷等方面的资料，如果后期的教育培训没有跟上，被试的教育生活就没有得到有效改进，个体潜力仍然得不到发挥。其次，尽管动态评估的基本目标是提高测验者的成绩，当个体的生存环境朝向不利的方向发展时，个体的认知机能有时会不增反降。再次，动态评估所选用的材料和干预的形式可以是多元的，如与测验项目相伴的暗示、辅导、探索指导结题策略等。有的动态评估模式还伴有对被试生存环境的调查访谈等内容，测验的环境也不仅仅拘泥于固定的室内，也可以在自然环境中测查被试实际生活中的表现。最后，在动态评估中往往以被试的最高得分作为被试的成绩，而且动态评估不设置参照的常模，是个体自身发展的纵向比较。

第三节
融合教育课程评价的内容

一、课程目标的评价

　　无论是普通儿童还是特殊儿童，总体的教育目标都是一样的。我国现阶段的教育目的是"培养学生的创新精神和实践能力，造就'有理想、有道德、有文化、有纪律'的德、智、体、美等方面全面发展的社会主义事业的建设者和接班人"，也就是培养全面发展的人。

　　虽然对所有学生都提出全面发展的要求，但是在融合教育的课程目标中，需要考虑到学生的差异化学习能力，对每个学生都要制定出个别化的课程目标。虽然特殊学生和普通学生学习基本相同的课程内容，但是特殊学生由于能力较低，需要在课程目标上适当降低课程的深度和难度，也就是"同教材、同进度、异要求"。如特殊学生在"说出"目标行为方面有困难，则可以改为"指出"目标行为，以此来调整表现学习结果；如特殊学生在达到普通学生的标准上有困难，则可以对标准的独立完成水平、达成的正确率、达成的精熟度、完成的分量或速度等进行调整。[①]

但是，不能无限制地降低深度和难度，还要考虑到学生的现有能力、潜力和课程标准的要求。例如，虽然只要求完成最基本的课程目标，降低课程标准，但应以维持课程的逻辑体系为前提。对于核心知识的学习，即使不能达到正常学生中较好的水平，也要基本掌握。[②] 对有轻度智力障碍、学习障碍的学生而言，课程目标调整具体策略包括简化、分解，因为这些学生学得慢一些，但经过长时间的坚持和额外辅导，最终能掌握课程的基本要求。而对于中度智力障碍的学生应该实施减量、分解、替代的目标调整策略，这类学生难以掌握普通教育的知识和技能，通过这些方法，他们能学会一些简单的识字、数数技能。[③] 因此，课程目标应该参照普通教育课程标准，还要因人而异，力求目标在学生的最近发展区内。

以下是一则有关融合教育课程目标制定的案例。[④]

随班就读学生情况：小龙同学，男生，听障，一级聋，裸耳听力左耳105dB，右耳115dB，补偿后听力左耳80dB，右耳60dB。社会适应能力一般，能进行简单的日常交流，学习上的交流通常用词语表达，很少说完整的话，用语言表达自己的思维过程就更难了。有一定的理解能力和分析能力，数学计算较好，但解决问题对他来说是难点，自信心不足。

教学内容："两步解决问题"是二年级下册第五单元《混合运算》中例4的内容（见图6-2），前三个例题主要解决的是四则混合运算的运算顺序，本例题是利用运算顺序来解决实际问题。

教学目标：学会解决此类问题的方法。具体目标如下表（见表6-1）。

图6-2 《混合运算》案例

---

① 魏寿洪、程敏：《融合教育课程调整研究进展》，载《现代特殊教育》，2017年第6期。

② 于素红：《普通学校随班就读学生的课程建设》，载《中国特殊教育》，2005年第4期。

③ 石彩霞、张春花：《区域融合教育课程实施流程的实践研究——以成都市双流区融合教育课程实践为例》，载《教学月刊小学版(综合)》，2019年第10期。

④ 本案例来源于北京市西城区玉桃园小学，由该校罗兴娟老师提供，案例中学生姓名均为化名。

表 6-1　教学目标

教学目标	1. 尝试提出问题，会列出求中间问题的第一步算式(重难点)
	2. 看懂色条图表示的信息与问题(重难点)
	3. 学会使用分步算式，感受综合算式，体会小括号的作用
	4. 增强解决问题的信心，培养认真观察、合作交流等良好习惯

　　起点行为评估：小龙同学基本能理解加、减、乘、除的含义，能分析相应的一步解决问题的数量关系。本例题中运用到了对减法和除法含义的理解，需分析减法和除法的数量关系。对于这种两步解决的问题，小龙同学对数量关系的分析需要支持，对解题方法的选择需要指导，其可以借助"色条图"来了解信息与问题，分析数量关系。

　　评估标准：

　　(1)会找信息与问题：从文字中找信息与问题，单纯从图中找信息与问题。

　　(2)能找到中间问题，并分析相应的数量关系，列出第一步算式。

　　(3)会根据最终问题分析相应的数量关系，列出第二步算式，求得最终答案。

　　(4)按照"找—想—查"的步骤独立解题，能正确列出分步算式，增强自信心。

　　本案例中融合教师明确学生的能力现状、了解学生的教育需求，并将此作为课程制定的逻辑起点，然后依据课程内容对学生的智力发展、生活实践能力以及社会适应力等各个领域进行目标的制定，以便对学生在本课程中的学习目标与学习进程进行科学合理的规划。此外，教师还详细制定评估的标准，将能力目标具体化，加强了评估的可操作性。

二、课程内容的评价

　　课程内容规定学生在核心学业领域(如英语、艺术、数学、科学、社会等)应掌握的知识和技能，主要回答"应该学习什么"的问题。对课程内容的评价主要是考察课程内容是否兼顾了有特殊教育需要儿童和普通儿童的学习需要，教学内容中是否体现了个别化教育计划的要求，教学内容安排是否合理等。融合教育课程作为融合教育理念的行动措施，课程内容对融合教育的实施效果起着决定性作用。课程内容标准须适用于所有学生，无论学生的种族和民族、语言类别、文化背景如何，有无特殊学习需求以及需求强度多大，即使是具有严重认知障碍的特殊学生，其学业评估标准与普通年级水平的学业内容标准也应一致。

　　通常而言，课程内容标准会对每门学科整体学业的内容标准框架、具体内容和各年级水平做详细描述。需要说明的是，由于各地设置的学业内容标准不同，各地在学业评估时需严格匹配各自的学业内容标准。[①] 澳大利亚课程评估、报告与委员会（Australian Curriculum，Assessment and Reporting Authority，ACARA）希望融合教育教师可以灵活地将国家课程的八大学习领域（英语、数学、科学、人文与社会学科、艺术、科技、卫生与体育、语言）与学生的年龄及认知特点结合起来，作为规划课程内容的起点。就学习领域具体内容的调整而言，澳大利亚学者罗伯特·康韦和彼得·沃克（Robert Conway&Peter Walker）指出，为适应残疾学生的多样化，每一类学习领域或每一个专题的知识，在课程内容上至少可分为三层：必须知道的（Must Know）、应该知道的（Should Know）、可以知道的（Could Know）。必须知道的，是指与专题相关的基本信息。如果缺乏这类信息，学生则无法掌握这一专题的核心知识（Key Knowledge），应该知道的和可以知道的材料或内容也很重要，但它们主要提供核心知识之外的补充知识。对于天才学生来说，还可以包括"可能知道的"（Perhaps Know）。另一学者比塞克（Bissaker）也提出一个类似的课程分层。把知识分为所有学生都要学习的、部分学生需要学习的、少数学生需要学习的三个层次，组成了一个课程内容分层的金字塔。[②] 这些都构成了对课程内容进行具体调整的理论依据。

在我国，义务教育阶段的课程设置要反映出知识性、学科性，这对于包括特殊儿童在内的所有儿童都适用。对于普通学校义务教育阶段课程标准的科目设置，主要有品德、语文、数学、历史、科学、体育与健康、美术、物理、化学、生物、英语、音乐、地理等科目，其中语文和数学是贯穿义务教育阶段的核心课程，其余的课程随着年级的增长而逐渐加重课时比例。[③]

在我国台湾地区，为了促进特殊儿童的认知、情绪、社交技能的综合发展，便于其更好地融入社会，当地教育部门组织教师与教育专家积极开发特殊儿童的适性课程。目前，台湾地区特殊儿童的课程除了语文、数学、英语等学业学习课程外，还包括生活管理、自我效能、社会技巧、情绪管理、学习策略、职业教育、辅助科技应用、动作机能训练、沟通训练、定向行动及点字等特殊教育课程。此外，台湾地区还积极研发针对不同类型的特殊儿童的学习教材，包括点字书、绘本故事、语音影像等，以满足各类特殊儿童的需求。随着科技的不断发展，台湾地区充分利用科技的优势，研发了各种各样的学习软件，发展学生的沟通、绘画和记忆力等方面的能力，实现了科技与教育的完美结合。最后，融合教师会根据每一个特殊儿童的独有特性，制订一个IEP，结合不同的教育目标，调整其教学策略和教学方法。[④]

---

① 魏寿洪、米韬、申仁洪：《融合教育背景下美国特殊学生的学业评估及启示》，载《中国特殊教育》，2019年第9期。

② 李拉：《澳大利亚融合教育的课程调整及启示》，载《中国特殊教育》，2019年第10期。

③ 黄伟：《特殊教育学校课程标准制定研究》，载《中国特殊教育》，2017年第4期。

④ 陈全银、魏燕荣：《台湾地区融合教育的立法与启示》，载《绥化学院学报》，2017年第7期。

在我国大陆地区，为了增加课程的多样性，满足不同学生的发展需求，新一轮基础教育课程改革实行了国家课程、地方课程和学校课程三级课程管理。国家课程体现国家意志，制定的课程标准通常是中等偏下，可以保证绝大多数学生都能达到。地方课程则因其覆盖范围和针对人群更具地方性，可以在一定程度上弥补国家课程的空缺。国家课程与地方学校课程可以协调互补。即便如此，国家课程和地方课程因考虑学生共同的基本素质要求，目前在课程设计方面很难全面照顾到进入普通学校的特殊学生。而校本课程以发展符合学生、学校或地方特殊需要的课程方案为目标，根据学生需要不断调整。教师是课程的研究者、开发者和实施者，有主动解释、开发课程的能力。①校本课程是由学校教师作为开发主体，以学校和学生的个性为导向，旨在满足具体学校及其教师、学生的独特性和差异性需求的一种课程。② 校本课程将成为融合教育课程及课程调整实施的载体，校本课程开发也将是融合教育教师课程调整能力提升的"试炼场"。③

在融合教育背景下，课程要面向更为多样化的学生并要求所有学生都能取得相应成就，这就要求国家课程在目标定位、内容要求以及评价机制上有所调整，以适应融合教育课程灵活性、相关性和注重本土化情境的需求。在此基础上，《基础教育课程改革纲要（试行）》进一步提出，赋予学校合理而充分的课程自主权，为学校创造性地实施国家课程、因地制宜地开发学校课程，为学生有效选择课程提供保障。

以下是一则关于课程内容选择的案例：④

清华附小的种子课程就是以满足每一个儿童的学习需要为目标，以尊重个体差异为基础的拓展性课程。它是以学生的发展需要为中心，基于学生的个性化需求，通过种子教室、种子班级、阳光种子课堂等平台，为所有学生提供"私人定制"式的教育教学模式。它侧重于帮助每个学生科学地对待他的生活环境，自觉促进个人与自我和环境的和谐。种子课程面对全体，却是以个体为服务对象。在课程内容上，学校针对有特长的学生，每周三中午为学生提供 40 分钟的"水木秀场"展示。"水木秀场"是根据学生的特长，由学生自主创造、教师适时参与而形成的学生个性课程，包括"小小书法家""昆虫家""魔术达人""绘画家""品三国""国粹相声"等。这不仅丰富了课程形式，能够针对学生的需求，还能为学生提供个性发展和张扬个性的舞台。学校通过学生个性课程，全方位关注每一个儿童个体。"种子课程"要帮助这些特殊、特需的学生最大限度地适应学校生活，建立良好的人际关系，提供个别辅导，促进其获得适合的发展。

---

① 靳玉乐：《校本课程的实施：经验、问题与对策》，载《教育研究》，2001 年第 9 期。

② 冯建军：《现代教育学基础》，177 页，南京，南京师范大学出版社，2007。

③ 韩文娟、邓猛：《融合教育课程调整的内涵及实施研究》，载《残疾人研究》，2019 年第 2 期。

④ 祝军、李佳楠、张敬娟：《基于融合教育理念的阳光种子课程的设置与实施》，载《现代特殊教育》，2016 年第 17 期。

学校成立"种子课程研究院"，为"种子学生"的发现、校本课程研发和实施提供保障。与此同时，也鼓励班级、学生自创课程，真正在选择性、自主性、空间性等方面实现个性化发展。

三、课程结果的评价

　　融合教育的发展最终要通过学生个体层面的认知与非认知两个方面的发展来体现。在认知发展成就上，融合教育既关注以特殊儿童为核心的所有学生在知识、能力等方面的发展，又关注在实现学校学业要求标准的基础上，充分挖掘特殊儿童的潜力，获得学业发展。对于学生的课堂参与、学习动机等非认知因素，融合教育要求所有学生，特别是特殊儿童，能够树立积极的自我形象；积极参与到课堂和学校的活动之中；掌握良好的社会交往技巧；能够进行恰当的自我行为管理，养成自律习惯，保持情绪稳定等。① 因此，融合教育课程不应仅仅重视学生的学业成绩，更应该强调学习活动中每个学生的充分参与。而传统课程往往以知识学习与标准化考试为中心，只关注学生的学业成绩，忽略了学生学习过程中的体验和感受，忽视了学生社会性功能的发展。综上，融合教育课程结果的评价既要重视学生认知能力的提高，也要关注学生非认知能力的提高。

　　学业成就测验，又叫教育测验或学科测验，是测量学生在阅读、拼写、书面表达、数学、常识、社会、历史、地理、物理、化学等课程或经过某种专门训练后所获得知识和技能的系统程序，也是测量学生认知能力的主要方法。下面介绍了美国实施的五种特殊学生学业成就评估类型。②

知识小贴士

　　美国教育部根据学生学业标准及学生的认知情况，建立了五种特殊学生学业成就评估类型，分别为普通年级水平评估（General Grade-level Assessment，简称GGLA）、提供考试调整的普通年级水平评估（General Grad-level Assessment with Accommodations，简称GGLAA）、基于年级成就标准的替代性评估（Alternate Assessment Based on Grade-level Achievement Standards，简称 AA-GLAS）、基于调整性成就标准的替代性评估（Alternate Assessment Based on Modified Achievement Standards，简称AA-MAS）、基于替代性成就标准的替代性评估（Alternate Assessment Based on Alternate Achievement Standards，简称 AA-AAS）。

---

　　① 颜廷睿、关文军、邓猛：《融合教育质量评估的理论探讨与框架建构》，载《中国特殊教育》，2016 年第 9 期。

　　② 魏寿洪、米韬、申仁洪：《融合教育背景下美国特殊学生的学业评估及启示》，载《中国特殊教育》，2019 年第 9 期。

其中，GGLA 是根据学业内容标准，为与普通学生差别不大，无须单独制订 IEP 的特殊学生进行的考试；GGLAA 主要针对参加考试有困难、需要考试调整服务的特殊学生，该评估类型不会改变考试内容和难度水平，其学业内容标准和学业成就标准与普通学生一致；AA-GLAS 主要针对通过考试调整也无法完全展现学业成就的特殊学生，他们需要参与其他不同形式的学业评估，这些学业评估所采用的学业内容标准和学业成就标准与普通学生一致；AA-MAS 主要针对中轻度认知障碍的特殊学生，该评估类型既需要考试调整，也需要对年级成就标准进行修改，采用的是调整性学业成就标准；AA-AAS 则针对认知障碍程度最为严重的特殊学生，该评估类型需要在评估形式与评估难度上都进行调整，采用的是替代性学业成就标准，其学业内容标准仍与普通学生一致。

除认知能力外，在融合教育中还应该对儿童的各种非认知能力进行评价。这包括运动能力、感知能力、语言交往能力、生活自理能力、社会适应能力。表 6-2 中是某融合学校对随班就读儿童的考核表，其中涵盖对认知和非认知能力的考核。

表 6-2 随班就读学生情况考核评价表①

学校： 班级： 教师： 学生： 智力障碍程度：

学科考核		语文	数学	思品	音乐	体育	美术	计算机	科学	英语	社区实践	地方课程	研究学习
成绩	学科成绩												
	成绩说明												
学业考核		与班平均水平比较					与学期目标比较					与自己学期初比较			对思想品德、文化适应缺陷、补偿适应能力的评价与分析
等第		明显进步	较为进步	较为居中	较为落后	明显落后	超过很多	超过较多	基本达到	少数达到	没有达到	很大进步	较大进步	稍有进步	没有进步	反而退步	
思想品德	自尊自信																
	友爱合作																
	自制力																

---

① 梁斌言：《智力残疾儿童随班就读的理论与实践》，天津，天津教育出版社，2010。

续表

学业考核		与班平均水平比较					与学期目标比较					与自己学期初比较					对思想品德、文化适应缺陷、补偿适应能力的评价与分析
等第		明显进步	较为进步	较为居中	较为落后	明显落后	超过很多	超过较多	基本达到	少数达到	没有达到	很大进步	较大进步	稍有进步	没有进步	反而退步	
文化知识	求知欲望																
	学习习惯																
	学习成绩																
缺陷补偿	能力训练																
	心理意志																
	语言沟通																
适应能力	社会适应																
	生活适应																
	劳动技能																
综合评价分析																	
等级		优（　）　　良（　）　　及格（　）　　差（　）															

本章小结

　　本章主要从三个方面介绍了融合教育课程评价。首先是融合教育课程评价概论，其中重点讨论了融合教育课程评价的概念，并分析了当前我国融合教育课程评价观。其次是课程评价的价值取向，这节内容从评价标准、评价主体、评价方式、评价出发点和评价程序五个角度分析了融合教育课程评价应有的价值取向。最后主要论述了课程评价的内容，分为对课程目标、课程内容和课程结果的评价，解决了应该从哪些方面进行融合教育课程评价的问题。要进一步说明的是本章内容是我们对融合教育课程评价的理论与实践研究探索历程之一窥，这只是在实施融合教育的万里长征中迈出的第一步。如何对评价的方法进行完善，使其更加适用于当前融合教育的发展现状，是亟待解决的问题。如何改变课程评价的价值取向，完善课程评价的内容也需要广大教育工作者和研究人员的共同努力。此外，本书第九章重点介绍了融合教育教学评价，读者可以结合两章内容进行理解。

思考题

1. 融合教育课程评价对融合教育具有哪些意义？

2. 在进行融合教育课程评价的过程中，应该遵守什么样的价值取向？

3. 融合教育工作者应该从哪些方面进行课程评价？

推荐阅读

1. 张国栋，曹漱芹，朱宗顺：《国外学前融合教育质量：界定、评价和启示》，载《中国特殊教育》，2015 年第 4 期。

2. 颜廷睿，关文军，邓猛：《融合教育质量评估的理论探讨与框架建构》，载《中国特殊教育》，2016 年第 9 期。

3. 沈娜：《课程评价的现状、特征及价值转向》，载《教学与管理》，2018 年第 4 期。

4. 陈启娟：《从特殊教育需要评估到个别化教育计划：英国全纳教育的两个核心主题》，载《外国教育研究》，2014 年第 4 期。

5. 邓猛，颜廷睿：《融合教育理论反思与本土化探索》，北京，北京大学出版社，2014。

6. 李雁冰：《课程评价论》，上海，上海教育出版社，2002。

7. 周文叶：《职前教师教育课程评价：范式、理念与方法》，载《教师教育研究》，2014 年第 2 期。

第七章

融合教育教学

本章导言

李老师所在的学校是一所普通小学，本学期全校共有 8 名特殊学生，分布在不同的年级，而李老师所在的三年级是特殊学生最多的一个年级，共有 5 名特殊学生。她的班上共有 42 名学生，包括 2 名特殊学生小彭和小王，他们的医学诊断结果分别为中度和轻度智力障碍。李老师既是班主任，同时也担任该班级的语文学科教师。尽管李老师有超过 20 年的教学经验，曾经也遇到过有听力障碍、肢体障碍的学生，但班级中出现 2 名智力障碍学生还是首次，这让李老师感到手足无措。很显然，李老师的语文教学要素中学生这一重要的要素已然发生了变化，更加复杂，差异更大。接下来，李老师需要解决的问题是如何开展教学。她需要进行一系列的选择和思考。如李老师是继续之前统一的教学还是进行教学的调整？是完成 40 个人的教学目标还是 42 个人的教学目标？如果选择后者，又将如何实施教学？这些问题、选择、思考显然是每一个融合教育教师需要面对的，也是融合教育教学的重要内容。[①]

本章从融合教育教学概述、融合教育教学的重要性和融合教育教学发展的趋势三个部分来论述融合教育教学的内涵、模式，从融合教育教学对融合教育理念、学生发展、教师专业发展、学校变革的角度说明其对融合教育的重要作用，从教学多样性、技术支持更加完善和突出团队合作等多个方面说明融合教育教学发展的未来趋势。

第一节
融合教育教学概述

融合教育的核心价值观念是平等、尊重差异和多元，目的是保证特殊儿童与正常儿童一样平等地在普通学校接受高效率和高质量的教育，最终实现个人尊严与社会公正。而教学毋庸置疑是实现融合教育核心价值观的重要路径，融合教育政策的目标必须通过教室内的课程与教学活动来实现，社会与学校的价值观、知识要求需要经过教师的课堂教学传递。[②③]　所以，为所有学生提供有意义、高质量的教学是融合教育的重中之重。从这个角度来看，若想真正实现融合教育的高质量，课程与教学的融合是最

---

① 本案例来自甘肃省兰州市西固城第一小学，由该校李菊花老师提供。
② 邓猛：《国外特殊教育学基本文献讲读》，260 页，北京，北京大学出版社，2015。
③ 邓猛：《融合教育与随班就读：理想与现实之间》，95 页，武汉，华中师范大学出版社，2009。

关键的指标。

一、融合教育教学的内涵与特点

教学概念在我国历史悠久，如明末清初思想家王夫之认为"夫学以学夫所教，而学必非教；教以教人之学，而教必非学"。丛立新认为在吸收了我国古代教学思想精髓、西方近现代和苏联教学思想后，我国学者对教学的定义是严谨、科学的。① 典型的如王策三认为教学是教师教、学生学的统一活动；在这个活动中，学生掌握一定的知识和技能，同时，身心获得一定的发展，形成一定的思想品德。② 李秉德认为，教学是教的人指导学的人进行学习的活动，是教和学相结合或者相统一的活动。③ 教学是师与生之间教与学的活动。另一方面，教学的过程也是将课程付诸实施的一种活动，具有很强的实践属性。融合教育课程是普通学校为满足所有学生不同学习需求、学习风格以及文化背景等多方面的差异而设计的弹性的（Flexible）、相关的（Relevant）和可调整的（Adjustable）的综合课程体系。④ 融合教育教学则是在融合教育课程意识、课程思想下的教学，是对融合教育课程的运作过程、实施过程。当然，因为融合教育背景下特殊学生进入普通班级，使班级中学生间的差异扩大。教师在教学中不仅要考虑如何完成教学任务，还要考虑照顾普通学生和特殊学生的需要，与传统教学相比，融合教育教学将遇到更大的挑战。如教育对象处于一个课堂，即以普通学生为多数，还包括有特殊教育需要的学生。这就意味着要求教师将普通教学论与特殊教学论的原则、方法、措施、策略整合在一起运用，使教学活动更有效地开展，促进全班每个学生都得到发展。⑤ 与此同时，融合教育教学与课程之间的联系更加紧密，对师生在教学中的互动提出了更高的要求。融合教育的教学主要呈现出如下几个特点。

(一)突出学生为本

Booth 和 Ainscow 指出融合教育有三个层次：物理空间的融合、社会的融合以及教学的融合，而教学的融合是融合教育最高也是最难的目标。⑥ 融合教育不满足于将特殊学生安置于普通教育的环境，更加注重为特殊学生提供高质量的教育教学，促进学生的个性化发展。融合教育的教学不仅要求教师承认差异、了解差异，还要求教师尊

① 丛立新：《教学概念的形成及意义》，载《北京师范大学学报(社会科学版)》，2007 年第 5 期。
② 王策三：《教学论稿》，北京，人民教育出版社，1985。
③ 李秉德：《教学论》，北京，人民教育出版社，1991。
④ 赵勇帅、邓猛：《西方融合教育课程设计与实施及对我国的启示》，载《中国特殊教育》，2015 年第 3 期。
⑤ 柳树森：《全纳教育导论》，88 页，武汉，华中师范大学出版社，2007。
⑥ 邓猛：《融合教育与随班就读：理想与现实之间》，63 页，武汉，华中师范大学出版社，2009。

重差异、照顾差异，充分保证特殊学生能够"进得来，留得下，坐得住，学得好"。尽管普通教育中也同样体现并遵循学生为本，但在融合教育教学中学生为本这一原则体现得更加淋漓尽致。当然"学生为本"中的学生并不特指特殊学生，而是所有有特殊教育需要的学生，也包括普通学生。融合教育的教学服务于所有学生的需要，而不仅仅是一部分学生的需要。为此教师需要通过科学的评估和观察全面了解学生的教育需要、优势和劣势等，并在此基础上结合学生的个别化教育计划，并依据融合教育课程来确定与教学相关的一系列要素。如教学的目标、教学的内容及其呈现方式、教学实施、教学评价与反馈等。这样做的目的并不是要给学生贴标签，也不是为了让教师推卸责任，而是帮助教师明确如何帮助学生最大限度地参与教学。可见无论在教学的哪个环节，学生自始至终都在教师眼中，充分体现出融合教育教学以学生为本的特点。

(二)强调个性化

融合教育教学的个别化与以生为本紧密相连，是学生为本的自然结果，也体现出了融合教育的核心价值理念。研究者认为面对教学对象的差异扩大，教学对策中最重要和根本的一点就是使教学个性化。而教学个性化的主要和根本就是采取因材施教的原则、方法，使每个儿童都能在现有条件下，充分挖掘其心智潜能，充分发展其个性才能。[1] 融合教育的课程是面向所有学生的共同课程，它反对牺牲大多数能力一般或比较差的学生的发展需求，只注重极少数优秀学生发展的精英主义教育模式。固然即便是在融合教育背景下，普通学生的比例仍然远远大于特殊学生，确实存在集体与个体之间的冲突和矛盾。但是融合教育教学强调个性化并不是要求教师去放弃集体或者其他普通学生，采取一对一的形式，单独关注特殊学生；而是要求教师在普通班级的教学中能够关注到特殊学生的需要，将集体教学与个别指导结合。如教师可以通过采取灵活的教学策略和方法，弹性分组等方式最大可能地让特殊学生参与教学。同时也可以选择在课堂教学的过程中随时关注特殊学生的表情、动作、行为等，据此选择适当的教学环节，如提问、小组讨论、课堂练习等对学生进行个别化的指导。而课堂之外，教师则可以通过为学生安排学习伙伴或者对学生进行单独辅导，帮助学生采用符合其学习特点的方法，如不断重复、动手操作等实现预定的教学目标。

(三)重视评价与反馈

如前所述，融合教育教学是建立在对学生差异了解的基础上进行的。对学生开展全面的、系统的、科学的评估至关重要。在普通教育中，尽管同年龄的普通学生间也或多或少在各个方面存在差异，但教师仍可以运用教学经验判断班级中学生的平均发

---

[1]　柳树森：《全纳教育导论》，95 页，武汉，华中师范大学出版社，2007。

展水平，帮助其进行教学决策。但是在融合教育背景下，特殊学生对于普通教育教师来讲是陌生的。他们的生理、心理状态和发展水平与普通学生存在差异，教师仅仅凭借经验已经不够，还需要对学生进行评估。而学生的能力、需求不是一成不变的，需要及时对学生进行教学评价，为后续的教学决策提供依据。正如研究者所指出的，为学生进行评估的原因有很多，或许是为学生决定特殊教育的服务内容，或许是观测孩子的进步情形以及决定是否需要对教学进行调整。在融合教育课堂教学中，教师还要给予学生即时评价和反馈。对于学生发生在课堂上的问题行为，如大声叫嚷、来回跑动等教师应该给予及时的矫正性反馈，以便让学生区分教师期待的行为和问题行为，增加正向的行为。而当学生出现了教师期待的行为，如合作、集中注意力、遵守规则等，教师同样需要给予学生反馈，在课堂上通过眼神、动作、语言等对学生进行鼓励，增加学生行为发生的频率。融合教育教学实施的过程对于教师来讲不仅仅是向学生传递知识的过程，也是帮助特殊学生学习规则，提高适应能力的过程，是促进学生实现个性化发展的过程。

(四)为学生提供调整

融合课程是面向所有学生的共同课程，并非一刀切的课程。它是以满足不同学习能力与需要为目的的具有弹性的课程。可见，普通教育中整齐划一的教学显然已经不适合班级中学生差异扩大的事实。Waxman 等人 1985 从课程与教学的层面，探讨最佳融合教育运作实务。他们综合过去的研究，提出八项成功调整教学的要素，即教学要配合学生的能力和需求；学生以个别的速度达到教学目标；监控学生的进步情况，并且提供持续的回馈；让学生参与计划和监控他们自己的学习；使用广泛的教材和教学策略；学生互相协助学习；教导学生自我管理的技能；教师与其他人员形成合作小组共同教学。[①] 可以看到，教学的调整为学生提供了更加多样化的选择。教师可以分别采用外在的和内在的调整策略为学生提供适应性的教学。外在的教学调整策略主要是指教师对一系列教学要素的调整，如教学目标、教学内容及呈现方式、教学设计、教学实施、教学环境、教学评价等。不同的研究者对要素的选择和组合不同，对各个要素的内涵和外延的理解也有差异。当然，不论何种要素，主要还是取决于它是否掌握在教师手中。内在的调整策略则是指教师教给学生学习策略、教导学生学习行为。学习策略如阅读策略、记忆策略等，学习行为如集中注意力、遵守课堂规则等。内在调整策略相对外在调整策略幅度较小，不易察觉，教师可利用集体教学或者单独辅导的机会帮助学生练习。外在调整策略则是教师对教学要素的改变，同样也存在调整幅度大

---

① Waxman H. C., Wang M. C., Anderson K. A., et al, "Adaptive Education and Student Outcomes: A Quantitative Synthesis," in *Journal of Educational Research*, 1985, 78(4), pp. 228-236.

小的差别。如教学目标的调整幅度要大于教学内容呈现方式的调整幅度，后者有助于特殊学生达到与普通学生同样的教学目标，而不是降低或者减少。

二、融合教育教学实施中的干预反应模式

Baumgart 等认为设计融合教育教学任务时要遵循一个主要理念就是部分参与原则，也就是说即使要求某个学生全面参与到某项活动中是不切实际的目标，也不意味着这个学生就不能积极而有意义地参与到这项活动中。另一个理念就是仅在必要时才使用特殊的教学策略。[①] Baumgart 所提出的原则可以理解为特殊学生要最大限度地参与教学。如何实现这一目标，实现教学的有效性是融合教育的研究者和实践者不断追寻答案和"最佳实践方式"的过程。主要渠道有三个，分别是经过实证研究证明有效的教学方式、被历史证明有效的教学方式以及教师的探索和实践中发现有效的教学方式。其中，2001 年被正式提出的干预反应模式（Response to Intervention，RTI）通过不断的演化，逐渐成为融合教育有效的教学模式和最佳实践方式。以此模式为基础，研究者又提出了金字塔式的辅助支持模式，来指导融合教育学校和教师为特殊学生提供课程与教学调整。

（一）干预反应模式

干预反应模式是 2001 年 Gresham 在一篇名为《干预反应：鉴定学习障碍的一种替代方式》（*Responsiveness to Intervention：An Alternative Approach to the Identification of Learning Disabilities*）的文章中正式提出来的。他认为干预反应模式是一种让行为或学业成就发生变化的干预方式，即重视干预是否有效，特别是在普通教育环境中对儿童采取的鉴定和干预方法是否有效。[②] 它所强调的并不是让学生与其他学生进行对比，而是判断学校和教师提供给学生的教育教学是否有效。所以，干预反应模式设立的目的是让学生在融合教育学校和班级中得到及时的、适当的帮助，是一个系统地为学生做教育决定的过程，可以在早期有效地回应学生的问题并提供符合其需要的教学。同时，还可以提供基于数据的方案来评估教学方式的有效性。[③] 当然，在融合教育的背景下"干预"可以理解为教学或者其他由学校提供的教育教学服务，旨在直接满足学生的需求。

---

① 玛莎斯·内尔、弗蕾达·布朗：《重度障碍学生的教育（第七版）》，杨长江译，321 页，上海，上海人民出版社，2017。

② 杨希洁、韦小满：《为全体学生提供有效的教育服务——"干预反应"模式的发展及影响》，载《中国特殊教育》，2012 年第 6 期。

③ 邓猛：《融合教育理论反思与本土化探索》，107 页，北京，北京大学出版社，2014。

研究者认为 RTI 模式的构成因素主要包括以下三点。

(1)循证式的干预。循证干预是指实践者感觉具体的实践情境，检索并选择与实践情境相关的最佳研究数据，再结合实践者的个体经验，针对实践服务对象的具体特点，将三者完美地结合起来，给予服务对象最佳的干预方案。在 RTI 模式中，所有教学策略设计、实施、调整，都要根据学生的反应进行。

(2)三层级递增式的教学干预。根据学生情况采取不同层次的干预，一般来说层次越高意味着学生需要接受干预的次数越多。一级干预是对所有学生的所有学科进行评估，由教师在普通班级中对所有的学生进行教学。这一层级是主动发现学生问题，寻找在班级教学中可能无法获益的学生。所以，这一层级提供给学生的教学质量尤为关键，应该是高质量的、有效的。二级干预面对的是在一级干预中没有受益、没有达到应有发展的学生组成的小组。小组将接受来自普通教师、特教教师、学校心理教师等合作开展的更为高效、密集的教学。三级干预是通过连续监控学生在前面的表现进而决定对学生进行个别化的、更为密集的教学。教学可由普通教师和特殊教育教师共同承担，可以单独针对某个学生或者两三个学生进行。

(3)监控进展。RTI 模式深受循证干预的影响，所以强调在模式的整个实施过程中，不断地、定期收集并分析有关学生进展的数据。[1]

RTI 模式在美国提出之后受到了极大的肯定和重视，获得了政府的大力支持，也在各个学校予以实施。目前，对于 RTI 模式实施的效果评价并未统一。如 Cheney 等以 127 名有情绪障碍风险的学生为研究对象，认为 RTI 模式降低了学生的危险状态，可以防止学生出现情绪和行为问题。[2] 但 Tran 等对 13 个研究阅读障碍高危学生的干预实验进行了元分析，认为 RTI 模式没有显著地提高学生的阅读能力。[3] 在具体的操作过程中，研究者发现存在诸如普通教师积极性不高、未关注普通教育教学质量及干预反应是否需要改进等问题。但几乎未见完全否定 RTI 模式实施效果的研究结果报告。因此，从 RTI 模式的实施效果看，它值得推广。[4] RTI 模式在美国衍生并发展，我国不能生搬硬套，但是可以吸收该模式所强调的通过连续评估来及时发现学生存在的问题和教育需要，并监控和调整教师提供给学生的教学这一理念，建立适合中国国情的模式和实

① 杨希洁、韦小满：《为全体学生提供有效的教育服务——"干预反应"模式的发展及影响》，载《中国特殊教育》，2012 年第 6 期。

② Cheney D., Flower A., Templeton T., "Applying Response to Intervention Metrics in the Social Domain for Students at Risk of Developing Emotional or Behavioral Disorders," in *The Journal of Special Education*, 2008, 42(2), pp. 108-126.

③ Tran L., Sanchez T., Arellano B., et al, "A Meta-Analysis of the RTI Literature for Children at Risk for Reading Disabilities," in *Journal of Learning Disabilities*, 2011, 44(3), pp. 283-295.

④ 杨希洁、韦小满：《为全体学生提供有效的教育服务——"干预反应"模式的发展及影响》，载《中国特殊教育》，2012 年第 6 期。

践系统。

(二)金字塔式的辅助支持模式

金字塔式的辅助支持模式由 Janney 和 Snell 提出，它以 RTI 模式的逻辑为基础，基于一个假设就是辅助支持的基础是学校和班级融合文化的存在以及班级中有效的、调整后的教育实践的使用。该模式共分成三层，第一层是融合的学校和班级文化，第二层是课程和教学实践的调整，第三层是个性化的调整。三个层次分别对全校、全班和特殊学生个人实施。与 RTI 模式类似，第三层是在第一层和第二层基础上实施的。

为了实现最大程度的融合，首先考虑的是学校的变革，为学生创造足够包容的文化和环境。而学校变革包含的内容相对广泛，如学校文化、学校管理、支持体系以及学校课程等。学校变革与融合教育教学之间相互促进，学校的变革是高质量教学的基础和保障，而融合教育教学的实施和发展将进一步推动学校的变革。而当特殊学生所处的学校和班级环境足够包容的时候，教师针对个人的教学和调整就会相应的减少。学校文化和氛围越包容，融合程度越高，则个人被接纳的程度越高，需要个人做出的改变和调整相应将会降低。这是符合融合教育发展从被动适应和调整到主动包容的趋势，反映在课程和教学上就是课程与教学调整向学习通用设计发展。第二层是在班级的教学环境中，对课程和教学进行适当的调整。调整的目的是帮助特殊学生更好地参与班级中的教学活动。班级既是特殊学生的物理环境，班级中的每个人又共同形成了心理环境，这对于学校来讲是一个相对稳固又充满活动的基础单位。一个具有高度包容性、通达性的班级环境，以及在其中开展的相应的课程与教学也将令每个学生感受到接纳、合作、归属感。第三层则是在前两种教育教学都无法满足学生需要的情况下，普通教师和特教教师合作为学生提供个别化的调整。它依据学生的 IEP 为其提供有针对性和个别化的课程调整、教学调整和替代性调整。课程调整可以向学生提供个别化的学习目标，例如简化课程、减少课程、替代课程等。教学调整则是侧重于向学生提供个性化的教学方法和教学材料，如符合学生的阅读习惯，便于学生书写和模仿材料。可以看到，金字塔式的辅助支持模式强调通过创设融合氛围减少对学生个别化的调整，这不仅对特殊学生参与教学有利，而且对其他普通学生的发展也将有所帮助。对我国的普通学校变革，也具有一定的借鉴意义。

第二节
融合教育教学的意义

教学工作历来是学校工作的核心，是师与生之间教与学一体的活动。教是为了学而存在，而学又依赖教来完成，它是同一个事件的两个方面。同时，教学的过程是通过这种师生活动将课程付诸实施的途径，具有很强的实践属性。课程指向"教什么"问题，而教学侧重于回答"怎么教"的问题。融合教育教学对于融合教育的发展、特殊学生及其他有特殊教育需要的学生的发展、教师的专业成长和学校的变革都发挥着重要的作用。第一，它作为实现融合教育一个重要途径，其核心意义在于将"融合"的原则和理念诉诸教育行动。所以，在融合教育的教学情境下为所有学生提供有意义、高质量的教学是融合教育的重中之重。① 融合教育教学的质量成为判断融合教育实现程度的重要指标。第二，教学也是实现学生各方面综合素质发展的重要手段。第三，对于普通教师来说，教学是其从一名普通教育教师转变为融合教育教师的重要标志，也是促进其教育教学能力提升的试炼场和重要考验。第四，对于普通学校来说，融合教育教学是学校推动变革，实现转变的重要途径。

一、融合教育教学是实现学生全面发展的重要手段

教学是追求和促进学生发展的活动，是教学的基本价值规定性。教学的立足点和归宿就是培养人，即丰富人的知识和技能、拓展人的能力、提升人的品格，促进学生从不知向知、由不能向能、由随意向规范、由盲目向自觉转化，促使学生身心发生积极而健康的变化，实现人的整体完善和自我升华。② 简单讲就是通过教学促进学生的身心发展。可见，培养学生，促进学生的发展是教学最根本的任务。

融合教育背景下，教学的根本任务自然也不会发生变化，仍旧是要促进学生身心健康发展。但与普通教育不同的是，第一，学生的类型、差异程度等均发生了很大的变化。普通教育中，同年龄的学生之间自然也存在这样那样的差异，没有完全相同的两个学生。但在教学这一活动上，教师所要面对的学生的准备能力、学习速度、学习能力等的差异自然要比在融合教育环境中小得多。融合教育中，同一班级中的学生，

① 邓猛：《融合教育理论反思与本土化探索》，81页，北京，北京大学出版社，2014。
② 裴娣娜：《教学论》，3页，北京，教育科学出版社，2007。

不再是清一色的普通学生，会有在感官、智力、运动能力、社会适应能力、与人交往能力、情绪和行为等方面存在障碍的学生出现，学生在各个方面的能力起点、发展速度等都有差异。显然，学生间存在的差异无法用整齐划一、一成不变的教学来应对。第二，"尊重多元"是融合教育的核心观点。障碍出现的原因不是一味地归结为学生自身的不足，而是学校没有能力应对学生多元化的结果。一种固态的学校组织管理、课程和教学，必然使一部分学生遭到排斥、成为所谓的"差生"或"问题学生"。[①] 融合教育背景下，学校和教师不仅要认识差异，更重要的是承认差异、尊重差异并照顾差异。第三，融合教育教学强调"参与"。参与是个体在某一活动中表现出来的积极心理和行为，包含了注意、兴趣、心理和生理的投入和努力，以及各种情绪状态等成分。[②] 参与不仅强调外显的行为参与，更强调内隐的心理参与。所以，身心投入是参与的关键。而分享权利、参与教学决策才是学生课堂参与的最高层次。第四，融合教育追求高质量的教育教学。普通学校应该为社区内所有儿童提供高质量的、适合儿童不同学习特点的、没有歧视的教育。[③] 高质量的要求应该是多方面的，不仅包括获得知识，还包括品德、体能等各个方面的健康发展。可见，融合教育教学与普通教育教学相比，其教学对象、教学理念等都发生了巨大的变化。

教育的形式多种多样，但教学是最基本、最主要的形式，是培养人的基本途径。融合教育教学则是在融合教育背景下，实现融合教育理念，促进学生获得身心发展的重要手段。尤其，对于特殊学生及其他有特殊教育需要的、处境不利的学生来说，仅仅进入普通教育的环境与普通学生一起接受教育远远不够，融合教育基本理念指导下的教学有助于他们更深层次地参与教学，通过多样的教学活动和弹性的教学内容等挖掘和发展他们的生命潜能，从而帮助他们融入社会，实现生命价值。

二、融合教育教学是教师专业发展过程的核心考验

教师是教学的另一个不可或缺的要素。他们是教学活动的主要负责人，是学校中传递人类科学文化知识和技能，进而进行思想品德教育，把受教育者培养成一定社会需要的人才的专业人员。[④] 融合教育的出现，大量特殊学生进入普通教育班级和学校，不论教师是否愿意，都被裹挟着冲在融合教育实践的第一线，自动成为融合教育中的一员。当然，这不等于教师自动具备了参与融合教育，承担融合教育的理念、知识、技能等。所以，对于普通教师来讲，融合教育的到来确实是一个挑战，但更是促进其

① 黄志成：《全纳教育——关注所有学生的学习和参与》，141页，上海，上海教育出版社，2004。
② 关文军：《融合教育学校残疾学生课堂参与研究》，23页，北京，科学出版社，2018。
③ 邓猛：《国外特殊教育学基本文献讲读》，223页，北京，北京大学出版社，2015。
④ 顾明远：《教育大辞典（增订合编本）》，700页，上海，上海教育出版社，1998。

专业发展的重要机遇。

(一)融合教育教学对教师提出挑战

融合教育真正被大规模关注和推广是在 20 世纪 90 年代，距今有 30 多年的时间。它既对传统的特殊教育带来挑战，也给普通教师带来挑战。传统的特殊教育专业主要是为隔离的特殊教育学校和机构培养教师。近年来国内外特殊教育师资培育目标的定位发生了很大变化，与 20 世纪 80 年代相比，现在更重视特教教师的相关学科知识、专业理论知识、专业操作能力和自我发展能力及团队合作能力等的培养。[①] 但在融合教育中，特殊教育教师不仅仅是进入普通学校即可，而是将面临角色、责任、工作内容的重要转变。角色上，特殊教育教师因为其特殊教育的专业背景，除了教学任务之外还可能会担任资源教师、巡回指导教师、助理教师、协调员等。责任上，特教教师不仅要对特殊学生负责，而且需要关注其他有特殊教育需要的学生以及与普通教师开展深入的、实质性的合作。工作内容上，教学仍旧是他们的主要责任，但同时还兼顾组织、协调、支持、指导等多方面的工作。尽管融合教育发生的主要场所是在普通学校，特殊教育教师同样面临挑战。

(二)融合教育教学是实现教师专业发展的重要机遇

教师面临挑战的同时也意味着这是一个良好的专业发展的机遇。特殊需要的学生是否能够在普通班级中获得适当的、优质的教育，是衡量一个国家教育公平实现程度以及社会文明发展水平的重要标准。融合教育政策必须通过教室内的课程与教学活动得到执行，社会与学校的价值观、知识要求需要经过教师的课堂教学传递；培养普通教育教师具备基本的特殊教育技能成为保证融合教育成功的重要因素。[②] 所以，无论对于特殊教育教师还是普通教师来说，都有助于其成长。普通教师掌握特殊教育或融合教育相关知识和技能，特殊教育教师学习普通教育的相关教学方法，成为融合教育教师培养的必然选择。[③] 所以，融合教育的发展给教师专业发展带来了良好的外部环境，近年来各国都在争相调整对特教教师和普教教师的职前培养、职后培训的目标和内容，培养能够在普通教育环境中应对学生多样化需求的融合教育教师。国家和政府对教师培养理念的转变，不仅从外部对教师提出了要求，而且一定程度上为教师的专业发展提供了诸如法律和政策保障、教师培训、专业指导、学习交流等多方面的支持。对于教师自身来说，融合教育的潮流已经不可阻挡，教师不得不走出舒适带，拒绝变革固

---

① 丁勇、王辉：《近年来我国对特殊教育教师教育研究综述》，载《中国特殊教育》，2003 年第 4 期。

② 邓猛：《融合教育理论反思与本土化探索》，167 页，北京，北京大学出版社，2014。

③ 同上书，166 页。

然简单，但教师将面临被时代淘汰的困境。教师应该抓住机遇，顺应潮流，实现自身专业能力的发展，更好地为包括特殊学生在内的所有学生提供教育教学服务，也更好地实现自己作为教师的职责。

三、融合教育教学是融合教育理念实现的关键途径

融合教育的目的，是通过"主流化"让有特殊教育需要的学生受惠于主流学校的教养和社会化过程。[①] 特殊学生进入普通学校与普通学生一起接受教育是物理空间的融合，特殊学生真正被普通教育环境中的人及其组成的社会环境所接纳，则是心理社会的融合。而特殊学生与普通学生一起参与课程与教学活动，学有所得，是课程的融合。它是融合教育最难实现的目标，也是评价融合教育发展水平的重要指标。融合教育课程作为实现融合教育的一个重要途径，其核心意义在于将"融合"的原则诉诸教育行动。[②] 而教学是在融合教育课程理念指导下的教学，是对具有弹性的、相关的和可调整的综合课程的实施过程。所以，融合教育教学是融合教育理念实现的重要途径。

(一)融合教育教学是实现融合教育的基本形式

对融合教育广义的理解是"融合教育是通过教育内容、教育途径、教育结构和教育战略的变革和调整，减少教育系统内外的排斥，以应对所有学习者的多样化需求，增加他们的学习、文化和社区参与，努力使所有人受到同样的教育，特别是帮助那些由于身体、智力、经济、环境等原因可能被边缘化和遭歧视的孩子受到同样的教育"[③]。可以看到，融合教育有多种多样的渠道、路径和方式来推动其实现。毋庸置疑，教学一定是其中最重要的途径之一，以下选择教学目标、教学内容、教学实施过程分别进行说明。

1. 教学目标

教学目标与教育目的、培养目标等上位概念不同，它是更加微观的、具体的目标，具有一定的可操作性。教学目标以一定的教学活动为依托才得以实现，才能发挥其本身固有的导向、激励、评价等功能。[④] 融合教育中的教学目标价值取向在知识本位基础上，更强调其人本位和社会本位，即突出教学以学生为本，为了学生的发展而存在及关注社会发展的目标。而这与融合教育中强调平等、差异、多元，试图解构旧的集权式的学校管理体制而实现社会融合的理念一致。

① 卢乃桂：《融合教育在香港的持续发展——兼论特殊学校的角色转变》，载《中国特殊教育》，2004年第11期。
② UNESCO, Guidelines for Inclusion: Ensuring Access to Education for All, Paris, 2009.
③ 联合国教科文组织：《全纳教育共享手册》，陈云英、杨希洁、赫尔实译，北京，华夏出版社，2004。
④ 裴娣娜：《教学论》，96页，北京，教育科学出版社，2007。

2.教学内容

教学有三大要素，前述已经涉及学生、教师这两个要素。教学内容是另一个教学的基本要素。教学内容是师生活动的客体，具有教育价值。学生通过教学掌握教学内容，将其转化成自身的知识和技能，相应地提高能力，培养品德。特定的教学内容会赋予特定的价值取向、内容和方法，从而逐渐建构起符合教育目标的知识和能力结构。其中，课程和教材是最能集中体现教学内容的形式。融合教育课程是反映融合教育思想精髓的课程。它以实现教育公平和提升教育质量为目标，改变了传统课程标准化的、封闭式的、不考虑学生异质特征的课程设计方式。[①] 在此基础上，教师还需要将课程的内容进行解读和转化，转化成适合具体学生学习的内容。融合教育的教师还需要根据班级中呈现出的多样性，通过对课程实施调整，为学生提供具有弹性的、个别化的，符合其发展需要的教学内容。

3.教学实施过程

教学的实施过程是教师的教和学生的学这两种实践活动的统一，可以向学生传递知识，帮助其获得技能，发展其个性。融合教育教学的实施主要是在普通教室中进行的，教师对学生抱有高期望，通过组织多种多样的教学活动，采用适当的教学策略，采取灵活的组织形式，使学生都能够参与教学，在课堂中坐得住、学得好。

(二)融合教育教学是评价融合教育发展水平的重要指标

融合教育教学是实现融合教育的基本形式，而融合教育教学的质量是判断融合教育实现程度的重要指标。一个学校的教学质量是衡量一个学校教学工作的综合指标，它几乎涉及学校工作的各个方面：教学管理、教学全过程、教学条件、教学环境，等等。[②] 同理，融合教育教学的质量同样可以从教学管理、教学全过程、教学条件和教学环境等多方面进行考察。其中，教学管理是前提，教学全过程是核心，教学条件是基本保障，教学环境则与教学相辅相成。融合教育教学不仅仅依靠前述的特教教师、普教教师，更需要相应的教学管理支持，教学条件保障，教学环境浸润，它不是一朝一夕可实现的。融合教育教学质量的提高不仅仅意味着特殊学生学业成绩的提高，学生的发展，更重要的是与教学紧密相关的一系列其他要素的共同提高。

四、融合教育教学是普通学校实现变革的必要内容

融合教育给教师带来冲击的同时，也给普通学校带来了冲击。对于传统的普通教

---

① 邓猛：《融合教育理论指南》，北京，北京大学出版社，2017。
② 谈振辉：《教学质量是学校教学工作的生命线》，载《中国大学教学》，2003 年第 2 期。

育、特殊教育双轨制教育而言，它不只是教育教学活动本身的变革，更意味着学校的变革、教育体制的变革。正如前述，融合教育教学的质量不仅仅与教学有关，还与管理、环境等直接相关。也就是说，学校要为融合教育的发展做出相应的管理、制度、环境、评价等的调整和改变，是中观层次的融合教育实践。

"全校参与"模式是学校变革中的重要实践模式，它是指在校长的领导下，全校教职工达成共识，共同确立学校发展愿景，制定学校融合教育发展政策，建立平等、合作、接纳的校园文化环境，鼓励所有教职员工参与并共同承担教育有特殊教育需要学生的责任，并促进家长和教师的合作。[①] 全校参与模式的特色为全校共识、课程调适、教学调适、朋辈支援、教师协作、课堂管理、评估调适。该模式提倡采用"三层支援模式"，因学生不同的需要提供适切的支援。而英国的《融合教育指南》详细阐述了实施融合教育的具体步骤，以此推动普通学校逐步实现向融合教育学校转变。第一步是建立融合教育学校文化，强调学校内所有的教师、学生、行政管理人员、其他员工、家长都具有融合教育的价值观。第二步是制定全校范围内实施的融合教育政策。其目的是通过制定政策，将融合教育的理念贯彻给学校所有相关人员，使其成为学校发展的核心。第三步是开展融合教育的实践。即主要通过教学、非教学活动等将融合教育的理念落实。

可见，教学既是学校工作的核心，同时也是学校变革的重要阵地。教学走向更加融合的方向，牵一发而动全身，将带动与之相关的制度、人员、环境、资源的变化、重组，进而促成学校的不断变革，实现从普通学校向融合教育学校的不断迈进。

第三节
融合教育教学的发展趋势

融合教育教学是实现融合教育的核心理念的重要途径，是在融合教育课程意识、课程思想下的教学。与普通教育教学相比，它本身更强调关注学生，满足学生的个别化需要等。随着融合教育理论和实践的发展，融合教育教学也在不断吸收新的理念和技术，呈现出如下的发展趋势。

一、教学方法的多样化

融合教育的教学旨在为包括特殊学生在内的每一个学生提供满足其需要的教学。

---

① 雷江华、连明刚：《香港"全校参与"的融合教育模式》，载《现代特殊教育》，2006 年第 12 期。

但是，在融合教育背景下，越来越多的特殊学生进入普通班级。以我国为例，开展随班就读实验以来，我国融合教育的对象主要有视力障碍、听力障碍和智力障碍 3 类。目前在一些融合教育比较发达的城市已经扩大到 6～9 类，如自闭症谱系障碍、学习障碍、言语语言障碍、注意力缺陷多动障碍等。[①] 可想而知，普通教室中增加 2～3 名类型各异的特殊儿童，将大大增加教室内学生间的差异。与此同时意味着学生的需求、学习能力、学习风格间的差异也增加了。这将会直接影响教师固有的、传统的教学，助推教师不得不走出"舒适区"，为多样化的学生提供多样化的教学。多样并不一定意味着特殊学生与普通学生的不同，而是教师能够提供给学生适合的、弹性的教学。

多样化可以体现在很多方面，就教学的要素来讲，教学目标、教学内容、教学环境、教学评价等。教师可以根据特殊学生需求，为其提供调整了的、多样化的教学。如调整教室环境，教师可以通过提高教室环境的结构化程度，调整特殊学生座位，帮助其提高课堂中的注意力水平并能够增加其他教师对学生的关注。调整对学生的评价内容和方式等，教师可以采用诸如以课程为基础的评估、真实性评价等方式，允许特殊学生单独测试并在测试中使用必要的辅具，也可为特殊学生适当延长考试时间或者分段考试等。教学目标方面，教师可根据学生的学习能力，适当降低教学目标和难度，如减少识字量，以常用字词为主，使用计算器完成乘除运算等。教学内容方面，教师可以为特殊学生重组教学内容，调换教学内容前后顺序，减少复杂晦涩的内容等。另外，教师还可从学生的角度，如根据学生的类型、学生的学习能力和学习风格上存在的差异，为其提供适合的学习策略，培养其适当的学习行为。如阅读策略，教师可以为学生提供附有图片、句子重点、关键字词的阅读材料，帮助学生理解材料的内容并学习如何快速掌握材料大意。教师的手中掌握着教学的千变万化，随时进行不同类型、不同程度、不同范围、不同方式的各种搭配和组合，而不用拘泥于一种统一的、整齐划一的教学。教师能够为学生提供的教学越多样化，教学越具有弹性和灵活性，越能满足班级中不同的学生的需求，有助于提高融合教育的教学质量。

二、技术支持日趋完善

科学技术的发展和支持将为融合教育的发展提供更大的空间和可能性。甚至有研究者指出没有技术的支持，融合教育很难实现。[②] 在融合教育教学实施过程中，教师可以借助科学技术，数字音像技术、多媒体和网络技术、虚拟仿真技术等现代教育技术

---

① 张朝、于宗富、方俊明：《中美特殊儿童融合教育实施状况的比较研究》，载《比较教育研究》，2013 年第 11 期。

② 李瑞芬：《计算机辅助技术在自闭症儿童融合教育中的应用研究》，载《计算机光盘软件与应用》，2015 年第 1 期。

为特殊学生提供符合其需求的支持，这里以学习通用设计和计算机辅助教学为例进行说明。

1. 学习通用设计

学习通用设计是由美国特殊技术应用中心（Center for Applied Special Technology，CAST）根据建筑学中的通用设计理念开发的课程设计新模式。它将数字媒体技术渗透于课程目标、方法、材料和评估等各个要素设计之中，通过提供多样化的内容呈现、表达与参与方式，从教和学两个方面出发增强课程的灵活性和适应性，向学生提供适宜的符合其需要的支持。[1] UDL 倡导的技术支持可以应用多元化的呈现方式，可以为教师教学提供更大的空间，从而减少对教学目标、教学内容等要素的调整。因为若为一个或几个学生设置单独的或不同的教学目标可能导致他们在教室中的隔离。UDL 可以帮助教师改编课程材料，修改课程内容和呈现方式以及学生的回应方式。[2] 例如，使用文本、图形、图片等不同方式呈现材料，使用可以改变字体大小或颜色的数字化文本，使用基于音频或视频的数字和多媒体信息传递机制等。随着计算机技术、多媒体技术等的迅速发展，将会有更多样、更人性化、更经济实用便捷的技术为特殊学生提供支持。

2. 计算机辅助教学

计算机多媒体辅助技术集声音、图像、文字、动画等信息于一体，画面形象丰富、直观性强，能调动多种感官共同参与，已逐渐成为教学改革中优化的辅助教学手段之一。[3] 而计算机辅助教学（computer assisted instruction）主要指使用台式计算机或笔记本电脑或使用计算机软件程序在课堂环境中实施的，代替学业、行为社交等技能的直接教学，它在自闭症谱系障碍、学习障碍学生的教学中发挥着重要的作用。在融合教育环境中，教师可以运用计算机为学生提供丰富的感官刺激，吸引他们的注意力。这将有助于教师为学生提供直接教学，便于学生理解教学内容，参与教学活动，减少问题行为等。

三、教学注重团队合作

"参与"与"合作"是融合教育最基本的原则和实践方式，也是社会融合与公正目标

---

[1] 邓猛：《融合教育理论反思与本土化探索》，117 页，北京，北京大学出版社，2014。

[2] Wehmeyer M. L., Lattin D. L., Lapprincker G., et al, "Access to the General Curriculum of Middle School Students with Mental Retardation: An Observational Study," in *Remedial and Special Education*, 2003, 24 (5), pp. 262-272.

[3] 李瑞芬：《计算机辅助技术在自闭症儿童融合教育中的应用研究》，载《计算机光盘软件与应用》，2015 年第 1 期。

实现的重要指标。① 团队是指为了实现某一目标，由两个或两个以上具有互补专业技能的个体所组成的正式群体。② 融合教育的教学团队，则是在融合教育的背景下为特殊学生和其他有特殊教育需要的学生提供公平的、高质量的教学，由普通教育教师、特殊教育教师和其他辅助人员组成的团队。在融合教育的潮流中，普通教育教师面临更多特殊需求学生的问题与挑战，许多学者认为普教教师可透过与特教教师及其他专业人员的合作和协同教学，满足学生的特殊需求。③ 如 Brewer 提出成功的融合教育需要特殊班教师与普通班教师的合作以提供障碍学生支持。④ 不仅仅是普通教育教师和特殊教育教师，Walther-Thomas 更是指出成功的融合教育必须通过全校合作方能实现。研究表明融合教育只有在学校和教师得到足够的人力和物质资源的情况下才有可能获得成功。教师需要开启多元化的合作机制，面对不同的个案，发挥专业判断与处理能力，为特殊学生营造最少限制的学习环境。⑤⑥ 除了融合学校内部教职员工和管理者之外，同伴、家长、志愿者、社会工作者、医生、职业治疗师、行政管理者等也逐渐被纳入融合教育的团队之中。

　　融合教育的教学则集中体现了团队协作的必要性和重要作用。融合教育倡导因个别学生的需要进行教学调整。从教学调整的计划到实施，再通过评估对教学调整计划的修正，这项工作仅仅由普通班级某一教师的努力显然是无法高质量完成的。教师需要与特殊教育教师、其他学科的教师进行合作，共同完成对学生的教学和教学调整。邱上真指出若要在不变动原来课程的框架与内容下进行课程调整，需要配合资源教室方案、咨询教师或其他支援系统的提供则效果较好。⑦ 无论是普通教师还是特殊教育教师都是教学的直接执行者，而管理者等则是整个学校融合氛围的创造者，为教师的教学提供空间和支持。教学主要发生在课堂中，但是课堂之外教师可以与家长合作持续地为学生提供个别化的、有针对性的、一对一的指导。如教师可以就教学内容的理解和迁移，与家长共同设计课前和课后的活动并由家长执行，教师进行指导和评价。课前家长可以与学生一起观看与所教内容有关的视频，帮助学生获得背景知识；课后家长将课堂所教内容与学生的日常生活结合，如带学生去超市购物后找零，找公交站牌，为全家按照要求分蛋糕和水果等活动，帮助学生将课堂所学迁移，这样既利于其巩固复习，又利于将所学转化成实际解决问题的能力，增加学生的学习乐趣和学习兴趣。

① 邓猛：《融合教育理论反思与本土化探索》，11 页，北京，北京大学出版社，2014。
② 宋源：《团队合作行为影响因素研究》，载《理论界》，2009 年第 6 期。
③ 黄志雄：《特教教师与普教教师的合作与协同教学》，载《特教论坛》，2006 年第 1 期。
④ 苏文利、卢台华：《利用自然支持进行融合式班级合作咨询模式之行动研究》，载《特殊教育研究学刊》，1996 年第 30 期。
⑤ 王雁、朱楠：《中国特殊教育教师发展报告》，252 页，北京，北京师范大学出版社，2015。
⑥ 黄志雄：《特教教师与普教教师的合作与协同教学》，载《特教论坛》，2006 年第 1 期。
⑦ 邱上真：《特殊教育导论：带好班上每位学生(第二版)》，台北，心理出版社，2004。

四、从"他们"到"我们"

融合教育是在 20 世纪五六十年代为残障学生争取与普通学生一起接受平等的受教育权的初衷下发展而来的。1994 年 6 月"世界特殊需要教育大会"通过的《萨拉曼卡宣言》和《特殊需要教育行动纲领》，将融合教育推向了全世界，使其成为全球教育领域改革的热点话题之一。融合教育的内涵也在随之不断扩大，从理论研究到教育实践领域，它都已经突破了特殊教育领域，同时带动了普通教育学校的变革。在其所涵盖和服务的学生类型上，它也早已不再局限于残障学生，而是关注由各种原因，如宗教、民族、伦理、性别、语言、政治、经济所造成的所有处境不利的学生、被边缘化的学生，以及少数族裔、难民、孤儿以及所有有特殊教育需要的学生。融合教育的支持者们提出了"无区别主义"，反映在教学上就是主张所有的儿童都一起在普通教室内上课，他们并不特殊，他们只是需要一些额外的帮助。而重要的是，这些额外的帮助并不只是这些特殊儿童所特有的，额外的帮助几乎是所有儿童都需要的。①

与之相关的，特殊教育的范式发生了从实证主义/经验主义向建构主义/解释主义的转换。原来实证主义/经验主义范式下，受到"功能有限模式"的影响，传统的特殊教育强调运用有效的教学方法来适应各种类型残疾学生的需要。② 这种模式下，学生遇到困难的原因在于自身，解决的办法是纠正或者战胜不足。但是在建构主义/解释主义下认为残疾和学生存在的特殊教育需要是现行教育、学校体制的缺陷导致的。这样，对于特殊学生个体的关注拓展到了对于其他学生的关注，对于学生组成的集体的关注。所以，融合教育的教学并不是为了特殊学生考虑的教学，而是为了所有学生，包括特殊学生的发展而开展的教学。任何有特殊教育需要的学生，在教学中需要额外帮助的学生都应得到教师的关注和支持。而普通教育课堂也发生着变化，即由"整齐划一的同步教学"向"以学习者为中心的教学"转变，由"适教的课堂"向"适学的课堂"转变，而且这一新型的课堂已经成为学校课堂的主流。③ 可以看到，普通教育中学生及学生的需要成为课堂教学的依据和中心，恰与融合教育中对所有学生需要的关注殊途同归。融合教育将逐步突破特殊教育领域，推动整个普通教育的变革。而融合教育的教学也将从满足特殊学生的需要扩展到满足所有有特殊教育需要的学生的需要的教学，即从关注特殊的"他们"转变为关切每一个"我们"，真正实现公平的、高质量的教育。

① 邓猛：《融合教育理论反思与本土化探索》，33 页，北京，北京大学出版社，2014。
② 黄志成：《全纳教育——关注所有学生的学习和参与》，63 页，上海，上海教育出版社，2004。
③ 王鉴、王明娣：《课堂教学范式变革：从"适教课堂"到"适学课堂"》，载《山西大学学报（哲学社会科学版）》，2016 年第 39 期。

五、关注学生终身发展

在近期国际教育思潮的发展过程中较为突出的有三大思潮：终身教育、全民教育、全纳教育（这里不对全纳教育和融合教育的概念进行区分，将其等同）。终身教育思想不仅从生命的长度——人的一生——这个思维强调人不断受教育、不断学习的重要性，而且从生命的广度和深度强调教育发生在生活的各个场所，同时，教育也是为了生命潜能的充分发展（包括身体的、认知的、情感的、技能的等各方面的发展）。[①] 固然终身发展不等于终身教育，但其理念也值得借鉴。即融合教育教学着眼于学生的终身发展，充分考虑对其生命潜能的发掘和发展，帮助学生融入社会，实现生命价值。

融合教育的初衷是为了追求受教育权的公平，争取在主流的教育体系中接受教育的机会。目前为止，多数研究者认为，在融合教育的环境中残疾学生的学业发展并不比隔离环境好。而融合教育的支持者也承认，他们提倡融合教育的主要目的并不在于促进学生学业发展，而是基于所有儿童享有平等的教育权方面的考虑。[②] 但在学生的社会性发展方面，研究者得到了共识。因为融合教育为特殊学生提供了与普通学生交往、得到接纳的机会，使学生在人际交往、自我概念、合作意识等多方面均有一定的改善。在这一点上，无论是特殊学生还是普通学生均有所获益。所以，尽管融合教育从被提出就一直受到各种质疑，但在促进学生社会性发展方面的优势也受到越来越多的研究者和实践者的推崇。从这个角度来讲，融合教育不仅仅局限于通过教学增加学生的学科知识，提高学生的学业成绩，促进学生的学业发展；同时它也致力于着眼学生的未来发展，意在促进学生将来融入社区、融入社会，实现自身全面发展，享有高质量的生活。未来的学校应该在功能上有新的转变，而不能以纯粹的"精英主义"为指导，否则培养出来的学生将不适应未来社会的竞争和发展的需要。所以，融合教育的教学将不再只是致力于学科知识的学习，提高学生的成绩，更加关注他们综合素质的提高。以与人合作的能力为例，无论对普通学生还是特殊学生未来的发展都非常重要。尽管它并不一定是显性的教学目标，但在教学实施过程中，师师合作、生生合作、师生合作等多种合作形式的运用，将一定程度上培养学生的合作意识，提高学生处理竞争与合作间的关系，掌握与人合作的规则和技能。所以，这就要求教师在教学中不仅仅需要关注实现课程目标，完成教学任务，还需要注意对学生进行引导，帮助学生乐于合作、学会合作、善于合作，在合作中成长。

---

① 黄志成：《全纳教育——关注所有学生的学习和参与》，141 页，上海，上海教育出版社，2004。
② 邓猛：《融合教育理论反思与本土化探索》，87 页，北京，北京大学出版社，2014。

六、高质量的"教"与"学"

　　融合教育以后现代主义、建构主义为哲学基础，其核心价值观念就是平等、尊重差异、多元，保证特殊学生与普通学生一起平等地接受"免费且适当"的教育。融合教育追求高效率和高质量，最终实现个人尊严与社会公正的目标。[①] 所以，融合教育本身已经包含了为所有学生，当然包括特殊学生提供高质量教育的内在要求。融合教育发展至今，它的重要性和必要性已经毋庸置疑。当越来越多的特殊学生进入普通班级和普通学校的时候，学校和教师如何能够让特殊儿童坐得住、留得下、学得好，获得高质量的教育将成为未来特殊教育、融合教育、普通教育共同关注和继续探索的问题，也是融合教育从理想变为现实的关键所在。

　　很显然，特殊学生仅仅只是出现在普通课堂中已经远远不够了，还必须考虑提供支持和必要的补充去帮助他们参与和在课程中取得进步。[②] 在融合教育的教学情境下为所有学生提供有意义、高质量的教学是融合教育的重中之重。[③] 而与融合教学相关的是融合教育的课程，两个问题相互关联，缺一不可。融合课程关系到特殊学生在普通学校中要"学什么"的问题，而教学则关系到"如何教"的问题。融合教育课程是普通学校为满足所有学生不同学习需求、学习风格以及文化背景等多方面的差异而设计的弹性的(Flexible)、相关的(Relevant)和可调整的(Adjustable)的综合课程体系。[④] 一直以来，研究者也在提倡在普通教育课程的基础上对课程进行不同程度地调整，以满足教学中多样的需求。在融合教育课程理念下的教学，将更紧密的与课程结合，二者共同指向如何为学生提供多样化的、高质量的、优质的教学。例如，目前颇受推崇的合作教学、差异教学、个别化教学等教学策略以及干预反应教学模式等，将来的研究和实践方向是如何将这些被验证有效的教学范式和方法真正地在融合教育课堂实施。当然，除了教学理论和教学实践本身的研究之外，如何培养能够担此重任的融合教育教师，如何为教师的教学提供支持，如何创建班级、学校、社区、社会的融合文化和氛围等问题，亟待解决。无论如何，融合教育的教学最终将在不断求索中迈向更加优质、高效。

---

① 邓猛：《融合教育与随班就读：理想与现实之间》，245 页，武汉，华中师范大学出版社，2009。
② Pugach Marleen C., Warger Cynthia L., "Curriculum Matters: Raising Expectations for Students with Disabilities,"in *Remedial and Special Education*, 2001, 22(4), pp. 194-196.
③ 邓猛：《融合教育理论反思与本土化探索》，81 页，北京，北京大学出版社，2014。
④ 赵勇帅、邓猛：《西方融合教育课程设计与实施及对我国的启示》，载《中国特殊教育》，2015 年第 3 期。

第四节
合作教学

一、合作教学的内涵

合作教学(Cooperative Instruction)是 20 世纪 60 年代以来才出现的一种新的教学形式。顾名思义,合作教学强调"合作"。在融合教育领域之外,合作教学还有更为广泛的含义。如我国学者王坦认为现代合作教学的研究可以按照"合作"双方主体的不同分成三类。第一类是学生与学生之间的合作性互动,是一种生生互动。也正因为生生互动的活动特征,此类合作教学可以被称为合作学习。因为起步相对较早而且得到了众多研究者的关注,该领域的研究成果丰富,是合作教学研究中相对成熟的领域。第二类是学生与教师之间的合作,是一种师生互动。尽管师生天然地存在于教学活动中,但真正关注到二者之间的合作还是 1986 年苏联教育家提出的"合作教育学"。除此之外,还有如"交往教学论"也在强调教学中的师生互动。随着学生主体地位和教师主导地位的明确,该领域的研究陆续增多,逐渐受到研究者的重视。第三类是教师之间的合作,是一种师师互动。它提倡的是两名或者多名教师在课堂上协作,相互支持和帮助,共同完成教学任务。而师师互动,正是融合教育领域研究的重要课题。本节中以下部分所提及的合作教学也特指该类合作教学。

合作教学是指两名或两名以上的教育者在同一教学空间环境中向多样的或混合的、不同组的异质的学生提供实质性教学。[①] 从定义中可以看到,合作教学强调以下四点。一是教师的数量,即课堂上需要同时有两名或者两名以上获得资格认证的教师出现。这里尤其强调了教师要"获得资格认证",为的是要保障教师的质量,使不同的学生能够享受到同等质量水平的教育。[②] 二是教师的类型。融合教育背景下,越来越多的特殊学生进入普通班级,与普通学生一起参与教学,教室内学生间的差异进一步扩大并外显。普通教师需要在短短的一堂课中,考虑满足不同学生的需要并且完成教学任务。显然,这给普通教师固有知识、技能及其应遵循的职责和该扮演的角色带来了巨大挑战。因而,美国教育界的专家们尝试让普通教师和特殊教育教师共同授课,以满足包

---

① 邓猛:《融合教育理论反思与本土化探索》,136 页,北京,北京大学出版社,2014。
② 李瑞娇:《全纳教育视域下合作教学理论微探》,载《教学研究》,2017 年第 2 期。

含特殊教育学生的课堂需要。[①] 合作教学应运而生，成为教师满足异质的、多样化学生学习需要的重要教学策略。与普通教育教师合作的可以是特殊教育教师、特教助理教师、资源教师及其他的特殊教育相关专业人员，如言语治疗师、物理治疗师等。其中，特教助理教师是指在融合教育班级中对有特殊教育需要的学生在教育教学上给予直接支持的专业人员。但融合教育合作教学策略中主要强调的是特殊教育教师这一类别。不同类型的教师既需要各司其职，发挥不同的专业优势，也需要相互支持，共同承担责任。当然，参与合作的也可以是其他普通教师。三是强调实质性的教学，这也是合作教学与其他类型教师合作的重要差别。这意味着普通教育教师和特殊教育教师等对课堂教学活动的全面、共同参与，二者都是课堂教学的主导者。也就是说教师仅仅出现在课堂上是不够的，"合而不作"不是真正的合作教学。教师需要有意义地参与课堂教学活动，为特殊学生、普通学生提供有针对性的教学。四是同处一个教学空间，即特殊学生与普通学生同处一个教室上课，强调物理空间上的融合。当然，也不排斥为了达到对特殊学生或者普通学生有针对性的教学的目标可以在需要的时候将学生分开，在不同的空间开展教学活动。五是教室里的学生是异质的。这种天然的异质性意味着班级中教学资源的丰富和多元，也不断验证着合作教学存在的必要性。异质性可以表现在各个方面，如经济文化背景、家庭环境、智力、学习风格、人际交往能力等。

二、合作教学的意义

合作教学起源于"回归主流"，并随着融合教育的发展而备受关注。融合教育是在批判和反思回归主流的基础上发展起来的，是要彻底告别二元分割的教育体系，使特殊教育与普通教育、特殊学生与普通学生真正合二为一。除此之外，更希冀能够通过教育的融合推动社区、社会的融合，向更包容、更多元的方向发展。而合作既是融合教育最基本的原则和实践方式，也是社会融合与公正目标实现的重要指标。[②] 合作可谓天然存在于融合教育的基因中，助其成长。20 世纪 80 年代末，合作教学已经成为备受特殊教育教师瞩目的、能满足将特殊教育学生融入主流课堂的教学方式。[③] 以下将从合作教学对教师、学生发展的重要性方面进一步说明合作教学在融合教育中的重要性。

[①] Waters F. H. , Burcroff T. L. , "Collaborative Teaching at the University Level：Practicing What is Preached," in *Teacher Educator*，2007，42(4)，pp. 304-315.

[②] 邓猛：《融合教育理论反思与本土化探索》，11 页，北京，北京大学出版社，2014。

[③] Cook L. , Friend M. , "Co-Teaching：Guidelines for Creating Effective Practices," in *Focus on Exceptional Children*，1995，28(3)，pp. 1-16.

(一)合作教学促进教师专业发展

合作教学产生于普通班级学生差异扩大带给普通教师的挑战之中。毋庸置疑，它的出现将会一定程度上减轻教师"孤军奋战"带来的焦虑和压力，可以将其理解为教师从合作者那里获得的情感支持。一位美国缅因州的教师谈及合作教学时说道："与他人合作的日子里，我感到被认可、安全和快乐，创造出比我自己的小课堂更了不起的杰作。我觉得教师肩负的重担与责任在与他人分担的过程中减轻了。在教育中，没有合作我不会成功。"[①]合作教学要求普通教育教师与特殊教育教师等共同为融合班级中的学生提供教学服务。除了在课堂这一主要场域之外，教师还需要合作完成教学计划的拟订、教学评价与教后反思等一系列的相关工作。特殊教育教师等合作者的加入，在各个环节为普通教师提供专业支持，并与之共担责任，这将大大减轻特殊学生进入普通班级带给普通教师的教学压力。从这个角度来讲，教师是合作教学的直接受益者。

研究者认为教师合作是教师专业发展的重要向度，教师的专业发展离不开教师间的合作，[②]可以理解为教师从合作者那里获得了专业支持。因为与学生一样，教师之间在知识结构、智力水平、思维方式、认知风格等方面也存在巨大的差异，即使是教授同一课题的教师，在教学内容处理、教学方法选择、教学整体设计等方面的差异也是非常明显的。[③]通过在教学不同环节中的深度合作，教师之间可以对同一个班级就同一内容进行沟通。通过这种沟通可以相互学习、相互启发，碰撞出思想的火花，促进教师在专业理念、专业知识和专业技能方面的发展，这是教师间相互学习、共同成长的良好契机。除此之外，饶从满等认为合作可以提升教师的反思能力。因为教师个人的独立反思可能会由于视野的局限而出现偏差，而且也会由于视野有限而难以走向深入。合作者间通过听课、观摩、讨论、交流等合作形式扮演形成评价的角色，有助于减少教师独立反思的偏差，促使教师个体的反思走向深化。[④]对参与合作的普通教师和特教教师来说，"同上一课"既增加了相互学习的机会，也增加了相互评价的机会，将从另一方面促进参与者专业能力的发展。

(二)合作教学促进学生发展

1. 合作教学培养学生的合作意识

首先，教师间为了实现共同的教学任务采用合作的方式而不是"单打独斗"，这种选择对于学生来讲是一种示范。过去的教育过分强调和培养学生的竞争意识，而忽视

① 李瑞娇：《全纳教育视域下合作教学理论微探》，载《教学研究》，2017年第2期。
② 崔允漷、郑东辉：《论指向专业发展的教师合作》，载《教育研究》，2008年第6期。
③ 李春华：《合作教学操作全手册》，13页，南京，江苏教育出版社，2010。
④ 饶从满、张贵新：《教师合作：教师发展的一个重要路径》，载《教师教育研究》，2007年第19期。

了合作意识与技能的培养，这会养成学生片面的竞争意识和与之相伴的利己行为，不利于学生健康发展和融入社会。[①] 无论从哲学层面还是社会学层面，人类与人类社会的存在与发展都依赖于合作。而教师间的合作将非常直观地为班级中所有学生示范什么是合作、如何合作。这无疑将有助于形成班级中的合作氛围，培养学生与人合作的意识和能力。另外，在此基础上教师也可利用班级中丰富的教学资源，实施合作学习，促使学生在学习中相互帮助，树立正确的合作观和竞争观。

2. 合作教学满足学生不同的教育需要

合作教学本就为解决融合教育背景下班级中差异不断扩大的困境而出现，自然它将有助于满足学生的不同教育需要。班级中只有一位教师的时候，教师往往很难既照顾特殊学生又顾及每一个普通学生，总有学生会在某些教学环节中的特殊教育需要被忽视。而合作教学通过增加一位教师而显著地提高班级中的师生比，大约为 2∶25。[②] 这样的师生比使教师的精力不再捉襟见肘，会增加对所有学生的注意力，学生被忽视的情况也会相应降低。不论是特殊学生还是普通学生都将得到更多的关注和帮助，学习效果合最大化。而且，两位教师的共同教学可以提升课堂教学的多样性。如教师可以合作开展更灵活、更丰富的教学活动，为学生提供更有弹性、更多样的教学内容和呈现方式，采取更多变、更有针对性的教学组织形式等。教学越是呈现这种多样性、层次性，将越有助于学生参与教学，并在教学中"学有所得"。另外，合作教学也有助于教师强化课堂管理，保证教师有更多时间和精力针对学生的学习能力和特点进行有针对性的、个别化的教学。特殊学生由于其自身存在的与普通学生间的差异，可能会影响到其在学习方面的表现，需要教师为其制订个别化的教育计划。融合教育背景下，个别化教育计划的落实是在普通班级中实现的。合作教学中特殊教育教师的加入将为特殊学生提供这种针对性的教学，不仅能够帮助其参与集体教学活动，也将有助于其实现个别化的发展目标。

三、合作教学的实施

Villa 和 Thousand 等提出合作教学中教师相互合作必须具备五个要素，分别是教师之间相互协调去完成至少一个已经达成一致意见的目标；相信合作教学成员都有自己独特且是这个团队需要的技能和知识；教师在多个角色中进行转换，他们可以作为教师、学生、专业人士、新手、知识或技能的传递者，知识或技能的学习者；分担领导角色，即将传统的由一个教师完成的任务分配给所有的合作教学成员；合作方式包

[①] 李春华：《合作教学操作全手册》，13 页，南京，江苏教育出版社，2010。

[②] 李瑞娇：《全纳教育视域下合作教学理论微探》，载《教学研究》，2017 年第 2 期。

括面对面交流，观察和学习彼此间的交流技能，体验个体责任感。① 这是合作教学实施的基础，但是合作教学能否成功实施，关键还是要看合作教师之间能否相互信任、相互支持，共同面对挑战，分享经验，交流信息，真正建立起协作的工作关系。1995 年，Cook 和 Friend 提出了合作教学的五种模式，② 后续有研究又在此基础上进行了扩充。

1. 一个教、一个帮模式（One teaching，One assisting）

有一位教师负责全班教学，另一位教师作为助理。助理教师随时观察学生，可以来回走动巡视整个教室，在不阻碍教学正常进行的前提下为需要帮助的学生提供指导。具体的，如指导学生学习，参加学生的管理，教学活动的安排等工作。这种方式在一定程度上能够减轻特殊教育教师一直坐在特殊学生身边带来的负面影响，如标签效应、心理压力、过度依赖、注意力分散等。当然，教师提供的指导是面向全体学生的，观察到学生需要额外的帮助即提供帮助。这就要求助理教师不仅能够掌握班级中所有学生参与教学的能力和状况，还要能够与学生达成信任关系并具有足够细致的观察能力，发现学生的需要。这种模式也容易产生一些问题，如主教老师和学生质疑助教的权威性，助教对自己的角色和功能产生困惑等。为了解决这一问题，可以通过两位教师互换角色，并根据教学内容和教学需要，与其他类型合作模式结合使用，让教师的角色变得更加丰富和灵活。③

2. 教学站模式（Station teaching）

教师根据学生的学习能力或者学习兴趣将全班分成两个或者两个以上的小组，一个小组即为一个站点（station），合作教师每人负责一个站点的教学，且每个站点的教学内容是相互独立的。④ 教师完成一个站点的教学后再转入另一个教学站教授同样的内容，而两个小组的学生则都获得了完整的教学内容和过程。如果学生独立学习的意识和能力较强，教师可以考虑安排第三个工作站，这部分的学生独立学习或者进行小组活动。这种模式不存在第一种模式中的弊端，可以减少教师单位时间内需要关注的学生数量，进而降低师生比。但它对教师合作的内容、规则、水平，对教室环境的创设等都有较高要求，教师间"无缝衔接"才能为学生提供完整的、系统的教学。

3. 平行教学（Parallel teaching）

根据学生不同的学习兴趣和学习风格，配以相应的教学风格，两位教师分别进行分组合作教学的一种形式。⑤ 同理，它也可以降低师生比，经常被用于练习环节和课

---

① 律晓鑫、龙琪：《美国合作教学模式的背景、要素及框架》，载《全球教育展望》，2015 年第 44 期。

② Cook L.，Friend M.，"Co-teaching：Guidelines for Creating Effective Practices," in *Focus on Exceptional Children*，1995，28(3)，pp.1-16.

③ 邓猛：《融合教育实践指南》，102 页，北京，北京大学出版社，2016。

④ 李瑞娇：《全纳教育视域下合作教学理论微探》，载《教学研究》，2017 年第 2 期。

⑤ 邓猛：《融合教育实践指南》，104 页，北京，北京大学出版社，2016。

时、实践课、需要教师严格监督的环节和课程。教师可以根据特殊学生在某一课程中的优势或者教育需要，将其安置在适合的小组中，给学生提供了更多样化的选择。学生也可以按照自己的兴趣、习惯等自主选择参与不同的小组。这种模式中学生看似相互平行分立，实则共同完成任务，[1] 可以充分地讨论、共享。

4. 替代教学（Alternative teaching）

一位教师负责小组（通常有 3～8 名学生）的教学，另一位教师负责大组的教学。之所以让一位教师专门教授小部分的几个学生，是因为他们可能跟不上（不满足）全班大多数学生的学习进度或要求，也可能是因为他们有其他的特殊需要。[2] 如需要增加、减少、替换某些教学目标、教学内容或者需要开展完全不同的教学活动。该模式与其他模式的最大不同之处在于尽管物理空间上两组同学并未隔离，但在教学目标、教学内容等方面大有不同。若特殊学生经常被安排在小部分的小组，容易挫伤他的自信心并降低自我期望值。所以，需要不断丰富小组的功能和目标，使每个学生都有机会进入不同目标的小组学习。[3]

5. 集体教学（Team teaching）

也有研究者认为协同教学法或者团队方法，是指两位教师共同分享课堂教学的领导权，平等参与教学活动，彼此不分主次地相互配合，同时开展教学活动的合作教学形式。[4] 所以，两位教师是同时站在讲台上，一位教师讲解，另一位则负责对相应的内容进行适当地补充、强调、复述、解释、示范、提问等，力图共同完成同一个教学任务，且有助于活跃课堂气氛，增强教学活动的灵活性和师生互动。这就要求两位教师提前进行详细的计划、分工、协作，并对各自所要教授的内容了然于心，对各自的角色和任务有较好的认知。可想而知，这种模式也对两位教师的合作意识、合作能力、默契程度、教学智慧等都提出了更高的要求。

---

① 盛永进：《随班就读合作教学的几种形式》，载《现代特殊教育》，2013 年第 11 期。
② 同上。
③ 邓猛：《融合教育理论反思与本土化探索》，141 页，北京，北京大学出版社，2014。
④ 盛永进：《随班就读合作教学的几种形式》，载《现代特殊教育》，2013 年第 11 期。

第五节
差异教学

一、差异教学的内涵

(一)融合教育与差异教学

差异教学(Differentiated instruction)是指在班集体教学中立足学生差异,满足学生个别的需要,以促进学生在原有基础上得到充分发展的教学。[①] 它的理论假设是学生是天然存在差异的群体,在生理发展、心理发展等各个方面都存在着个体差异。即便是相同生理年龄的同班级学生间也因为存在差异进而影响到教师的教学活动。即学生在获取知识、理解所学内容并将知识内化等方面均存在着依据学生自身基础和状态做出多种选择的现象,这种差异必然要求教师为他们提供适合的教学。所以,差异教学不仅要承认差异,更重要的是尊重差异和照顾差异。差异教学的思想由来已久,散见于各种教学理论和课程理论及其实践中。研究者推断所有的课程理论、教学理论都在一定程度上涉猎了个性差异和因材施教的问题。[②] 但直到1961年Ward在论述超常儿童教育时,首次提出了"差异教学"的概念,并提出根据差异化的原则设计超常儿童的课程,尽可能激发学生多方面的思维和能力。[③]

"差异教学"是一种重要的教学理念,其核心思想是将学生个别差异视为教学的组成要素,教学从学生不同的准备水平、兴趣和风格出发来设计差异化的教学内容、过程与结果,最终促进所有学生在原有水平上得到应有的发展。[④] 实施差异教学意指教师改变教学的速度、水平或类型,以适应学习者的需要、学习风格或兴趣。[⑤] 为了促进每一个学生的充分发展,差异教学把学生差异看作教学资源,并将其列入教学的组成部分,照顾差异,利用差异,而不是把它当作教学负担。[⑥] 差异教学突出强调以下三点:

---

① 华国栋:《差异教学论》,24页,北京,教育科学出版社,2001。
② 姜智、华国栋:《"差异教学"实质刍议》,载《中国教育学刊》,2004年第4期。
③ 邓猛:《融合教育理论反思与本土化探索》,142页,北京,北京大学出版社,2014。
④ Carol Ann Tomlinson:《多元能力课堂中的差异教学》,刘颂译,北京,中国轻工业出版社,2003。
⑤ DianeHeacox:《差异教学——帮助每个学生获得成功》,杨希洁译,北京,中国轻工业出版社,2002。
⑥ Carol Ann Tomlinson,Susan Demirsky Allan:《差异教学的学校领导管理》,杨清译,北京,中国轻工业出版社,2005。

为了差异发展、从差异出发、开展有差异的教学。[①] 为了差异发展是指差异教学倡导促进学生个性化发展，差异发展是人的共同性发展与独特性发展的统一、人的社会化发展与个性化发展的统一、人的适应性发展与超越性发展的统一。从差异出发即差异教学的前提，学生间天然存在差异，而这种丰富的个体差异是一种巨大的可供利用的教育资源，可以增加课堂教学的生机和活力，丰富学生的经验，拓展学生的视野，实现差异共享。开展有差异的教学，则要求教师正视差异，利用差异，设计并组织有弹性的教学活动，让学生在自主选择、差异共享中实现个体的差异发展。可见，差异教学与融合教育有共同的价值取向和教育理念。

在融合教育背景下，差异教学就是教师要对作为个体的学生的差异做出灵活性反应，通过多渠道、多路径的课程与教学调整来为不同能力层次的学生和其他有特殊需要的学生提供更高程度的课程准入与教学融合，塑造个性化的学生，最大程度地实现他们的潜力。简而言之，差异教学就是教师所做的关于教学各方面的差异化调整以适应融合课堂中学生多样化的过程。[②] 随着融合教育发展，学生间差异不断扩大和外显，差异教学越来越受到研究者和实践者的关注，成为融合教育中的有效教学方式。差异教学的理念也扩展到了课程设计、教材开发和教学环境设计等多个领域，服务于各种不同类型的有特殊教育需要学生的教学。

(二)差异教学的理论基础

差异教学的产生有一定的哲学、心理学、教育学理论基础。如姜智运用哲学层面的环境制约原理、不确定性原理、系统原理探讨差异教学的形成与发展、教学目标、教学内容、教学过程、教学方法、教学活动管理等问题，揭示了差异教学的深刻的哲学渊源。[③] 王辉认为，差异教学在心理学方面结合了英美有关学习是心理要素的联想观点和欧洲大陆完形心理学和动力心理学的观点，立足于皮亚杰的个性差异理论，在教育学方面则依据掌握学习理论和继续进步理论。[④] 但就其理论基础而言，差异教学得益于20世纪加德纳的多元智能说和布鲁姆的目标分类学。

尽管在今天看来加德纳和他的多元智能理论已经为人们熟知，似乎并没有什么新鲜的了。但是在1983年多元智能理论第一次出现在他出版的《智力的结构》一书中时，是极具开创性和颠覆性的。他的理论假设是人类的潜能中还包含着视觉空间、音乐、运动、人际和自我认识智能，他认为每个人都可以学习个体能够掌握的全部才能和技

---

① 曾继耘：《关于差异教学若干理论问题的思考》，载《教育研究》，2007年第8期。
② 颜廷睿、关文军、邓猛：《融合课堂中差异教学与学习通用设计的比较分析》，载《中国特殊教育》，2015年第2期。
③ 姜智：《差异教学理论的哲学思考》，载《集美大学学报(哲学社会科学版)》，2005年第8期。
④ 王辉、华国栋：《差异教学的开展与全纳教育的实施》，载《中国特殊教育》，2004年第8期。

巧，而不是仅仅只是语言和数理逻辑智能。这七种智能是视觉空间智能，包括想象、图画等；数理逻辑智能，包括推理、演绎和归纳的逻辑等；语言智能，包括听说读写、文字、词汇等；音乐智能，包括旋律、曲调等；身体运动智能，包括动作、操作、表演等；人际交往智能，包括沟通、交谈、合作等；自我认识智能，包括反思、内省、创造等。① 这七种智能的提出向人们揭示了人类智能和潜能的复杂性，也说明了人类智能发展的多样性和多种可能性。所以，多元智能理论在教学中特别关注学习者个体智能的差异对教学的意义。加德纳认为既然有充分的科学研究已经证明每个学生都表现出不同的智能组合和特点，那么，如果我们忽略这些差异，坚持要所有的学生都用同样的方法学习相同的内容，就破坏了多元智能理论的全部基础。② 所以，这就要求教师尽量发现学生的优势，就特定的教学内容，设计多元的学习方式，满足不同类型学生的学习需要。③

布鲁姆的目标分类学说在他和助手于 1956 年出版的《教育目标分类：认知领域》一书中第一次出现。布鲁卢姆借鉴生物学上将动植物按门、纲、目、科、属、种等进行分类的方法来构建其教育目标分类理论。布鲁卢姆的分类理论是将教育的目标按认知能力的高低先后分成识记、领会、应用、分析、综合和评价六大主类以及其他的亚类。目标分类学说之后得到了课程编制者、研究人员和教师们的广泛应用，对全球的教育产生过重大而深远的影响，中国也是其中之一。基于此布鲁卢姆还创立了一套完整的"掌握学习"教学理论。他认为学校学习成绩的巨大差异主要是由影响学习结果的三个主要变量造成的，即认知前提行为、情感前提特性和教学质量。在学生前提行为和教学质量有利时，所有的学习结果将达到高的或积极的水平，结果间的差异微不足道。如果学生前提行为存在很大差异，教学质量不能适应每个学生，那么学习结果之间存在很大差异。④ 也就是说，如果教师能够为学生提供均等的学习机会和高质量的课程和教学，照顾差异，绝大多数学生将会达到高的水平。

(三)融合教育背景下差异教学的特点

研究者认为差异教学的特征包括以下三点：(1)差异教学是教师教与学生学相匹配的过程。即教师充分了解班级中每个学生的准备水平、兴趣、能力与学习风格等特征，以此为基础来设计课程、教学方法和评估方式等，并在教学过程中通过教学环境、教学内容、教学方法和教学结果的差异化来适应已知的差异。(2)差异教学的目的是通过教学与课程的差异化最大限度地促进学生学习。差异教学不是取代原来的课程，而是

---

① R. Fogart，J. Stoehr：《多元智能与课程整合》，郅庭瑾译，8 页，北京，教育科学出版社，2006。
② 曾晓洁：《多元智能理论的教学新视野》，载《比较教育研究》，2001 年第 22 期。
③ 吕耀中：《全纳教育视野下的差异教学》，载《中国特殊教育》，2006 年第 1 期。
④ 华国栋：《差异教学论》，11 页，北京，教育科学出版社，2001。

提倡在原来课程的基础上进行拓展和丰富，使其更具有包容性。而在教学的过程中，则是通过在课堂教学中为学生提供适当的、必要的、个别化的支持，使学生能够尽量达到与其他学生相同的教学目标和不打折的教学内容。(3)差异教学的核心是教学过程的差异化。教学过程是决定差异教学能否真正实现的关键步骤，也是判断差异教学质量的重要指标。教学过程是教师短时间内与学生高密度互动的过程，如果教师能够通过改变自己与学生互动的方式方法，如采取学生更易接受的教学方法和教学组织形式，使用学生更易理解的教学语言，提供能够帮助学生集中注意力和有助于理解的教学材料等，这样的教学互动过程最"润物无声"。对教师来讲容易操作，对学生来讲更加自然又利于融合。[①]

二、差异教学的实施

根据差异教学的特点，差异教学的实施首先是建立在了解学生差异的基础上的，华国栋称之为差异测查。即教师通过测量和调查分析，全面了解学生在心理上量的差异和质的差异。具体的如学生的背景状态、教育起点、发展目标、出现目前状态的原因、采取何种方法策略解决等一系列内容，在此基础上才能针对性地设计教育教学方案，在认知、情感、意志等方面对学生进行全方位的调整，以保证教育的有效性和科学性。[②] 教师掌握了学生间的差异之后，根据差异教学"保底不封顶"的目标，实施多元而有弹性的教学。教学目标是教学活动的主体在具体教学活动中要达到的预期结果。差异教学立足差异，尊重差异，照顾差异，坚持"导优补差"的原则，即发掘学生优势，给每个学生提供"处于学生'最近发展区'且学生乐意接受的具有挑战意义的学习内容"[③]。而测查的一个重要目的也是让教师明确学生是否真的需要差异。这就决定了差异教学的教学目标具有一定的针对性，体现出个别化。而个别化的教学目标，还需要教师在课堂教学中落实。具体的需要通过多样化教学、弹性分组和师生合作来完成。

(一)多样化的教学

这里主要是指教师可以采取多样性的教学方法和内容，即教师要针对不同的学科、不同的教学内容、不同的学生，采用多种相应的教学方法，以确保每个学生都获得最合理的教育和发展。

教学内容的差异主要体现在，教师会根据残疾学生的障碍程度和其他学生的特殊

---

① 邓猛：《融合教育理论反思与本土化探索》，144 页，北京，北京大学出版社，2014。
② 姜智、华国栋：《"差异教学"实质刍议》，载《中国教育学刊》，2004 年第 4 期。
③ 同上。

需求对教学内容进行调整，以适应学生的能力水平、兴趣和学习风格。[1][2] 而这种调整则分为内容本身的改变和内容呈现方式的改变。内容本身的改变，是与普通学生的教学内容相比会产生内容上的增加、减少和替代。呈现方式的改变，则是教师可以采用一些方法对材料进行差异化的处理。如为了方便学生阅读，可以提前在段落中将重点的字、词标注，也可以为学生扩大材料的字体大小、间距和行间距等。为了便于学生理解，可以采用教具，如蒙台梭利的教具、自制教具等帮助学生理解空间关系、数量关系等。为了便于学生书写，可以为学生提供书写辅具和书写材料辅助等。

多样化的教学方法主要表现在课堂中教师对教学组织形式和教学方法的选择。如教师可以根据教学内容、教学设计和学生学习状况采取小组合作、个别化教学等方式，灵活选用讲授、示范、操作等不同的教学方法和策略使教学达到最优。同样地，这个过程是教师不断与学生互动的过程，也是生成的过程。对教师的教学理念、教学智慧、教学知识和技能、班级管理能力以及班级文化等都提出了较高的要求。

(二)弹性的分组

差异教学就是立足于学生间的差异，强调教学过程中的弹性分组，充分考虑学生的不同能力、学习风格之间的匹配，给予学生自主选择分组的方式。[3] 所以，分组的过程并不是教师下达指令，学生被动完成任务的过程，而是教师、学生间共同协商的过程。教师要向学生讲明分组的目的和规则，让学生根据对自身兴趣、目标和能力等的判断与教师协商后最终确定分组。当然，弹性分组就宜在不同的课程、不同的课程任务、不同的教学环境下分组，是可以根据教师和学生的需要进行调整的。教师应该注意：(1)弹性分组教学旨在帮助每个学生最大限度地参加教学活动，而不是以"分组"为由，将某一部分或某个特殊学生从集体中分出去，将其隔离。教师可以在分组时设置不同的分组原则和分组目的，使分组依据更加多样化，从而避免分组可能给学生带来的标签效应。(2)小组规模不宜过大，尤其是低年级班级。这样不利于小组成员的参与和合作，对于特殊学生更是如此。(3)教师需要提前设计好小组任务和考核方式。这种目标导向可以帮助学生明确分组的目的，提高自主性和效率，更利于学生间的合作，否则小组合作很容易变成小组聚会。(4)教师及时给予指导。分组利于学生参与教学，发挥学生的主体地位和主动性，培养学生的合作意识和合作能力。但是这并不意味着教师无事可干，反而任务更重。因为教师需要不断在教室内巡视，对学生的自主学习和合作及时给予指导，尤其是特殊学生所在的小组。

---

① 吕耀中：《全纳教育视野下的差异教学》，载《中国特殊教育》，2006 年第 1 期。

② 颜廷睿、关文军、邓猛：《融合课堂中差异教学与学习通用设计的比较分析》，载《中国特殊教育》，2015 年第 2 期。

③ 吕耀中：《全纳教育视野下的差异教学》，载《中国特殊教育》，2006 年第 1 期。

(三)师生合作

这里的合作与前一章所介绍的合作教学不同，这里的合作是指师生之间、生生之间的合作。在融合教育背景下，合作必不可少。

师生共同参与的课堂管理过程，不仅是促进学生学科学习的重要条件，而且其本身也为学生社会性学习提供了学习内容和真实情境。师生双方在教学中相互尊重、相互信任、相互配合、相互促进，有利于培养学生的自主学习能力和探索精神。① 所以，教师应该将每一个学生看成自己的合作者，放下知识权威的架子，主动获得学生的信任和帮助。

在课堂中，学习不是一个人的孤立活动，不是一个人的表演。需要在教师的介入下，学生自立地、合作地进行的活动，这才是学校中"学习"的本质。因此，教师要创造条件，给学生提供相互合作和帮助的机会。对于特殊学生来讲，更是如此。融合教育的环境对于他们来讲是一个自然地与同龄人学习的机会，教师需要多示范、引导帮助学生形成合作的氛围，提高学生间合作的意识和能力，实现共同进步。

本章小结

融合教育教学是在融合教育课程意识、课程思想下的教学，是对融合教育课程的运作过程、实施过程，天然地具有融合教育的基因，体现出融合教育为所有学生提供恰当的、优质的教育教学的理念，是推动融合教育从理想转化为现实的重要途径和试金石。本章对融合教育教学从三个方面进行介绍，第一部分为融合教育教学概述，第二部分是融合教育教学的重要性，第三部分是融合教育教学的发展趋势。在概述部分着重讨论了融合教育教学的内涵、特点和干预反应模式，突出其与融合教育课程一致的灵活性、相关性等特点。重要性部分则从它对实现融合教育、对学生、对教师、对学校带来的影响角度进行说明，融合教育的出现给学校、教师既带来了挑战，也带了机遇。未来融合教育教学的发展，将更加凸显其弹性、多样化、依靠合作的特征，借助科学技术的发展，旨在帮助所有学生实现潜能和生命价值。融合教育教学的方法策略有很多，本章重点介绍了合作教学、差异教学及教学调整等几个策略。合作教学是指两名或两名以上的教育者在同一教学空间环境中向多样的或混合的、不同组的异质的学生提供实质性教学，合作教学可以同时促进

---

① 吕耀中：《全纳教育视野下的差异教学》，载《中国特殊教育》，2006年第1期。

教师专业发展和学生发展，也发展出了一些实施策略。差异教学是指在班集体教学中立足学生差异，满足学生个别的需要，以促进学生在原有基础上得到充分发展的教学，在融合教育中，差异教学能够最大程度地体现其特点与优势。

思考题

1. 如何理解融合教育教学中的个性化？
2. 干预反应模式的优点和弊端分别是什么？
3. 谈谈你是如何理解融合教育教学与教师专业发展的关系的。
4. 简述融合教育语境下，"合作教学"分别之于教师和学生的意义。
5. 融合教育背景下的"差异教学"有什么特点？

推荐阅读

1. 黄志成：《全纳教育——关注所有学生的学习和参与》，上海，上海教育出版社，2004。

2. Janney R. & Snell M. ，Teachers' Guides to Inclusive Practices：Modifying Schoolwork(2nd Ed.)，Baltimore，Paul H. Brookes，2004.

3. 华国栋：《差异教学论(第 2 版)》，北京，教育科学出版社，2007。

4. 盛永进：《随班就读合作教学的几种形式》，载《现代特殊教育》，2013年第 11 期。

5. 颜廷睿，关文军，邓猛：《融合课堂中差异教学与学习通用设计的比较分析》，载《中国特殊教育》，2015 年第 2 期。

6. 赵小红，华国栋：《个别化教学与差异教学在特殊教育中的运用》，载《中国特殊教育》，2006 年第 8 期。

第八章

融合教育中的辅助技术应用

本章导言

　　翔翔，7岁，中度智力障碍，就读于某普通学校一年级。据翔翔的音乐老师反映，翔翔在音乐课欣赏乐曲时，往往兴趣不高，欣赏时容易走神、多动，难以达到教学目标。在一次音乐欣赏课中，音乐老师尝试在教学中运用信息技术，把听觉与视觉相结合，集文字、图像、视频、动画和声音等多种媒体于一体，为学生讲解管弦乐曲《三只小猪》的音乐故事。学生们听得津津有味，还时不时地模仿小猪的动作。而翔翔也举起手指着屏幕中的小猪图像，在座位上哼着相似的曲调。下课后，音乐老师问翔翔喜不喜欢这节音乐课，喜不喜欢这首乐曲。他的回答竟然都是肯定的，当让他试着陈述这个故事时，他却摇起了头说不知道。但明显的是，比起以往单纯的音乐教学，翔翔更喜欢多彩动画、图像、视频等融为一体的形式。[①]

　　融合教育的基本理念是为特殊需要学生创造一个平等的机会，使他们能够展现独特的个性特点，与普通学生平等学习和共同参与。面对学生多样化的特点和需求，在普通教育课堂进行教学策略或教学方式的调整是必要的。辅助技术在为包括特殊需要学生在内的所有学生提供学习普通教育课程的机会方面具有巨大的潜力。本章将从辅助技术概述、辅助技术与 UDL 原则和辅助技术的决策与评估三个方面，系统阐述辅助技术在融合教育中的应用与实施。

第一节
辅助技术概述

一、辅助技术的概念与分类

(一)什么是辅助技术

　　用于支持特殊需要群体的技术通常被称为"辅助技术（assistive technology）"，由于特殊需要群体在某些方面的障碍或缺陷导致其参与日常生活活动受限，因此有必要为他们提供特殊的支持和服务。1998 年美国《辅助技术法案》（Assistive Technology Act of 1998）将辅助技术定义为"用于辅助技术装置和辅助技术服务中的技术"。可见，辅助

[①] 本案例来自北京市昌平区二毛学校，由该校谷彩梅老师提供，案例中学生均为化名。

技术包括两个组成部分：辅助技术装置和辅助技术服务。辅助技术装置是指用于增加、维持或提高特殊需要群体功能和能力的一件物品或一个产品系统，可以使定制的，也可以是现成购买的或改造的；而辅助技术服务是指直接保障特殊需要群体在选择、获得和应用辅助技术装置方面提供的服务。

小贴士

　　信息技术：信息技术是指用于创建、存储、交换和利用信息中的各种技术的总称，具体包括通信和计算机技术。信息技术是人类获取知识和资源的重要途径。在众多领域，信息技术是保障其他技术(如教学技术)得以有效实施的前提条件。如互联网提供了与特殊教育相关的数据库的访问，特殊教育专家可以通过互联网检索特定的特殊教育内容，特殊需要学生也可以通过互联网提高学习能力和娱乐水平。

　　教学技术：教学技术是指用于教育教学的任何技术。典型的教学技术包括：传统的教学媒体，如投影仪、录像带等；互联网；多媒体和超媒体软件；虚拟现实技术等。随着互联网技术的飞速发展，数字化学习(E-learning)成为近十年极具代表性的一种教学技术。数字化学习是指通过电子媒介，如互联网、卫星广播、互动电视等，来传授课程内容的一种教学方式。计算机辅助教学是另一个与教学技术相关的术语，表示利用计算机直接支持学生活动以满足学生个别需求的教学方式。多数计算机辅助教学软件旨在教授学生特定的学术技能和促进学生不同领域技能的发展。教学技术可被视为辅助技术的一种形式，但二者之间有细微的差别。例如，普通学生可以通过计算机辅助教学来提高其阅读能力，而对于有阅读障碍的学生而言，计算机辅助教学能提高他们的功能(阅读)能力。可见，对于普通学生来说技术是有益的，而对于特殊需要学生的受限功能技术是有改善和补偿作用的。当教学技术用于改善和提高特殊需要学生的受限功能时，可被视为辅助技术。

(二)辅助技术装置的分类

　　辅助技术装置可以依据技术水平和技术目的进行划分。从技术水平来看，辅助技术装置可被视为一个复杂的连续体(如表 8-1 所示),[①] 在这一连续体的最末端是低端技术设备，如握笔器、盲文板等，它的特点是易得、廉价、无需依靠电力。中端技术设备主要依赖电池或其他电力设施运行，具体包括计算器、个人拼写设备等。高端技术设备则是以计算机多媒体、网络通信、人工智能等为基础的设备设施，如电子计算机、平板电脑、智能手机、机器人等。相较低、中端技术设备，高端技术设备更便携，操

　　[①]　Dell A. G. , Newton D. A. & Petroff J. G. , *Assistive Technology in the Classroom*：*Enhancing the School Experiences of Students with Disabilities*, Boston, Pearson, 2012, pp. 65-69.

作更简便，而且能避免给特殊群体带来污名化的问题。

表 8-1　辅助技术装置的分类

低端技术设备	中端技术设备	高端技术设备
握笔器 超宽轴的钢笔、铅笔和蜡笔 凸线纸/凸格纸 阅读导向器 斜板 压纸尺 防滑面 放大镜 头指针/嘴指针	数字记录器 计算器 电子词典 便携式记事本 有声读物 MP3 播放器 迷你书灯 开关操作的玩具和小电器 步进式通信器	台式电脑 笔记本电脑 iPad iPod 计算机软件 手机软件 互联网

　　除了按技术水平划分，也可从技术的目的对辅助技术装置进行分类。目前，布莱恩特和布莱恩特(2003，2012)以及威斯康星州辅助技术倡议(Wisconsin Assistive Technology Initiative，WATI)提出的划分方式是最为常见的两种划分系统。布莱恩特和布莱恩特将辅助技术装置按照功能和目的分为七个方面，分别为位置、移动、辅助沟通系统、计算机访问、适应性玩具和游戏、环境适应和教学辅助。[1][2] WATI 将辅助技术装置按目的分为位置和移动、沟通、计算机访问、休闲娱乐、日常生活活动、写作、阅读、计算、组织、视觉、听力等方面。[3]（如表 8-2 所示）

表 8-2　布莱恩特和布莱恩特、威斯康星州辅助技术倡议的辅助技术分类系统

布莱恩特和布莱恩特的辅助技术分类系统	威斯康星州辅助技术倡议的辅助技术分类系统	举例
位置	位置和移动	可调高度的桌子
移动		轮椅 步态训练器
辅助沟通系统	沟通	图片交换沟通系统
计算机访问	计算机访问	语音识别 替代键盘
适应性玩具和游戏	休闲娱乐	开关电动玩具 盲文扑克牌

---

　　① Bryant D. P. & Bryant B. R., *Assistive Technology for People with Disabilities*, Boston, Allyn & Bacon, 2003, pp. 85-88.

　　② Bryant D. P. & Bryant B. R., *Assistive Technology for People with Disabilities* (2nd ed.), Boston, Allyn & Bacon, 2012, p. 92.

　　③ Gierach J., *Assessing Students' Needs for Assistive Technology* (ASNAT): *A Resource Manual for School District Teams* (5th ed.), Madison, Wisconsin Assistive Technology Initiative (WATI), 2009, p. 132.

布莱恩特和布莱恩特的辅助技术分类系统	威斯康星州辅助技术倡议的辅助技术分类系统	举例
环境适应	日常生活活动	改装过的烹饪工具
教学辅助	写作	语音—文本转换 凸线纸
	阅读	点读笔
	计算	虚拟教具 计算器
	组织	提醒手表
	视觉	盲文记事本 电子文本
	听力	人工耳蜗 FM 系统

(三)辅助技术服务

辅助技术服务是辅助技术的另一个重要组成部分，是直接保障特殊需要群体在选择、获得和应用辅助技术装置方面提供的服务。辅助技术服务主要是由辅助技术专家来提供的，但是由于辅助技术专家的稀缺，并非每一个学校或地区都有这种人才。[①] 因此，在没有专门的辅助技术专家的情况下，特殊教育教师、语言病理学家、职业治疗师、教学技术专家也可以提供辅助技术服务。辅助技术服务具体包括以下几方面内容。

(1)评估特殊需要儿童的需求，包括在日常生活中对儿童进行功能性评估；

(2)购买、租赁或通过其他方式获得辅助技术装置；

(3)选择、设计、安装、定制、调整、应用、保养、维修或更换辅助技术装置；

(4)与辅助技术相配合使用其他的疗法、干预或服务；

(5)为特殊需要儿童或其家庭提供训练或技术支持；

(6)为相关的专业人员、雇主或其他提供服务、雇佣或实质性参与特殊需要儿童主要生活的人员提供训练或技术支持。

二、辅助技术的法律与政策基础

辅助技术实际上是贯穿人一生的支持系统，这意味着特殊需要群体对辅助技术的

---

① 郑俭、钟经华：《特殊儿童辅助技术》，57 页，南京，南京师范大学出版社，2015。

需求可能跨越不同的年龄阶段。如何为特殊需要群体提供适切的辅助技术服务，已成为衡量世界各个国家文明程度的标志之一。各国纷纷出台辅助技术相关方案，这些方案对于推进辅助技术使用以及提高辅助技术服务意识具有极为重要的意义。

(一)《辅助技术法案》(Assistive Technology Act，ATA)

ATA 于 1988 年首次颁布，并在 1994 年、1998 年、2004 年进行多次修订，该法案旨在通过联邦政府拨款来推动各州辅助技术的开发与运用。

该法案要求，接受联邦政府资金资助的各州应开展以下几方面的工作：①通过全国性网站或其他形式，向目标群体提供有关辅助技术装置和辅助技术服务的基础知识、获取方式和资金来源等基本信息，提高民众的辅助技术意识；②在有关辅助技术政策、计划、资金以及服务的公共与私人机构间进行跨部门协调；③通过辅助技术援助与培训，促进残疾人在教育、健康、就业、社区生活等方面利用辅助技术，督促政府部门在开展特殊需要群体相关的计划或项目时，应考虑其辅助技术装置和辅助技术服务的需要；④要为提供辅助技术装置和服务的相关单位和人员提供技术援助。

(二)《身心障碍者教育法》(Individuals with Disabilities Education Act，IDEA)

IDEA 的前身即《残障儿童教育法》(Education for All Handicapped Children Act)，又称"94-142 公法"，旨在为所有特殊需要儿童提供免费的、合适的公立教育。这一法案颁布后曾经历多次修改与完善，1997 年 IDEA 修正案正式确定了辅助技术的地位，对辅助技术进行了明确的界定，并指出必须考虑每个特殊需要儿童的辅助技术需要。该法案明确要求，将辅助技术纳入每个特殊需要儿童的个别化教育计划中。在此之前，辅助技术主要出现在重度特殊需要儿童(如视觉障碍儿童、多重障碍儿童)的 IEP 中。2004 年 IDEA 修正法案对辅助技术的定义稍作修改，将手术植入的医疗设备排除在外或更换此类设备，如人工耳蜗。IDEA2004 重申辅助技术在特殊需要儿童教育中的重要作用，指出应优先资助辅助技术开发和使用的相关项目，以支持特殊需要儿童进入和参与普通教育课堂。

(三)《美国残疾人法案》(Americans with Disabilities Act，ADA)

ADA 于 1990 年颁布，旨在消除对特殊需要群体的歧视。该法案要求在就业、公共服务、公共场所和电讯等方面，不能有对于残疾的歧视问题，其中包括与辅助技术相关的无歧视规定。如要为有身心障碍的雇员进行工作环境的调整；该法实施后新购买或还能继续使用 5 年以上的公共客车，要能方便轮椅者使用；现有或新建的公共设施要便于特殊需要群体使用，这些公共设施包括通道、卫生间、电话机、车站等；要求在最大程度包容的环境中为特殊需要群体提供公共服务、公共设施、公共住宿以及特殊待遇。

(四)《中华人民共和国残疾人教育条例》

《中华人民共和国残疾人教育条例》是我国第一部有关残疾人教育的专项法规,该法案从法律层面进一步保障我国残疾人群体享有获取辅助技术支持的权利。如第五十五条规定,县级以上人民政府及其有关部门应当采取优惠政策和措施,支持研究、生产残疾人教育教学专用仪器设备、教具、学具、软件及其他辅助用品,扶持特殊教育机构兴办和发展福利企业和辅助性就业机构。

(五)《中华人民共和国残疾人保障法》

《中华人民共和国残疾人保障法》(2008 修订版)对辅助技术的相关内容做了规定,在我国残疾人辅助技术历程上起到了里程碑式的作用。

该法在康复(如第二十条规定,政府有关部门应当组织和扶持残疾人康复器械、辅助器具的研制、生产、供应、维修服务)、教育(如第二十九条规定,政府有关部门应当组织和扶持盲文、手语的研究和应用,特殊教育教材的编写和出版,特殊教育教学用具及其他辅助用品的研制、生产和供应)、劳动就业(如第三十八条规定,残疾职工所在单位应当根据残疾职工的特点,提供适当的劳动条件和劳动保护,并根据实际需要对劳动场所、劳动设备和生活设施进行改造)、文化生活(如第四十三条规定,组织和扶持盲文读物、盲人有声读物及其他残疾人读物的编写和出版,根据盲人的实际需要,在公共图书馆设立盲文读物、盲人有声读物图书室)、社会保障(如第四十八条规定,各级人民政府对贫困残疾人的基本医疗、康复服务、必要的辅助器具的配置和更换,应当按照规定给予救助)、无障碍环境(如第五十五条规定,公共服务机构和公共场所应当创造条件,为残疾人提供语音和文字提示、手语、盲文等信息交流服务,并提供优先服务和辅助性服务;第五十七条规定,国家鼓励和扶持无障碍辅助设备、无障碍交通工具的研制和开发)等方面对辅助技术进行了相关规定。

(六)《普通学校特殊教育资源教室建设指南》

2016 年,教育部印发《普通学校特殊教育资源教室建设指南》,旨在规范普通学校特殊教育资源教室的建设和管理,充分发挥资源教室为普通学校残疾学生提供特殊教育、康复训练和咨询的重要作用,加快推进普通学校随班就读工作。该指南规定应根据残疾学生的残疾类型、程度及其他特殊需要,选择配备的教育教学和康复训练设施设备、图书资料等。如供肢体残疾和感觉统合失调学生使用的步态训练器、支撑器、助行器、跳绳、拐杖、球类等能够促进学生大运动技能发展的简单器具,促进精细动作训练的分指板、抓握练习器、套圈、沙袋、不同硬度和粗细度的磨砂板及手功能训练材料、OT操作台(注：串珠、小型拼接积木、扣子等)，以及用于感觉统合训练的滚筒、大龙球、触觉球、吊揽系列、滑梯和滑板、蹦床、跳袋等；供听力障碍学生使用的各种产生不同频率、响度、声音的物品，手语训练卡片及光盘，助听器及保养仓等；供言语障碍学生使用的用于呼吸、发声、语音训练的物品(蜡烛、气球等)，图片，学具(喇叭、哨子、游戏板等)及软件光盘，语言训练卡片，沟通板，语言能力评估与训练材料等；供视力障碍学生使用的盲文版教材及各种触摸图集、模型、语音计算器、盲杖、眼罩等视功能训练工具及材料，便携式助视器或放大镜、望远镜，可调式照明灯等。

三、高端辅助技术在特殊教育中的应用

如上文所述，辅助技术可被视为一个复杂的连续体，按技术水平划分，辅助技术可分为低端技术装置、中端技术装置和高端技术装置。近十年来，高端辅助技术装置已逐渐成为特殊教育中的主流设施，高端技术设备的典型特征是采用计算机多媒体、网络通信和人工智能等为代表的现代化信息技术。高端辅助技术用以支持不同类型特殊需要学生已记录在案。研究证实，高端辅助技术在提高特殊需要学生的学习动机、课堂参与度、社交互动能力、独立自主的学习能力以及提高他们的自尊等方面有重要价值。目前，高端辅助技术在特殊教育领域的应用研究主要表现在以下几方面。

(一)信息化技术环境下的教与学

信息化技术引发了特殊教育传统教学方式和学习方式的变革与转型，如何运用信息化技术进行创新性教学实践，以促进特殊需要学生最大限度地发挥自身潜能受到各国特殊教育研究者的重视。信息化技术环境下的教与学研究主要集中在四个方面：借助信息化技术实施差异教学，改变教学材料的呈现方式，创设虚拟教学环境和课堂管理。

首先，随着融合教育工作的开展，越来越多的特殊需要学生进入普校与普通学生一起接受教育，许多学者开始探求借助信息化技术手段对教学各方面进行差异化调整，以满足学生多样化的需求。有学者指出，在教学过程中使用信息化技术，如计算机或其他多媒体设施，可以帮助特殊需要学生进行创造性的选择，将自己的个性融入学习过程中，这体现了对学生个人选择和自主性的尊重，对于提高学生的学习动机和自我效能感具有积极的作用。奥凯(Ok)等人采用修订后的生物课程，利用iPad通过替代性的教学材料和教学方法实施差异化教学，如重复特定的学习任务，用以支持特殊需要

学生根据自己的需要和特点进行学习。① 麦吉沃恩(McKeown)等人在 iPad 上使用一种名为"Noability"的应用程序,通过该应用程序,情绪行为障碍学生能自定步调学习,并得到个性化的反馈信息,结果发现,使用该程序可以提高他们的写作水平,也有利于改善他们的情绪行为问题。②

其次,就教学材料的呈现方式而言,利用信息化技术将复杂抽象的教学内容具体化,调动学生多感官通道处理信息,有助于减轻特殊需要学生的认知负荷,对于新知识的学习具有积极意义。翁(Weng)等人认为,通过计算机技术采用多种方式(如文本、图片、音频等)呈现教学材料可以提高特殊需要学生的认知技能。③ 借助计算机或平板电脑创设虚拟教具是备受研究者们青睐的一种呈现教学内容的方式,且多用于数学知识的学习领域。如鲍克(Bouck)等人采用基于平板电脑的应用程序创建虚拟教具,支持特殊需要学生进行分数加减法的运算。④ 萨特桑吉(Satsangi)等人采用基于计算机的虚拟教具技术进行代数方程的教学,研究表明,虚拟教具是一种有效的教学手段,学习障碍学生可以通过操作虚拟教具求解代数方程。还有学者指出,创设虚拟教具,教师和学生在选择和使用上都具有较强的灵活性,而且能提高特殊需要学生独立完成任务的能力。⑤

再次,随着新兴的增强现实(Augmented Reality,AR)、虚拟现实(Virtual Reality,VR)等技术的发展,研究者开始重视感知觉能力和动觉活动对特殊需要学生学习的影响。通过创设交互式虚拟教学环境,学生可以通过感官感知、身体运动以及文本或语音交流,沉浸式地进行知识学习。洛鲁索(Lorusso)等人综合使用平板电脑、AR技术、智能电视等智能设备创设了三个虚拟学习场景(游乐园、种植园和世界美食),每个场景都配有相应的学习任务,用来提高有沟通障碍学生的实用技能和教给学生简单的社交互动规则。⑥ 结果发现,在活动期间,学生的任务参与度明显提高,与他人合

① Ok M. W. , Hughes J. E. & Boklage A. , "Teaching and Learning Biology with iPads for High School Students with Disabilities," in *Journal of Educational Computing Research* , 2018(56), pp. 911-939.

② McKeown D. , Kimball K. & Ledford J. , "Effects of Asynchronous Audio Feedback on the Story Revision Practices of Students with Emotional/Behavioral Disorders," in *Education and Treatment of Children* , 2015(38), pp. 541-564.

③ Weng P. L. , Maeda Y. & Bouck E. C. , "Effectiveness of Cognitive Skills-based Computer-assisted Instruction for Students with Disabilities: A Synthesis," in *Remedial and Special Education* , 2014(35), pp. 167-180.

④ Bouck E. C. , Shurr J. , Bassette L. , Park J. & Whorley A. , "Adding It Up: Comparing Concrete and App-based Manipulatives to Support Students with Disabilities with Adding Fractions," in *Journal of Special Education Technology* , 2018(33), pp. 194-206.

⑤ Satsangi R. , Hammer R. & Evmenova A. S. , "Teaching Multistep Equations with Virtual Manipulatives to Secondary Students with Learning Disabilities," in *Learning Disabilities Research & Practice* , 2018(33), pp. 99-111.

⑥ Lorusso M. , Giorgetti M. , Travellini S. , Greci L. , Zangiacomi A. , Mondellini M. & Reni G. , "Giok the Alien: An Ar-based Integrated System for the Empowerment of Problem-solving, Pragmatic, and Social Skills in Pre-school Children," in *Sensors* , 2018(18), p. 2368.

作行为增多、冲突行为减少，语言能力和社交技能有了一定程度的提高；麦克马洪（McMahon）通过移动应用程序"Aurasma"，使用户通过匹配图像与数字内容创建自己的 AR 体验，对特殊需要学生进行科学词汇的教学。[1] 他认为，这种将物理世界与数字信息融为一体的方式，可以帮助学生从物理环境中获得有意义的补充信息，从而帮助学生理解新词汇知识。

最后，信息化技术创新课堂管理模式是该领域的另一热点议题。课堂是师生间交流互动的重要场所，教师时刻关注学生的行为状态以及自身的教学行为，是保持良好教学秩序的前提，对于提高课堂教学效率至关重要。利普斯科姆（Lipscomb）等人借助一款基于技术的行为跟踪系统"ClassDojo"来管理智力障碍学生的破坏性行为。[2] 还有学者在平板电脑的相关应用程序中加入自我监控要素，教师和学生同步管理特殊需要学生的行为，以使学生遵守课堂规则并完成特定的学习任务。凭借技术手段监控教师的教学行为是课堂管理的另一个重要方面。[3] 如谢弗（Schaefer）和奥特利（Ottley）利用入耳式监听技术，专家可以在不干扰正常教学秩序的情况下为特殊教育教师提供及时反馈，如给予明确的提示或对于特定教学行为的表扬，来提高和改进特殊教育教师的教学行为。[4]

（二）信息化素养研究

随着信息化技术逐步渗透在特殊教育教学实践中，为特殊教育实践者带来了机遇，同时也带来了挑战。作为特殊教育信息化实施的主力军，教师的信息化素养水平是影响特殊教育信息化质量的重要因素。研究表明，特殊教育教师对信息化技术普遍持积极态度，他们愿意将新兴技术运用到教育教学实践中。然而，有学者指出，尽管特殊教育教师对信息化技术持积极的态度，但他们缺少相应的信息化专业知识和技能。为此，研究者们就特殊教育教师的信息化素养与专业发展开展了如火如荼的实践研究，主要包括特殊教育教师信息化素养结构以及具体实施路径两方面。就特殊教育教师信息化素养的结构而言，米什拉（Mishra）和科勒（Koehler）在学科教学知识的基础上，提

[1] McMahon D. D., Cihak D. F., Wright R. E. & Bell S. M., "Augmented Reality for Teaching Science Vocabulary to Postsecondary Education Students with Intellectual Disabilities and Autism," in *Journal of Research on Technology in Education*, 2016(48), pp. 38-56.

[2] Lipscomb A. H., Anderson M. & Gadke D. L., "Comparing the Effects of ClassDojo with and without Tootling Intervention in a Postsecondary Special Education Classroom Setting," in *Psychology in the Schools*, 2018 (55), pp. 1287-1301.

[3] Vogelgesang K. L., Bruhn A. L., Coghill-Behrends W. L., Kern A. M. & Troughton L. C., "A Single-subject Study of a Technology-based Self-monitoring Intervention," in *Journal of Behavioral Education*, 2016(25), pp. 478-497.

[4] Schaefer J. M. & Ottley J. R., "Evaluating Immediate Feedback Via Bug-in-ear as an Evidence-based Practice for Professional Development," in *Journal of Special Education Technology*, 2018(33), pp. 247-258.

出了"整合技术的学科教学法知识"（Technological Pedagogical and Content Knowledge，TPACK）理论框架，强调信息化诉求下教师需要掌握"技术内化"的个人知识体系，实现教学技术、教学法、学科内容三种知识的融会贯通。[1] 马里诺（Marino）等人将辅助技术整合在 TPACK 模型中，探讨了特殊教育教师的信息化智能结构。[2] 他认为辅助技术和教学技术是一种共生关系，特殊教育教师要根据特殊需要学生的现状为学生选择合适的辅助技术，以迎合学生的个别化需求；同时，特殊教育教师也应掌握一般的教学技术为学生创造良好的教学环境，以支持所有学生取得良好的学习效果；本顿博尔吉（Benton-Borghi）将学习通用设计作为 TPACK 的情境变量（context），将二者有机结合提出了一个多维的教师智能模型。[3] UDL 是在融合教育背景下产生的，是一种以满足包括特殊需要学生在内的所有学生多样化需求为基础的课程设计框架，涵盖课程的目标、方法、材料和评估等方面，而信息化技术贯穿于课程的各组成部分之中。本顿博尔吉认为，UDL 原则渗透在 TPACK 的各个要素之中，UDL 作为一种变革性框架，既顺应了信息化时代课堂教学的发展趋势，又强调尊重多样性和异质性。在这一模型中，教师需要掌握包括辅助技术在内的教学技术知识与技能，来满足特殊需要学生以及普通学生的需求，以应对融合教育的趋势。另外，还有学者针对特殊教育教师信息化智能的提高提出了具体的建议和对策。

为应对信息化时代对人才的新要求，美国制定了"21 世纪技能框架"，这一框架受到了世界各国的普遍认同。21 世纪技能框架将学生应具备的素养分为三大类：生活和职业技能、信息、媒介与技术技能以及学习和创新技能。为适应新时代的要求，特殊需要学生应具备一定的信息技术素养，具有一定使用、操作信息技术的能力。对此，国际学者就如何提高特殊需要学生的信息化素养进行了大量研究。例如，威廉-迪姆（Williams-Diehm）等人面向高中特殊需要学生设计了名为"TechNow"的技术培训课程，通过此课程来提高特殊需要学生获取和使用信息技术的能力，为学生中学后的继续教育或就业做准备。[4] 隆巴尔迪（Lombardi）探讨了于在线转衔课堂中融入信息技术内容，以提高特殊需要学生的信息素养，帮助特殊需要学生更好地适应下一阶段的学习或者

---

[1]　Mishra P. & Koehler M. J., "Technological Pedagogical Content Knowledge: A Framework for Teacher Knowledge," in *Teachers College Record*, 2006(108), pp. 1017-1054.

[2]　Marino M., Sameshima P. & Beecher C., "Enhancing TPACK with Assistive Technology: Promoting Inclusive Practices in Preservice Teacher Education," in *Contemporary Issues in Technology and Teacher Education*, 2009(9), pp. 186-207.

[3]　Benton-Borghi B. H, "A Universally Designed for Learning (UDL) Infused Technological Pedagogical Content Knowledge (TPACK) Practitioners' Model Essential for Teacher Preparation in the 21st Century," in *Journal of Educational Computing Research*, 2013(48), pp. 245-265.

[4]　Williams-Diehm K. L., Miller C. R., Sinclair T. E. & Wronowski M. L., "Technology-Based Employability Curriculum and Culturally Diverse Learners With Disabilities," in *Journal of Special Education Technology*, 2018(33), pp. 159-170.

就业。[①]

(三)人工智能技术在特殊教育领域的运用

人工智能，特别是机器人技术应用到特殊需要群体社交技能的教育干预之中，主要针对有沟通障碍的学生，如孤独症谱系障碍学生。机器人技术可以通过自然、直观的交流与互动，发展特殊需要群体的社交技能。萨达齐(Saadatzi)等人在研究中改变了传统二元交互方式，综合采用虚拟教师和机器人对孤独症谱系障碍儿童进行词汇教学，通过三元交互的方式辅助孤独症谱系障碍儿童的知识学习。[②] 研究结果表明，该方式对于孤独症谱系障碍儿童词语的获得、记忆和泛化具有积极的促进作用，而且采用机器人可以吸引学生的注意力，增加儿童的观察学习行为。其他研究也证实，机器人技术对于特殊需要群体的共同注意以及模仿能力具有一定的促进作用。

第二节
辅助技术与 UDL 原则

本书第四章中已经提到，学习通用设计来源于建筑学"通用设计"这一理念。通用设计旨在使所设计的产品、环境和建筑适合所有的人。在设计过程中，设计者不仅要考虑正常健康的成年人的需求和能力，也要考虑孩子、老人和那些有生理机能残障而行动不便人士的需求和能力。但通用设计不是要在产品上强加上某些东西，而是提醒设计师在设计过程中考虑产品的广泛适用性，从产品或环境设计之初就考虑潜在使用者的需要，将通达性与灵活性融入所设计的环境或产品构造当中。例如，建筑设施设计的坡道入口、大而突出的指路牌、计算机上所安装的语音识别系统等。20 世纪 90 年代后期美国特殊技术应用中心(Center for Applied Special Technology，CAST)将通用设计理念应用到融合课堂的课程设计中，UDL 由此出现。

UDL 是一种以满足学生多样化需求为基础的课程设计框架，包括课程的目标、方法、材料和评估等方面。通过提供多样化的内容呈现、表达与参与方式，从教和学两

---

① Lombardi A., Izzo M. V., Gelbar N., Murray A., Buck A., Johnson V. & Kowitt J., "Leveraging Information Technology Literacy to Enhance College and Career Readiness for Secondary Students with Disabilities," in *Journal of Vocational Rehabilitation*, 2017(46), pp. 389-397.

② Saadatzi M. N., Pennington R. C., Welch K. C. & Graham J. H., "Effects of a Robot Peer on the Acquisition and Observational Learning of Sight Words in Young Adults With Autism Spectrum Disorder," in *Journal of Special Education Technology*, 2018(33), pp. 284-296.

个方面出发增强课程的灵活性和适应性，向学生提供适宜的符合其需要的支持，克服在传统的"一刀切式"的僵化课程之下学生所遇到的障碍和困难，使所有有特殊需要的学生，特别是残疾学生能够像普通学生一样获得知识、技能和学习的热情。[①] UDL 包括七个核心特征(见表 8-3)和三大基本原则。

表 8-3　UDL 的核心特征

特征	描述
公平性	满足所有学生的需求
灵活性	接纳和包容学生学习风格的多样性
简单直观性	教学的可进入性和可调整性
呈现方式多样化	教师采用多种教学方式
以成功为导向	移除障碍，支持学生学习
学生能力的适宜水平	教师调整教学和评估
适宜的教学环境	教学环境对于每个学生来说都是可进入的

UDL 的三大基本原则分别是：提供多样化的信息呈现方式（Provide Multiple Means of Representation）、提供多样化的行为和表达方式（Provide Multiple Means of Action and Expression）和提供多样化的参与方式（Provide Multiple Means of Engagement）。[②] 提供多样化的信息呈现方式是指教师应以多种方式呈现课程内容。例如，普通儿童可能习惯于传统的印刷文本学习，而视觉障碍儿童则倾向于以听觉和触觉的方式进行学习，听觉障碍的学生倾向于视觉化的学习内容；提供多样化的行为和表达方式意味着每个学习者都可以有自己独特的表达所学内容的方式。例如学生可以通过完成纸质作业来表达他对所学内容的理解，也可以采用制作海报、视频等形式；提供多样化的参与方式即学生可以主动选择他们参与课堂的方式，如他们可以选择小组学习，也可以选择独立完成学习任务，他们可以使用实体教具进行学习，也可以选择使用虚拟教具。

UDL 的一个关键特征是面向所有的学生而非个别学生提供多样的选择，它致力于推动所有学生进入到普通教育课程中，学习共同的知识，享受高质量的教育。UDL 反对将特殊需要儿童和其他处境不利的儿童排斥于普通课堂之外，主张平等学习与共同参与。

[①]　颜廷睿、关文军、邓猛：《融合课堂中差异教学与学习通用设计的比较分析》，载《中国特殊教育》，2015 年第 2 期。

[②]　颜廷睿、邓猛：《全纳课堂中的学习通用设计及其反思》，载《中国特殊教育》，2014 年第 1 期。

一、技术提供多样化的信息呈现方式

不同的学生在感知和理解课程内容的方式上存在着比较大的差异，对于特殊需要儿童而言，由于他们与普通儿童存在着感官和智力等方面的差异，其对于信息内容的呈现要求也更加特殊化和多样化。如对于视觉障碍的学生，需要以听觉或触觉材料呈现的方式获取信息；对于听觉障碍的学生，需要通过文本或图像的材料呈现方式获取信息。在 UDL 课堂上，教师应考虑学生不同的学习特点，并以适当的方式呈现信息，以便促进学生参与课堂。

技术与 UDL 相结合的优势在于，在技术的支持下可以将课程内容与其媒体形式相分离，使课程内容以多种媒体形式展示出来（例如，印刷文本、语音、图像、卡通动画、虚拟化模拟等），以适应不同特点的学生需要，并且不同格式的媒体材料之间可以进行灵活转换，包括文本转化为语音、语音转化为文本、文本转化为手语或盲文等形式。例如，采用电子文本展示课程内容时，通过文本—语音转化技术，能将电子文本以声音的格式输出来满足个别学生的特殊需要。除了媒体形式的转变，即使在同一种媒体形式之内，课程内容也可以进行不同的变化来适应学生的多样化需求，例如，改变字号大小、文字颜色或突出课程重点。此外数字技术的网络化特点还能够提供多样化的资源支持，包括超链接词汇、背景材料和视频演示指导等。在技术的辅助下实现多样化信息的呈现方式，可增加课程的可理解性和通达性，以适应不同学生的感知和理解课程内容的风格、偏好，帮助学生更好地融入课堂学习活动。

其中，讲授、幻灯片、视频剪辑和图像之间的搭配使用是较为传统和普遍的信息呈现方式。通常，这只需要一台计算机和一台投影仪就可以完成。例如，教师讲授《爬山虎的脚》，教师可以为学生展示爬山虎的图片，让学生观察爬山虎的形态特征；教师也可以为学生展示爬山虎生长的动态影像，让学生了解爬山虎的生长过程。

此外，交互白板逐渐成为当前较为流行的技术之一，用来支持提供多样化的信息呈现方式。交互白板是电子感应白板及感应笔等附件与白板操作系统的集成，它融合了计算机技术、微电子技术与电子通信技术，成为计算机的一种输入输出设备，是用户与计算机进行交互的智能平台。[1][2]交互白板是从电子白板改进变化而来的，它既是电子白板，也是计算机触摸屏幕。交互白板除了具备黑板、多媒体投影的功能外，还

① 丁兴富、李敬东：《从黑板到交互白板的历史进程——对信息技术与课堂教学整合前景的展望》，载《中国电化教育》，2005 年第 2 期。

② 丁兴富：《交互白板及其在我国中小学课堂教学中的应用研究》，载《中国电化教育》，2005 年第 3 期。

具有独特的优势。具体表现在：教师无需到主控台进行操作就可控制演示材料的播放；能即时获取多种类型的数字化资源，并对这些资源灵活地进行编辑、展示和控制；可保留板书内容；色彩丰富，可自由板书，又可展示、编辑数字化的图片和视频；操作透明化，学生可以看到教师是如何操作交互白板的；对计算机的访问更方便，可结合使用网络和其他计算机应用程序；操作简单，便于教师学习。有研究发现，使用交互白板，可以为学生创设生动有趣的课堂环境，提高学生的学习兴趣和课堂参与度。同时，交互白板也可促进学生与同伴之间的沟通与交流。对于特殊需要学生而言，采用交互白板，一方面可以减轻学生的认知负荷，便于学生理解教学内容；另一方面，可以吸引学生的注意力，提高他们的课堂参与度；同时，对于提高他们的社交技能也具有促进作用。

电子文本是另一种呈现信息的方式。电子文本是指在计算机或其他电子设备上显示书面文字。[1] 电子文本适用于所有学生，学生能依据自己的特性、偏好和能力进行阅读，如用户可自定义文字的大小、颜色、风格，也可以调整行间距、页边距；也可以调动学生的多感官通道处理信息，以更好地学习新内容。电子文本除了利用屏幕呈现信息，还加入了声音、动画、多媒体超链接等元素，强调学生可以与文本进行互动，有利于学生自主学习。如对于听觉偏好者或有阅读障碍者，电子文本可以通过声音输出文本，帮助学生获取和理解学习内容；采用多媒体超链接等功能，帮助学生获取与学习内容相关的知识，进行延伸学习。

二、技术提供多样化的行为和表达方式

文字写作是最为普遍的测量学生学习成果的方式，如书写作业、标准化测验、撰写论文等。文字写作是测量学生学业成果的一种有效方式，但它可能不能完全准确地反映学生的学业成果。没有任何一种行为和表达方式对所有的学习者而言都是最佳的，每个学习者都有自己独特的表达所学内容的方式。例如，一个读写困难的学生可能擅长口头言语表达，却畏惧文字写作；智力障碍的学生可能更喜欢动手操作而不是做标准化测验。UDL 认为，许多学生学业失败并不在于他们自身的能力高低问题，而在于能力的展示方式。鉴于此，UDL 在课程设计中为残疾学生和其他有特殊需要的学生提供多样化的课程内容表达方式，通过技术促进学生更加充分地展示自己所学的知识和技能。不同于传统的纸笔测验或作业，学生可以采用视觉化、听觉化和触觉化等不同媒体展示所学内容。例如，他们既可以使用口头报告、访谈、PPT，也可以采用小组

---

① 范文贵：《基于国际视野的电子教科书结构与功能设计》，载《外国中小学教育》，2018 年第 7 期。

制作海报、剧本、实验模型或者视频录音等自己喜欢的方式展示自己的学习成果。

三、技术提供多样化的参与方式

不同的学习者在参与学习的方式和动机水平上也各有特点。有的学生倾向于例行性的固定日常工作，而有些学生则喜欢新鲜刺激的任务；有些学生习惯于站着或移动时学习，而有些学生在安静的状态下才能集中精力；也有一些学习者有很高的动机，能够积极地参与到各种活动和学习中，而其他一些学生可能动机水平比较低，导致被动地参与。UDL考虑到了个体的偏好以及普通儿童与特殊需要儿童的特质，认识到了动机在学习中的核心地位以及不同学生学习动机与参与水平的差别，强调提供多种提高学习兴趣和多样化鼓励学生坚持努力学习的方式。教师需要在充分了解学生的基础上，根据学生的兴趣、偏好、优势和需求来设计学习活动。例如，对于一个喜欢篮球的学生而言，教师可以将篮球的视频剪辑和篮球方面的统计学知识融入数学课堂中。对于一个喜欢画画的学生，教师可以让他担任合作学习项目中的插图制作者。教师可以通过技术建构多种视觉、听觉、触觉和动觉的活动和材料，将其融入课程中来增加学生参与方式的选择。交互白板不仅帮助教师多样化地呈现信息，也促进学生与学习内容互动。由于交互白板界面直观、易操作，学生可以轻松地在白板上编辑文字、画图等，并展开讨论。

第三节
辅助技术的决策与评估

辅助技术在促进特殊需要学生课堂参与、提高学业成就以及生活独立性等方面具有积极意义。如果IEP小组通过评估认为辅助技术对学生具有积极的促进作用，那么就应将辅助技术纳入学生的IEP中，并在后续教育过程中，保障辅助技术的实施。如何为特殊需要学生选择适切的辅助技术至关重要，本小节就辅助技术决策与评估的基本原则、框架与策略等方面进行探讨。

一、辅助技术决策与评估的基本原则

辅助技术决策与评估的基本原则主要包括以下几个方面。[1]

(一)团队协作

辅助技术的决策过程通常是由个别化教育计划小组来完成的,小组成员一般包括:学生家长、特殊教师、普通教师以及学生本人。除此之外,IEP 小组还包括相关的专业服务人员,如言语语言治疗专家、职业治疗师、辅助技术专家等。

学生家长是 IEP 小组的重要成员之一,他们作为家庭成员,是最了解学生基本情况的人员,同时也是将辅助技术由学校延伸至家庭环境中使用的实施者。当辅助技术的目标和选择能迎合他们的需求、家庭观和家庭文化时,他们赞成并支持实施相应的辅助技术方案。同时,在辅助技术决策过程中还应考虑学生本人的意见和感受,这是学生接受和使用辅助技术的前提。如果辅助技术不能满足学生的个人需求,或学生未参与辅助技术的决策过程,后期可能出现学生拒绝使用该辅助技术的问题。教师也是 IEP 小组的重要成员,与其他专家相比,他们更了解学生的学习习惯、行为特点、学业进展以及学习环境等信息。这些信息对于辅助技术的决策至关重要,是决定辅助技术有效实施的关键因素。其他专业服务人员在各自领域都有丰富的专业知识、经验以及相关的辅助技术知识,如言语语言治疗专家可能熟知辅助沟通系统的相关知识,帮助有语言或沟通障碍的学生提高语言和阅读能力的发展以及与他人的沟通交流能力。辅助技术专家主要指经过特定训练的、为学生及其家庭提供辅助技术服务的专业人员,职责主要包括评估学生的需求、为学生提供一定的训练、为教师提供一定的咨询服务以及监控辅助技术的实施等方面。对于没有辅助技术专家的学校,也可由特殊教育教师、教育技术专家、言语语言治疗师等人员来担任其职责。总的来说,辅助技术的决策过程应由 IEP 小组成员共同商讨确定,以为学生提供更好的辅助技术支持。

(二)聚焦学生的需求与能力

辅助技术的决策与评估应是以学生为中心的,而非技术本身,辅助技术应致力于满足学生的个人需求。辅助技术的决策与评估要以学生在校需要完成的任务为出发点,根据学生需求确定目标后,还需确定学生当前的能力水平。如学生是听觉、视觉还是

---

[1] Dell A. G., Newton D. A. & Petroff J. G., *Assistive Technology in the Classroom: Enhancing the School Experiences of Students with Disabilities*, Boston, Pearson, 2012, p. 87.

动觉学习者？学生是否有较好的阅读能力？学生能否控制自己的身体？这里需要注意的是，辅助技术方案应建立在学生的优势这一基础上，即学生能做什么而不是学生不能做什么，通过发挥学生的优势来减轻或克服学生的劣势。

(三)考察学生需要完成的任务

考察学生需要完成的任务主要着眼于特殊需要学生需要完成的一般任务，如阅读文章或撰写论文。对任务的评估应具体详细，关注完成任务的步骤以及具体细节。例如，阅读文章不仅仅只包括理解文中词汇，还包括翻页以及阅读理解能力。考察学生需要完成的任务要兼顾 IEP 中的中期目标和年度目标。年度目标要以学生的发展现状为起点，确定未来 12 个月中学生需要完成的目标。短期目标是学生从目前的发展现状走向年度目标过程中的中间步骤。

(四)考虑相关的环境问题

环境信息主要包括学校环境以及学生的家庭环境。辅助技术要满足学生在不同环境中的需求，这包括两种选择：首先，可以为学生提供一种便携式设备，能支持学生在不同环境中使用；其次，可以在不同环境中为学生提供同一种辅助技术。例如，为方便视力障碍儿童阅读，可以为他们配备携带式电子助视器，让他们在学校和家庭环境中都能使用。

要充分考虑学生所处的环境问题，具体包括：各种环境中可利用的设备、资料及技术支持有哪些？有哪些人员与学生进行互动？教学是如何进行的？学生是如何使用辅助技术的？学生在使用辅助技术的过程中有哪些阻碍？IEP 小组应密切观察学生所在的环境特征和学生需求，更好地为学生提供辅助技术支持。

(五)辅助技术的试用

辅助技术的试用是指，在某一时间段让特殊需要学生在日常的生活和学习环境中使用推荐的辅助技术。辅助技术只有真正用于学生身上，才能知道其能否满足学生的实际需求。其次，辅助技术的试用还可以帮助确定学生在真实环境中使用辅助技术的可行性问题。在辅助技术实施过程中，会存在一种情况，辅助技术看似可以满足学生的需求，但在真实环境中可能不适合学生。造成这种情况的原因可能源于时间限制和组织问题，如学生可能不愿意在同伴在场的情况下使用辅助技术，或者除非所有的儿童都使用辅助技术，他们才愿意使用该技术，他们担心被同伴贴标签或与同伴隔离。试用时间随实际情况有所不同，有可能在使用后马上能知道其效果，也可能要经历 6～8 周或更长一点的时间才能确定。试用时间取决于多种因素，如辅助技术的复杂度、学生所需的辅助技术训练时间、学生的知识和技能水平以及学生的个性特征等方面。辅助技术试用的有效性需要专业人员通过正规的数据收集技术和数据分析技术来了解。

(六)提供必要的支持

辅助技术决策是实施辅助技术的前提，但为了最大限度地发挥辅助技术的价值，还应该为学生及相关人员提供辅助技术训练和技术支持。首先，随着时间的推移，辅助技术需要不断更新、维修与完善。这需要专业人员提供一定的技术支持，来配合学生的 IEP 要求，为学生提供适宜的符合其需要的辅助技术支持。其次，还应为学生和支持学生使用辅助技术的人员提供辅助技术的相关训练。为使学生成为辅助技术的独立使用者，应通过相关训练培养学生四种基本能力：操作能力、功能性技能、策略技能和社交技能。操作能力主要指学生操作辅助技术设备设施的能力，学生应知晓如何开启、关闭设备，选择适当的图标或按键，使用基本的指令等；功能性技能是指学生应知道如何根据设备的用途做任务以及如何使用辅助技术设备完成特定的任务；策略技能指学生能确定使用何种工具或策略完成特定的任务以及知道何时使用或不使用辅助技术；社交技能主要针对学生在群体中恰当使用辅助技术的能力。为教师、家长或其他支持学生使用辅助技术的人员提供训练也同等重要，通过对他们的训练，能提高他们的胜任能力和自信心，在学生使用辅助技术的过程中给予充分的支持。

(七)辅助技术评估是动态发展的过程

一旦确定了为特殊需要学生提供辅助技术，就必须动态监控技术的执行过程。这意味着 IEP 小组成员应阶段性地评估学生的个性特点、任务的完成情况以及学生所处的环境信息。随着时间的变化，最初能迎合学生需求的辅助技术方案可能变得不适用、不充分，IEP 小组成员应定期收集和分析学生在使用辅助技术过程中的相关数据，根据学生的实际情况调整辅助技术方案。同时，随着技术不断变革与发展，新的技术和产品不断涌现。曾经适用于特殊需要学生的辅助技术可能被新的技术替换，与传统技术相比，新技术可能更具有便携性、功能更丰富。因此，动态评估辅助技术一方面可以保证辅助技术能跟上学生的变化，另一方面可以使特殊需要学生从新的技术手段中受益。

二、辅助技术决策

为了帮助 IEP 小组进行辅助技术决策以期为所有特殊需要学生做出最恰当的辅助技术决策，目前存在以下几种较为流行的辅助技术决策指南。

(一)教育技术要点(Education Tech Points)

教育技术要点是由鲍尔斯(Bowser)和里德(Reed)提出的辅助技术决策框架。[1][2]该框架包括 7 个要点,即考虑和推荐、评估、试用期、计划制订、实施、定期审查和转衔。每个要点都涉及一系列的问题,通过回答这些问题帮助 IEP 小组进行辅助技术决策。教育技术要点框架适用于个别特殊需要学生的辅助技术决策,也适用于整个学校的辅助技术决策。(表 8-4)

表 8-4　教育技术要点

教育技术要点	描述
要点 1—考虑和推荐	IEP 团队要考虑特殊需要学生是否需要辅助技术设备和服务
要点 2—评估	评估学生的辅助技术需求
要点 3—试用期	试用辅助技术,帮助学生找到合适的辅助技术设备以满足他们的需要
要点 4—计划制定	IEP 小组应每年制订一次计划,明确特殊需要学生的学习目标,以及区域或学校为帮助学生实现这些目标应提供的服务
要点 5—实施	IEP 小组做出辅助技术实施方案,具体包括课堂整合策略、日程表和实施步骤
要点 6—定期审查	IEP 小组应定期对学生的进展情况进行审查,查看学生完成目标的情况,并根据调查结果调整辅助技术方案
要点 7—转衔	教育场域发生变化时,应采取相应措施保障学生继续使用辅助技术,并对不恰当的辅助技术进行检查和改善

(二)钱伯斯考虑模型(Chambers Consideration Model)

钱伯斯考虑模式是代表特殊需要群体委员会(the Council for Exceptional Children)的两个分部门共同努力的成果,即特殊教育管理委员会(the Council of Administrators of Special Education,CASE)和科技传媒部门(Technology and Media Division)。[3] 钱伯斯考虑模型提出了一个辅助技术考虑的流程图,包括决策团队需要回答的问题以及需要做出的决策。(见图 8-1)

---

① Bowser G. & Reed P., "Education Tech Points for Assistive Technology Planning," in *Journal of Special Education Technology*, 1995(12), pp. 325-338.

② Bowser G. & Reed P., *Educational Tech Points: A Framework for Assistive Technology* (3rd ed.), Winchester, Coalition for Assistive Technology in Oregon, 2012, pp. 103-105.

③ Chambers A. C., *Has Technology Been Considered? A Guide for IEP Teams*, Reston, CASE/TAM, 1997, p. 37.

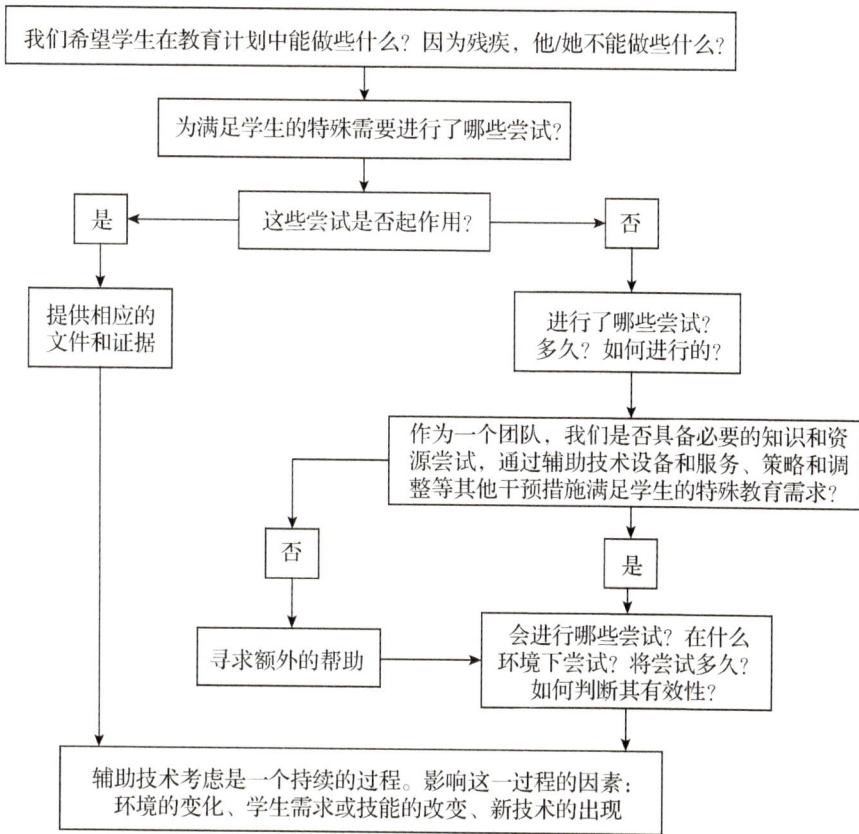

图 8-1 钱伯斯考虑模型的流程图

三、辅助技术评估

在辅助技术决策过程中，IEP 小组应通过辅助技术评估来确定特殊需要学生是否能从中受益。辅助技术评估应涉及多方面内容，单一方面的信息不足以支撑辅助技术决策。IEP 小组可以通过观察、访谈、正式问卷等方式来完成辅助技术评估。

(一)辅助技术功能评价(Functional Evaluation for Assistive Technology，FEAT)

FEAT 是对学生辅助技术需求评估的一种正式量表，它的基本理念是：为有学习问题的个体提供有效的辅助技术需要经过全方面分析。[①] 具体包括：(1)个体的优劣势、能力、先验知识或经验和兴趣；(2)要完成的具体任务；(3)互动背景；(4)特定设备或装置的可靠性、操作的便捷性、成本等。FEAT 包括五个分量表：背景匹配量表、优

① Raskind M. H. & Bryant B. R., *Functional Evaluation for Assistive Technology*，Austin，Psycho-Educational Services，2002，pp. 52-55.

缺点量表、技术经验量表、技术特征量表和个人—技术评价量表。

(二)威斯康星州辅助技术倡议(Wisconsin Assistive Technology Initiative，WATI)

WATI 主要是对特殊需要学生的能力和需求进行深层次评估，具体包括以下几个方面：座椅、位置和移动性；沟通；计算机访问；写作的动作方面；写作材料；阅读；计算；组织；娱乐和休闲；视力和听力。[①] WATI 评估旨在引导 IEP 小组考虑学生的能力、他们在环境中遇到的困难以及他们的任务，在此基础上找到解决方案。IEP 小组在提出辅助技术建议时，也可以使用辅助技术检查表(Assistive Technology Checklist)。辅助技术检查表按照低端到高端辅助技术的序列顺序，在上述几个领域分别列出了相关的辅助技术，帮助 IEP 小组成员进行辅助技术决策。

四、辅助技术框架

(一)SETT 框架

SETT 框架是由萨瓦拉(Zabala)提出的，在教育界得到广泛应用。[②] 根据 SETT 框架(表8-5)，在辅助技术决策与评量的过程中，不仅要考虑学生本身(Student)，还要考虑学生所处的环境(Environment)、学生要完成的任务(Task)以及最适切的工具(Tool)。[③] 在框架的指导下，IEP 小组应先收集学生的基本信息、搜集学生所处环境的相关信息以及学生要完成的任务信息，了解学生的个人需求、优劣势、偏好等。在以上工作的基础上，为学生选择合适的辅助技术工具。由此可见，SETT 框架是以学生为出发点的，而非以技术为出发点，这在很大程度上能避免出现学生拒绝使用辅助技术的问题。在 SETT 框架下，辅助技术的决策与评量是一个不断反复的过程，IEP 小组需要定期对学生的个性特点、环境、任务进行评估，以确定辅助技术方案是否依然满足学生的需求。SETT 框架为 IEP 小组进行辅助技术的决策与评量提供了脚手架，在一定程度上保障了辅助技术决策与评量的品质。

---

① Gierach J., *Assessing Students' Needs for Assistive Technology* (ASNAT)：*A Resource Manual for School District Teams* (5th ed.)，Madison，Wisconsin Assistive Technology Initiative (WATI)，2009, p. 141.

② Zabala J., *The SETT Framework*：*Critical Areas to Consider When Making Informed Assistive Technology Decisions*，Houston，Region IV Education Service Center，1995, p. 32.

③ Zabala J. S.，"Ready, SETT, Go! Getting Started with the SETT Framework," in *Closing the Gap*，2005 (23)，pp. 1-3.

表 8-5 SETT 框架的具体内容

要素	具体内容
学生（Student）	• 功能性信息 • 特殊需求 • 当前能力水平
环境（Environment）	• 空间布局 • 支持 • 资源和装备 • 获取问题 • 态度和期望
任务（Task）	• 在自然环境中，哪些特定的任务能使学生实现 IEP 目标？ • 在特定的环境中，哪些特定的任务能使学生积极参与？
工具（Tool）	• 若缺乏辅助技术支持与服务，学生是否难以实现教育目标？ • 如果使用辅助技术，有哪些是学生可能喜欢的、有效的辅助技术设备和服务？ • 进行头脑风暴，找出满足学生需求的一系列工具 • 挑选最适切的工具 • 工具的试用 • 搜集工具有效性的信息

（二）人员—技术匹配模型（Matching Person and Technology，MPT）

MPT 模型与 SETT 框架类似，也是以人为出发点的辅助技术决策框架，该模型主要适用于成年消费者。[①] MPT 旨在通过全面考虑个人能力、需求、偏好、心理特点以及工具的有效性，使辅助技术设备与个人相匹配。MPT 模型配有一套工作表（表 8-6），该工作表由专业人员和消费者共同完成。

表 8-6 MPT 的评估过程

步骤	具体内容
步骤 1	首先，填写初始目标；其次，注明完成这些目标的干预方案；最后，记录为实现这些目标所需的技术
步骤 2	识别过去使用的技术以及对这些技术的满意度、识别消费者所需但尚未获得的技术。该过程由专家和消费者共同填写
步骤 3	消费者和专家分别填写各自版本的表单，确定消费者和专家填写内容的异同，后续进行讨论
步骤 4	专家与消费者就消费者接受或使用技术的相关问题进行讨论
步骤 5	专家与消费者确定具体的干预策略，并制订解决问题的行动方案
步骤 6	干预策略和行动方案以文本的方式记录，为后续行动提供依据

① Scherer M. J. & Craddock G. , "Matching Person & Technology (MPT) Assessment Process," in *Technology and Disability*, 2002(14), pp. 125-131.

(三)适应框架(Adaptations Framework)

适应框架是由布莱恩特(Bryant)和布莱恩特(Bryant)提出的辅助技术考虑和选择框架①(见图 8-2)。该框架包括三个阶段:选择、监控和评价。在选择阶段,IEP 小组要对特定的环境需求、学生个性特征以及技术本身进行评估。其中,特定的环境需求指

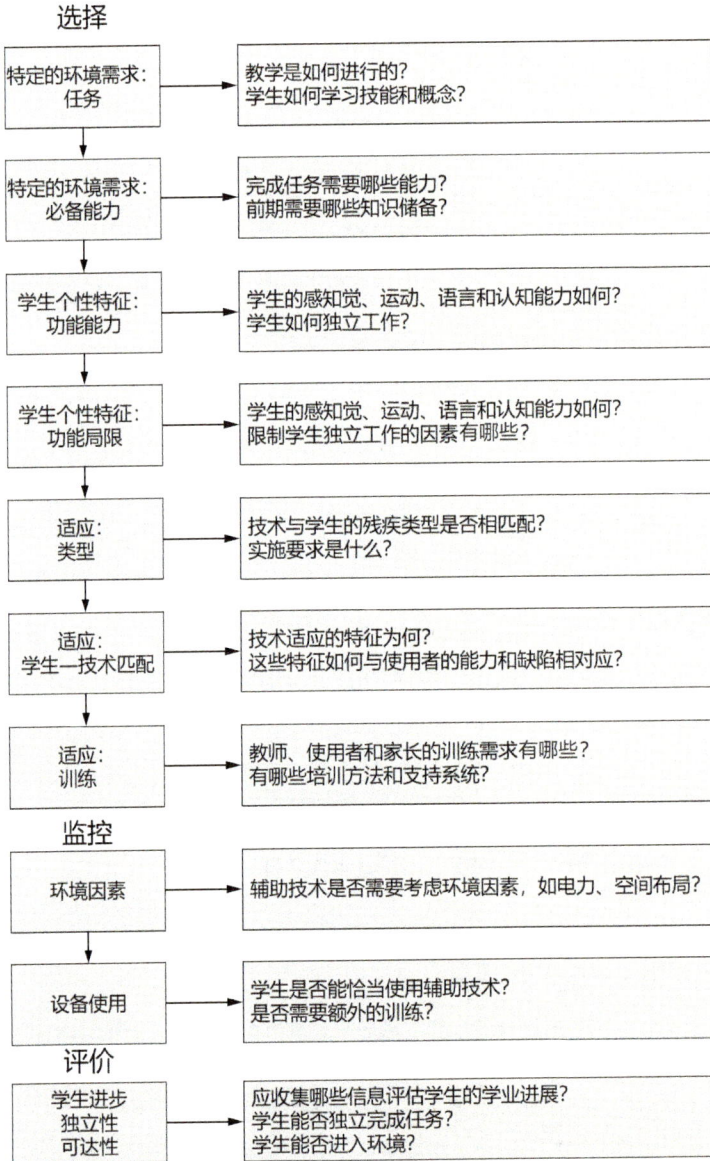

选择

| 特定的环境需求:任务 | → | 教学是如何进行的?
学生如何学习技能和概念? |

| 特定的环境需求:必备能力 | → | 完成任务需要哪些能力?
前期需要哪些知识储备? |

| 学生个性特征:功能能力 | → | 学生的感知觉、运动、语言和认知能力如何?
学生如何独立工作? |

| 学生个性特征:功能局限 | → | 学生的感知觉、运动、语言和认知能力如何?
限制学生独立工作的因素有哪些? |

| 适应:类型 | → | 技术与学生的残疾类型是否相匹配?
实施要求是什么? |

| 适应:学生—技术匹配 | → | 技术适应的特征为何?
这些特征如何与使用者的能力和缺陷相对应? |

| 适应:训练 | → | 教师、使用者和家长的训练需求有哪些?
有哪些培训方法和支持系统? |

监控

| 环境因素 | → | 辅助技术是否需要考虑环境因素,如电力、空间布局? |

| 设备使用 | → | 学生是否能恰当使用辅助技术?
是否需要额外的训练? |

评价

| 学生进步
独立性
可达性 | → | 应收集哪些信息评估学生的学业进展?
学生能否独立完成任务?
学生能否进入环境? |

图 8-2 适应框架

---

① Bryant D. P. & Bryant B. R. ,"Using Assistive Technology Adaptations to Include Students with Learning Disabilities in Cooperative Learning Activities,"*Journal of Learning Disabilities*,1998(31),pp. 41-54.

IEP 小组应考虑学生所处的特定环境，然后确定学生在该环境中应完成的任务以及完成这些任务所需的能力；学生个性特征评估主要指对与完成特定环境中的任务相关的学生能力和局限性进行评估，如学生的认知能力、语言能力、感知觉能力等；最后，IEP 小组根据特定环境以及学生个性特征选择辅助技术。在这个阶段，IEP 小组要综合考虑辅助技术的特性以及学生对辅助技术的态度和接受度。监控阶段主要是监控学生使用辅助技术的情况，而评价阶段主要是对辅助技术的有效性进行评价。

(四)统一功能模型(Unifying Functional Model)

统一功能模型(见图 8-3)的基本前提是，在为个体提供辅助技术服务时，首先要考虑与个体功能相关的因素，而非个体是否被诊断为肢体障碍还是智力障碍。特殊需要

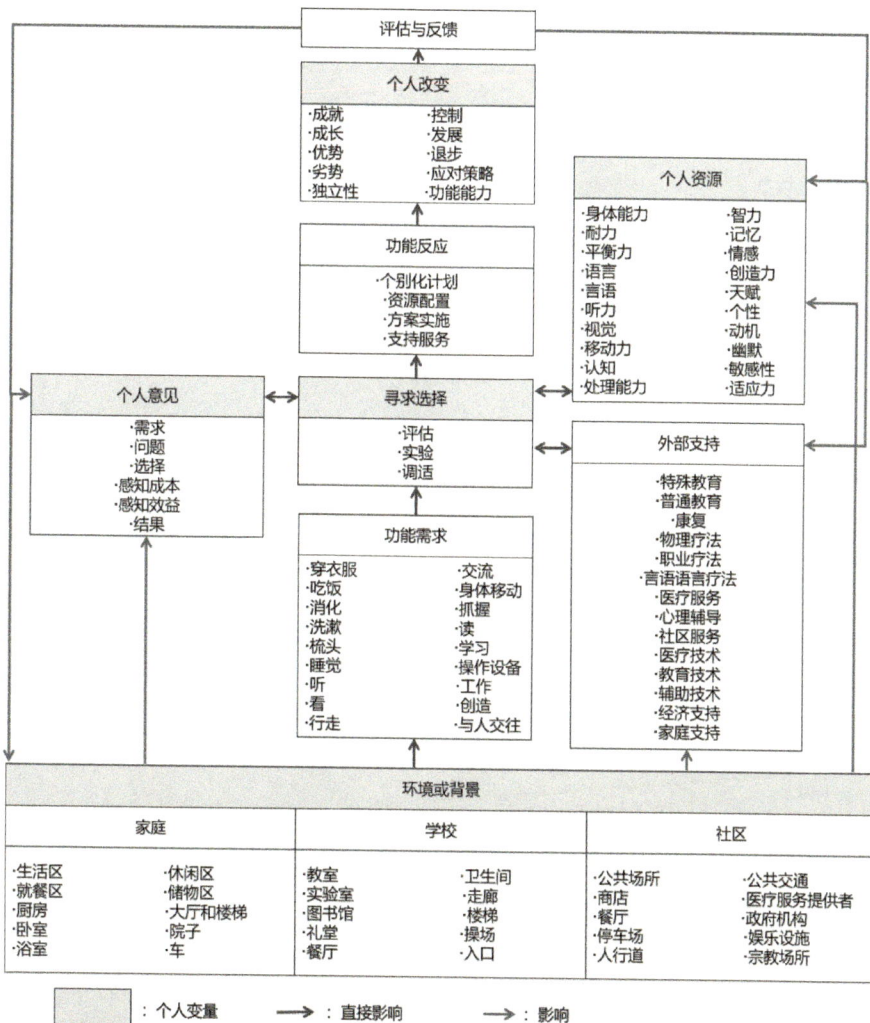

图 8-3　统一功能模型

群体面对的主要问题是个体在环境中遇到的功能问题。如视觉障碍儿童可能无法使用教学中的印刷材料；由于某种未确定的原因，学生可能无法解决数学问题等。具体而言，受环境或资源的影响，个体在应环境要求表现功能能力时受到限制。因此，在考虑辅助技术时，应综合考虑学生的环境和背景、环境中对学生的要求，以及外部支持、个体资源和个体支持等因素。

本章小结

辅助技术在改善和提高特殊需要学生的功能能力方面具有重要作用，随着技术的不断变革与发展，高端辅助技术设备逐渐成为主流设施。随着融合教育工作的开展，越来越多的特殊需要儿童进入普通学校与普通儿童一起接受教育，群体的异质性愈加明显。而技术的使用可以为学生提供多样化的内容呈现、表达与参与方式，从教和学两个方面出发增强课程的灵活性和适应性，以支持特殊需要学生与普通学生平等学习、共同参与。因此，在融合教育教学实践中，应将辅助技术纳入特殊需要学生的 IEP 中，通过全方位的考虑与评估，为学生制订适宜的辅助技术方案。

思考题

1. 什么是辅助技术？说说辅助技术与信息技术、教学技术的区别与联系。
2. 辅助技术在特殊教育领域的最新研究成果有哪些？
3. 在融合教育课堂教学中，如何利用技术落实 UDL 原则？
4. 辅助技术决策与评估的基本原则是什么？
5. 你了解哪些辅助技术决策与评估框架？

推荐阅读

1. 郑俭，钟经华：《特殊儿童辅助技术》，南京，南京师范大学出版社，2015。
2. Bryant D. P. & Bryant B. R.，Assistive Technology for People with Disabilities，Boston，Allyn & Bacon，2003.
3. Gierach J.，Assessing Students' Needs for Assistive Technology（AS-NAT）：A Resource Manual for School District Teams（5th ed.），Madison，Wisconsin Assistive Technology Initiative（WATI），2009.

融合教育教学评价

乐乐，男，11 岁，智力发展迟缓，就读于某普通小学四年级。乐乐性格外向，乐于与同伴交往，所在家庭也很重视他的教育。乐乐反应慢，理解接受能力弱，注意力不集中，学习跟不上集体的进度；语言表达不太清楚；每天在家做作业都会做到很晚，常常是做一会儿就要玩。母亲会在家辅导他的功课，但是乐乐只能独立完成一些简单的题目，对于难度较大的题目，需要在家长辅导下完成或完全不会做；集体测验时，乐乐往往都坐不住，写一会儿就会做各种小动作或是想出教室玩，影响其他同学。针对乐乐的情况，教师在进行教学评价时需要做出哪些调整呢？

首先，在测验时，为了不打扰其他同学，教师调整测验情境，采取抽离的形式，到资源教室进行测验。针对注意力不集中的问题，采用资源教师协助读题目的形式，以引起他的注意，并提醒他集中注意力做题，做完题目后自行检查，延长测验时间。测验结果表明，与原先教室测验情境相比，乐乐在资源教室测验的语文和英语成绩进步显著，四年级语文和三年级英语能达到及格线水平，但数学成绩较差，只能完成二年级的试卷(达到及格水平)，三年级和四年级的试卷存在较大困难。其次，针对乐乐数学学业困难的问题，老师降低对他的作业要求，单独给乐乐布置符合他能力水平的作业或是只要求完成涉及计算部分的作业，对于难度较大的解决问题和需要逻辑推理的题目则依据内容难度，要求乐乐在老师辅导下完成或不做要求。

乐乐是很典型的需要教师调整教学评价方式的例子。在评价时，要提供给特殊教育需要学生一个可接受、能够做到的评价内容，且评价是一个动态发展的过程，应根据学生的情况进行灵活调整。在这个案例中，乐乐智力发展迟缓，所以教师降低对他的作业要求，特别是难度较大的数学作业；同时，乐乐是有一定学习能力的，只是注意力的问题导致他难以主动投入更多的时间精力在学习上，因此，教师调整了测验情境和测验方式，并提供资源教师协助读题、提醒等方面的支持，而调整的成效也比较显著，特别是在语文和英语学科上。①

教学评价是依据教学目标对教学过程及其结果进行价值判断，并服务于教学决策的活动。融合教育教学评价就是对融合教育的教学过程及其结果进行价值判断，并服务于下一阶段融合教育教学决策的活动。通过融合教育教学评价，不仅可以帮助我们了解教学中各方面的情况，判断融合教育的质量、水平、成效和不足，而且还对教师和学生具有监督和强化作用，使师生知晓各自教和学的情况，教师依据教学评价的结果调整下一阶段的教学计划和教学行为，从而更好地支持有特殊教育需要学生的学习

---

① 本案例来自江苏省南京市太阳城小学，由该校田宁老师提供，案例中学生均为化名。

和发展。

　　在融合教育教学评价过程中，我们多关注的是对特殊教育需要学生学习效果的评价，而忽略了对融合教育教学环境和教师教学工作的评价。实际上，如果没有良好的教学环境和恰当的教学设计为基础，直接对特殊教育需要学生开展评价是不公平的，因为教学环境和教学设计是支持学生成功融入学校环境并取得进步的重要保障。此外，在普通学校环境下，我们对特殊教育需要学生的评价不应该只关注学业的进步，同时也应看到学生在生活技能、行为改变、同伴交往等方面取得的进步。因此，融合教育教学评价应该包括对融合教育教学环境、教师教学设计和学生发展的评价三方面的内容。本章将围绕这三方面的内容展开论述。

第一节
融合教育教学环境的评价

　　教学环境是学校教学活动所必需的各客观条件和力量的综合，是按照发展人的身心这种特殊需要组织起来的育人环境。[1] 教学环境对学生的教育作用寓于创设的教育情境中，通过有形或无形、物质的或精神的等各种环境因素的综合作用，在潜移默化中熏陶感化学生。

　　融合教育教学环境是学校融合教育教学活动所必需的各客观条件和力量的综合，是为满足有特殊教育需要学生各方面的需求而组织起来的育人环境。整体的融合教育教学环境由物质环境和社会心理环境构成：（1）物质环境，包括：时空环境，即时间分配与安排、空间组合形式及空间密度，如班级规模、座位编排方式等；设施环境，即教学场所和场所内的通风、照明、温湿度、色彩、声音等，如课桌椅、各种教学仪器和设备、图书资料等；自然环境，即学校的地理位置、气候条件、自然景观。（2）社会心理环境，包括：人际环境，即学校内部的各种人际关系；信息环境；组织环境，即校内各种正式组织与非正式组织及其活动、团体规范和心理气氛(校风、班风)等；情感环境，即课堂中的合作、竞争、期望、奖惩因素的运用及由此形成的课堂气氛；舆论环境，即集体舆论、个体意见、流言等。[2] 对融合教育教学环境进行评价，主要是为了营造一个有利于特殊教育需要学生学习和发展的氛围。在物质环境层面，提供能满足他们需要的设施设备；在社会心理环境层面，给予他们积极的支持反馈，不让环境

---

　　① 　顾明远、鲁洁、王炳照等：《中国教育大百科全书(第一卷)》，626页，上海，上海教育出版社，2012。
　　② 　同上书，627页。

成为阻碍他们学习成效的影响因素。

一、物质环境评价

物质环境安排在很多方面会影响学生的学习和行为。精心布置的环境能减少噪声和干扰、提升学生互动的频率和质量，并增加学生学习投入的时间比例。学校和班级物质环境的安排会影响到所有学生的学习，也会影响特殊教育需要学生的学习。

评价融合教育环境中的物质环境，关键在于衡量物质环境的安排是否能满足特殊教育需要学生多样化的学习需求。与特殊学校环境不同的是，融合教育物质环境要在适合所有普通学生学习和发展的基础之上，兼顾特殊教育需要学生个别化的需求，因此，物质环境布置的主要原则是"求同存异"。融合教育环境下，特殊教育需要学生与普通学生在一样的班级规模、教室设施环境、学校自然环境等条件下学习，他们共享同样的物质环境。但同时，针对特殊教育需要学生个别化的需求，也需要适时地对现有的物质环境做出调整改变。

(一)时间分配与安排

对于有特殊教育需要的学生来说，有些学生在一定的支持下可以参加普通班集体内所有的教学活动，而有些学生个别化的需求则需要抽离出来进行，这就涉及量化的时间分配与安排的问题。一方面要说明有特殊教育需要学生参与普通班级活动的时间，另一方面也要选择适当的抽离时间，对抽离出来所要参加的教学活动内容、活动时间、地点、频率等进行说明，从而形成学生个别化的课表。

在教学活动的时长方面，普通班级的教学时间较为固定，一般为35～45分钟一节课。对于抽离出来的教学活动，教师在时间长短安排上则相对灵活，可自行根据特殊需要学生的学习情况做出规定或予以调整。这其中既要考虑到教学内容的需要，又要考虑有特殊教育需要学生注意力的特点，避免教学时间过长，学生易注意力不集中。

(二)空间组织与安排

空间组织与安排方面涉及校园空间规划、班级规模、座位排列方式等方面的内容。

1. 校园空间规划

在校园空间规划方面，对于需要抽离出普通班级的特殊需要学生来说，除了和普通学生一起学习和活动的空间外，还可能涉及资源教室、功能教室(包括感统训练室、律动室等)等旨在满足特殊需要学生个别化教育需求的教学空间。在安排特殊需要学生的教学环境时，首先应明确学生需要的安置环境有哪些，当原先普通教室的教学活动难以满足特殊需要学生的学习需求时，应对他的教学环境做出相应的调整。如果学生在某门学科(如数学)上陷入学习困难，那么可以考虑跨级走班制教学，即到低年级的班级去上数学课，或在资源教室进行学业补习；如果学生有康复的需求，可安排进功能教室进行训练；如果学生在生活自理、认知、社会交往等领域存在较显著的发展迟缓，并影响到他们参与普通班级的活动时，可在资源教室开展相应的教学活动。其次才是各安置环境的空间组织与安排。就整个学校环境来说，《中小学校设计规范》明确提出："接受残疾生源的中小学校，除应符合本规范的规定外，还应按照现行行业标准《城市道路和建筑物无障碍设计规范》的有关规定设置无障碍设施。"因此，学校在《中小学校设计规范》的基础上还应参照《城市道路和建筑物无障碍设计规范》进行环境规划。对于普通学校设置的用于康复的一些功能教室，则可参照《特殊教育学校建设标准》的有关规定执行。2016年，教育部印发了《普通学校特殊教育资源教室建设指南》，对资源教室的整体布局和资源配备做出了规定。

2. 班级规模

一般说来，在普通班级里，教师很难对整个班级规模进行大幅调整，只能通过小组活动形式掌控小组规模，以适应特殊教育需要学生的需求。但是，教师可以控制班级以外的其他教学情境中的人数规模，如资源教室。在资源教室里，教师可根据需要对特殊教育需要学生进行一对一的个别教学，也可以安排小组教学，而小组教学的对象可以是学校所有不同年级的特殊教育需要学生，也可以邀请部分普通学生参与进来，对特殊教育需要学生起到示范和引导作用。研究表明，班级规模越小，残疾学生在课堂中受教师关注的可能性越高。

3. 座位排列方式

学生座位的排列方式都会影响他们的学习。就特殊教育需要学生来说，教师应能根据他们的需要合理安排座位。如传统的秧田式的座位排列方式，能让每一个学生都看到教师，而当教师进行集体教学时，这种排列方式能帮助有注意力问题的学生更加专注地倾听教师；对听力障碍的学生来说，他们的座位宜安排在前排，便于听清教师的声音或看话；对于有陪读家长的学生来说，他们的座位宜安排在教室后排，避免影响其他学生的学习。无论采用哪种座位排列方式，教师都应该能够随时看到教室里的所有区域，监控到每一个学生的表现。

4. 墙壁

教室里的墙壁多用来装饰和张贴教室规范、通知、展示学生作品、辅助教学等。如教师可以把一些较难的教学内容分步骤张贴在墙壁上，引起学生的注意。但在利用墙壁空间时，教师应注意两点：第一，墙壁的展示可能会让有注意力问题的学生上课分心，因此，教师在安排座位时应该把这些学生安排在离墙壁展示区域较远的位置。第二，学生可能不会注意到墙壁上张贴的重要信息，所以，教师需要适时地把学生的注意力导向它。[①]

(三)设施环境

学校的整个设施环境，包括校园和教室的通风、照明、温湿度、色彩、声音、课桌椅、各种教学仪器和设备、图书资料等都可依据《中小学校设计规范》执行，但需要考虑特殊教育需要学生的额外需求。例如，就采光而言，光线会影响特殊教育需要学生的学习：听力障碍的学生可能需要足够的光线辅助读唇或看话；视力障碍的学生也较难在光线过暗或光线不足的区域学习；一些有学习障碍或情绪行为障碍的学生可能会对特定类型的光线过于敏感，而做出负面的反应。一般情况下，这些光线的问题是能够轻易解决的，如根据学生的需求，把他们的位置调到光线充足的区域或远离阳光照进教室时所造成的强光区域。

另外，对有特殊教育需要的学生还要配备适宜的辅助设备。辅助设备是指可以提高、保持或改善特殊教育需要学生学习功能的设备。它一般可分为三种：（1）一般性产品、器具，可直接用于辅助学生的学习；（2）将原有产品附加一些功能或配件，使之符合学生学习的特殊需要，如为方便视觉障碍学生学习，可对普通手表附加语音报时功能；（3）专门根据特殊教育需要学生的特殊需要而开发的设备、器具或产品，如智能沟通板、读屏软件等。[②]

二、社会心理环境评价

社会心理环境是指由许多无形的社会、心理因素构成的一个复杂的环境系统，它与物质环境共同构成了教学环境的整体。在融合教育教学过程中，对特殊教育需要学生的学习有直接影响的是师生关系、同伴关系和课堂氛围，其中师生关系和同伴关系中还涉及教师和普通学生对特殊教育需要学生接纳度的问题。

(一)师生关系

在教学活动中教师的一言一行都会对学生产生影响，所以在教学中教师不仅要有极高的专业素养，还要时刻注意自己的言行举止，起到良好的模范作用。一般说来，在日常教学中，教师要注意良好的师生关系的建构，多关心学生、尊重学生，拉近和学生间的距离。

① Friend M. & Bursuck W. D.：《融合教育课程与教学实务》，钮文英、何美慧、张万烽等译，145页，台北，华腾文化股份有限公司，2017。

② 盛永进：《特殊教育学基础》，276页，北京，教育科学出版社，2011。

对有特殊教育需要的学生来说，教师首先应接纳学生，接受和包容他们的个别化差异，并能支持他们在学校的学习。王红霞等人的研究表明，大多数普通学校教师对特殊教育需要学生的接纳和关怀度较高，且显著高于课程与教学调整、资源与支持系统以及无障碍环境与辅助科技的支持。[①] 当师生关系融洽，学生感受到的来自教师的尊重、理解、支持越多，他们投入学习的时间也说越多，同时也更加积极，相应地，取得的进步也会更大；反之，当学生感受不到来自教师的关心和支持，或无法与教师建立积极的师生关系时，他们学习的积极性也会随之大打折扣。研究表明，教师支持对学生学习的影响在低年龄段学生身上尤为显著，因为低年龄段学生的学习动机以外化动机为主，教师对他们的期望、鼓励、支持等是他们学习的主要动机来源；随着年龄的增长，学习动机的内化成分趋于主导地位，但教师支持仍然是学生学习动机的主要来源之一，它可以促进学生的学习由外部动机向内部动机转化。[②]

(二)同伴关系

良好的同伴关系能帮助特殊教育需要学生融入班集体，提升学业水平，增强他们与普通学生交往的自信，更好地促进他们的发展。Ryan 的研究证实，同伴能促进特殊教育需要学生一些学业特征的社会化，且同伴关系的质量在一定程度上可预测学生对学校的喜爱程度和学业成就。[③] 不良的同伴关系、同伴排斥或同伴拒绝，则会影响特殊教育需要学生学校生活的满意度和适应情况。

就普通学校对特殊教育需要学生的接纳度而言，尽管他们的接纳度会受学生障碍类型的影响，如对感官性障碍、肢体障碍的接纳度较高，对自闭症、智力障碍等发展性障碍的接纳度相对较低。但整体来看，大多数研究表明，普通学生对特殊教育需要学生的接纳程度较高，特殊教育需要学生对学校基本上是满意的。[④][⑤][⑥] 在促进普通学生与特殊教育需要学生同伴关系的发展方面，关键在于教师，教师既要以身作则，用平等、积极的态度对待有特殊教育需要的学生，同时还要在教学中适时渗透平等、友爱、

---

① 王红霞、王秀琴：《北京市海淀区普通中小学融合教育环境调查研究》，载《绥化学院学报》，2018 年第 10 期。

② Patrick H. & Ryan A. M., "Identifying Adaptive Classrooms: Dimensions of the Classroom Social Environment," in K. A. Moore & L. Lippman (Eds.), *What Do Children Need to Flourish*? New York, Springer, 2005, pp. 271-287.

③ Ryan A. M., "The Peer Group as a Context for the Development of Young Adolescent Motivation and Achievement," in *Child Development*, 2001(4), pp. 1135-1150.

④ Griffiths E., "They're Gonna Think We're the Dumb Lot Because We Go to the Special School: A Teacher Research Study of How Mainstream and Special School Pupils View Each Other," in *Research in Education*, 2007 (11), pp. 78-87.

⑤ 李果、申仁洪：《一个低视力随班就读孩子的叙事研究》，载《重庆师范大学学报(哲学社会版)》，2009 年第 1 期。

⑥ 杨希洁：《随班就读学校残疾学生发展状况研究》，载《中国特殊教育》，2010 年第 7 期。

包容的同伴关系，帮助普通学生理解每个人的发展都是不一样的，要接纳别人与自己发展的差异。

(三)课堂氛围

课堂氛围是指在教学过程中班集体所形成的一种情绪情感状态；它是在课堂教学情境的作用下，在学生需要的基础上产生的情绪情感状态。课堂氛围对教学效果、教学质量有重要影响，可以从诸多方面加以营造和优化。良好的课堂教学氛围的创设是师生共同努力的结果，因此，它应该以良好的师生关系和同伴关系为基础，而其中教师应是主导。当课堂氛围能支持特殊教育需要学生的学习时，不仅有助于这些学生社交技巧的提升和问题行为的减少，也有利于他们在课堂中积极投入学习，具体表现为对学校和班级的喜爱、主动学习投入的时间增多以及学习行为的积极改变等。[①]

在教学组织过程中，教师应精心设计，力求让包括特殊教育需要学生在内的每个学生都能参与进来。在教学过程中，教师应控制教学节奏，因为良好的课堂氛围的创设，需要教师进行多方面的控制，包括既要控制自己的情感、语言、教态和行为，还要控制学生的言行。当出现偶发事件时，教师应因势利导，以变应变，确保教学顺利进行。在处理偶发事件时，教师要努力化消极因素为积极因素，不要激化矛盾，"冷处理"为主，切忌造成师生情绪上的对立。同时，教师还应防止课堂氛围紧张有余，另一方面也要防止活泼过度，使课堂氛围有张有弛。教师要善于创设成功教育的情境，经常对学生做出肯定性的评价，让学生体验到成功的乐趣。特别是班级有特殊教育需要学生时，教师应对特殊教育需要学生的学习和表现进行适时引导，及时给予鼓励和表扬，帮助他树立在集体中的自信，让其他同学认可他的行为表现。

第二节
融合教育教师教学的评价

对教师教学的评价主要是对教师教学工作的评价。在一般的教师教学的评价中，往往多从有利于普通学生学习的视角出发来评价教师的教学；然而，在融合教育环境下，教师在教学设计和组织、实施教学中，除普通学生外，还要能考虑特殊教育需要

---

① Downer J. T., Rimm-Kaufman S. E. & Pianta R. C., "How Do Classroom Conditions and Children's Risk for School Problems Contribute to Children's Behavioral Engagement in Learning," in *School Psychology Review*, 2007(3), pp. 413-432.

学生的需求，把他们个别化的教育需求融入教学活动中来，并能针对学生的表现进行适时的调整。因此，评价融合教育教师教学时，应以是否能满足普通学生和特殊教育需要学生的学习需求为主要衡量标准，特别是在班级集体教学中更是要能兼顾这两类学生的学习需求。

一、评价内容

教学是把课程设计或相关想法付诸实践的过程，教学流程包含教学目标、教学内容、教学方法、教学过程、教学评价等要素的实施。评价融合教育教师的教学，要求他们在教学的每一个环节都能充分考虑普通学生和特殊教育需要学生的需求。以下将主要从教学要素的各个方面来探讨对融合教育教师教学的评价。

(一)教学目标

教学目标是统领整个教学活动的关键，明确的教学目标有利于引导接下来的整个教学过程，融合教育也不例外。教师在制定教学目标时，除要考虑学科教学重点、普通学生的学习需求外，还应考虑特殊教育需要学生的需求。只有在最初的制定教学目标环节考虑到了有特殊教育需要学生的需求，接下来教学内容的选择或调整、教学方法的选择、教学过程的调整、教学评价的开展等也就有了操作的依据，围绕教学目标的实现进行。

融合教育环境下，教师教学目标的制定需要遵循以下三点：一是要有针对性。针对性是指为更好地满足特殊教育需要学生的需求，可参考他们的个别化教育计划来拟定教学目标。IEP清楚而详细地说明了学生在不同的教学情境中的学习重点，它是指导教师教学的主要依据，也是制定教学目标的主要依据之一。二是要有差异性。当教师在制定集体教学目标时，由于一些有特殊教育需要学生的能力有限，可能达不到其他普通学生学习的相对"高深"的目标，教师应适时降低或放宽对特殊教育需要学生的要求，在制定目标时体现差异性，不要以同样的标准衡量有特殊教育需要学生的学习。三是要能帮助特殊教育需要的学生成功融入主流社会。教学目标可能会降低对特殊教育需要学生学习的要求，但这并不意味着学校对他们的学习没有要求，而是我们仍然需要通过教学目标的达成帮助他们融入主流社会，而不仅仅只是适应学校。

(二)教学内容

教学内容是实现教学目标的重要载体，它是在教学过程中与教师、学生发生交互作用的、服务于教学目标实现的动态生成的素材及信息的集合。为满足有特殊教育需要学生的学习需求，教学内容的来源应该是多样化的，既包括学科知识，也应包括社会生活经验或学生的经验。

在学科知识层面，教师教学内容最直接的体现便是教材，班级集体教学中，教师多使用教材作为主要教学内容。融合教育环境下，特殊教育需要学生学习和普通学生一样的内容，这点无可厚非，关键是教师要能对教材进行调整，使其适应特殊教育需要学生的需求。例如，对视觉障碍学生，要能提供盲文版或大字号版的教材和相关学习材料；对智力障碍学生，可能教材里的部分内容在理解上存在难度，如句子太长，教师可以在不改变课文意思的情况下改写课文，使其能适应学生的学习能力。

社会生活经验体现的是学生为适应生活和社会所需要具备的知识和技能。长期以来，普通学校重视的是学业性知识的教学，但近些年来，在我国基础教育领域"新课改"背景下，大多数普通学校通过综合实践活动课、兴趣小组、课外活动等形式培养学生的生活和社会技能。然而，这些形式多针对的是普通学生，特殊教育需要学生较难参与其中。重要的是，这些有特殊教育需要的学生也有学习社会生活知识和技能的需求。普通学生在生活中可通过观察、模仿、自学等形式自发地习得这些知识和技能，学校开展的综合实践活动课、兴趣小组、课外活动等形式是他们的学习方式之一，他们也能自发地把学校所学知识迁移到生活中去。而特殊教育需要学生由于各方面能力相对较弱，他们较难从生活中自发地习得这些知识和技能，更不用说把学校所学知识迁移到生活中去了。因此，在他们的教学内容中，必须要考虑能帮助他们适应生活和社会的知识、技能。这就要求教师在选择教学内容的过程中，考虑到特殊教育需要学生这方面的需求：一方面，教师可在普通班级或资源教室教学中，适时渗透社会生活经验的教学。教师在集体教学过程中结合学业性知识和社会生活经验的内容，不仅有利于有特殊教育需要的学生，同时也有利于普通学生的发展；另一方面，在学校日常活动中，提供给有特殊教育需要学生表现的机会，让他们知道这些知识和技能是如何在生活中自然应用的。

学生的经验指的是教学内容要来源于学生的需要，学生经验的选择过程即是尊重并提升学生个性差异的过程。在这个过程中，教师的使命是为学生创设情境、创造条件、提供机会，在他们需要的时候提供必要的指导。[①] 特殊教育需要学生的需要集中体现在 IEP 里，因此，教师应为实现 IEP 的目标，为学生创设合适的教学条件。只有当教学真正尊重学生个体差异的时候，他们的潜能和价值才能充分得到发展，由此开展的教学才是合适的教学。

(三)教学方法

从教师层面来看，教学方法是教师为了实现教学目标，完成教学任务，在教学过

---

① 张华：《课程与教学论》，206 页，上海，上海教育出版社，2001。

程中运用的方式与手段的总和。在日常教学过程中，无论是教普通学生还是教有特殊教育需要的学生，教师可以选用的教学方法有很多，关键是采用的方法要能适合学生的学习需要。

教师在选择教学方法时，应注意以下五点：第一，方法要有目的性。教学方法是为实现教学目标而服务的，因此选用的教学方法要能帮助并适用于达成相应的教学目标。第二，方法要有针对性。教师采用的教学方法要能适应有特殊教育需要学生的需求，能针对他们的个别化教育需要选用合适的方法。第三，方法要有多样性。针对特殊教育需要学生的教学目标，教师可以在不同的情境中采用不同的、多样化的方法教学，这样既有利于巩固学生目标的学习效果，同时也可以帮助学生理解这些目标在不同情境中的运用。第四，方法要有差异性。在班级集体教学中，当普通学生和特殊教育需要学生学习同样的内容，针对普通学生的教学方法不一定适用于特殊教育需要的学生，教师可根据学生的需要采用适当的、不同于普通学生的方法来教学。第五，方法要有灵活性。教师在教学中，特别是当教学对象中包括特殊教育需要学生时，教师需要根据学生的学习情况适时地对教学过程进行调整，其中就涉及教学方法的调整。

（四）教学过程

在教学过程中，教师设计好各教学环节的流程，把教学涉及的各个要素有序组织起来，按照既定的教学设计实施教学。在这个过程中，一要考查教师整体的教学设计能力，教学过程安排要合理，能满足普通学生和特殊教育需要学生的学习需求，确保每个学生能参与课堂教学，且要兼顾特殊教育需要学生学业性知识和功能性知识学习的需求；二要考查教师灵活应变的能力，能针对课堂教学中学生的学习情况、行为问题、一些突发性事件等随时对教学进行调整，包括教学目标的调整、教学方法的改变、教学具的使用等。

（五）教学评价

教学评价是教学过程的最后一步，它的作用不仅仅在于检验教师的教学成效，教学评价的结果更是指导教师下一阶段教学设计的主要依据。教师在评价特殊教育需要学生教学效果的过程中，要以积极、发展的眼光看待学生，不能只看到他们的障碍和不足，而要多看到学生的优点和进步，这样也能增加自己教学的信心。在教学评价过程中，最重要的是教师要能针对学生的情况对教学评价过程进行适宜的调整。

首先，教师要能选择合适的方法评价学生。在融合教育环境下，教师多使用学业性测验、作业、课堂表现等评价学生知识的掌握情况，然而，对大多数有特殊教育需要的学生来说，他们很难达到普通学生一样的学业水平。他们的教学内容除学业知识外，社会生活技能也是很重要的一个方面。这就要求教师评价时要用全面的、发展的眼光来看待这些学生，即不以学业性测验、作业等作为衡量特殊教育需要学生的唯一依据，而要根据学生的情况，选择观察、环境生态评量、发展性测验等方式来评价学生。其次，尽量采用多样化的方式评价学生。为避免单一评价方法可能带来的评价结果的偏差，教师在评价时可综合采用多种方式，全面、准确地把握学生的发展情况。最后，评价时可根据特殊教育需要学生的情况进行必要的调整。如在进行测验时，在题目的呈现形式上，教师可通过读题目、帮助学生理解题意等方式辅助他们作答；在学生的作答方式上，可灵活采用书写、口头回答、手语、指出、电脑作答等形式；在情境上，可安排学生小组作答、在家完成、单独作答或在资源班作答等；在时间安排上，可适当延长学生的作答时间、分次施测、施测时增加休息次数等。

二、评价方法

对教师教学的评价很大程度上来自学校的评价。一般情况下，学校通过学生表现、推门听课、检查教案、教学研讨、学生评价等方式评价教师的教学情况。然而，在普通学校环境下，学校在评价教师时多忽略了教师对特殊教育需要学生的关注，只关注到了教师对大多数普通学生的教学设计。这就要求学校在今后的评价中，一方面，要在这些常规评价方式中加入对特殊教育需要学生的关注，评价教师的教学是否有真正考虑到所有学生的学习需求；另一方面，要加强资源教室、功能教室等情境中教师对特殊教育需要学生教学的评价。

此外，特殊教育需要学生的家长也是教师教学的评价主体之一。家长通过不定期地与教师交流，了解孩子在学校的学习表现情况，也能间接对教师教学起到督促作用。

第三节
特殊教育需要学生的评价

检验融合教育和教师教学成效最核心的体现，即是对特殊教育需要学生的评价。通过对学生的评价，可以了解学生的进步情况，而且也能解释其发展不良的原因；评价所得的信息能够帮助教师监控学生的发展，适时根据评价结果进行教学修订，为下一阶段教学提供信息。在评价内容上，无论是班级集体教学，还是资源教室的个别教学或小组教学，教师主要对学生的学习效果进行评价，关键在于教师评价方法的运用以及要对评价进行适宜的调整。

一、评价方法

一般说来，在评价学生的学习效果时，教师可以采用的方法是比较多样的，包括纸笔测验、课程本位评量、档案袋评价、观察法、作业等。结合特殊教育需要学生的实际情况，教师可选择合适的方法来评价学生教学目标的达成情况和取得的进步，并伴随有评价方法的调整。

（一）纸笔测验

纸笔测验一直都是普通学校教育的主要部分之一，测验结果是衡量学校教育教学质量和考核教师绩效的重要手段之一。然而，测验多反映的是学生在测验中的表现，即他们的学业困难，而不能反映他们的认知和技能。在特殊教育需要学生的教学中，不仅学业知识的学习很重要，提高他们的认知能力和动手技能也是教学目标之一。重要的是，我们可以合理设计测验或对测验进行相应的调整，以帮助我们能够公平地测得学生的发展。一般说来，按操作流程，对测量的调整可分为测验前的调整、测验中的调整和测验后的调整三个方面。

1. 测验前的调整

在开始测验前，教师可以在平时的教学中做一些工作教导特殊教育需要学生应试技巧。第一，帮助他们抓住题目重点，读懂题意，避免在测验时学生花费过多的时间读一些没有意义的内容，或是因为不理解题目意思而东张西望。Acrey 等建议通过"倒数计时研读指引"，在测验开始前的一周给学生一个管理一周学习任务的空白表格，在每次课一开始让学生写下当天他们要为测验所做的准备。[①] Roditi 等则建议提供给学生一个与测验有关的四栏列表，帮助学生知道他们需要花多长时间在各个考试的题型上，具体内容包括：我失去或遗忘了这些知识，需要再获得它们；我不知道这个知识点；我记得这个题目，但需要再读一次；我知道这个，并且有能力回答测验中的问题。[②] 第二，教师可以提供给学生一个模拟测验，让学生熟悉测验形式和流程。模拟测验可以通过增加与实际测验的相似度而提高成效，它可以在资源教室完成。教师可以提供题目的指引，或是对一些较难的题目进行有针对性的指导。第三，帮助学生整理学习笔记并系统性地复习。一些时候，这些有特殊教育需要的学生在测验中表现不佳，主要

---

① Acrey C., Johnstone C. & Milligan C., "Using Universal Design to Unlock the Potential for Academic Achievement of At-risk Learners," in *Teaching Exceptional Children*, 2005(2), pp. 22-31.

② Roditi B. N., Steinberg J. L., Bidale K. R., Taber S. E., Caron K. B., Kniffin L. & Meltzer L. J., *Strategies for Success: Classroom Teaching Techniques for Students with Learning Differences*, Austin, Pro-Ed, 2005, p. 64.

原因在于他们没有牢固掌握知识。因此，教师需要教学生复习应考的策略，系统地梳理自己的笔记和知识。

2. 测验中的调整

特殊教育需要学生在完成测验的过程中，有时候不是他们不会做这道题，而是由于读题不仔细、坐不住或是想早点完成等原因导致测验结果不佳，这时教师可以通过帮学生读报题目、带领学生分析题意、画出题目中的关键字词、提醒学生抓紧时间做题、允许测验中间休息等方式帮助学生完成测验。延长测验时间也是教师能够为学生提供的帮助，也可以允许学生以口头而不是书写的形式作答，这样更有利于提高测验结果的准确性，帮助教师了解学生的真实水平。

此外，改变测验情境也是测验中教师能够为学生做出的调整。例如，把特殊教育需要学生抽离出来在资源教室接受测验，这样有利于那些有注意力问题的学生，让他们在有更少分心物品的地方接受测验；同时，也有利于教师更好地指导这些学生完成测验，或让学生口头作答，而不会影响班上其他同学。然而，把学生抽离出来也可能会带来一些问题，如一些学生可能不愿意离开熟悉的教室，由于在不同的教室间转移而浪费测验时间。

3. 测验后的调整

单纯的测验分数反映出来的结果是相对单一的，它无法完整呈现学生的发展情况，而只能在学业知识成效上给予一定的参考。整个测验过程，从测验前期教师和学生的准备，到完成测验过程和测验结束后，学生实际上进行了大量的操作，这就需要教师在报告学生的测验结果时，把量化结果和质性结果相结合：一方面要报告学生的测验成绩，这是教师今后调整教学的依据来源之一，另一方面也要报告学生的测验过程，他是如何获得这个成绩的、测验过程中的行为表现如何、有哪些需要以后改进等方面的内容。此外，在解释学生的测验分数时要进行比较分析，与学生平时的学习表现和之前的测验成绩对比，以便更好地了解学生的进步幅度和测验结果的准确性。

(二)课程本位评量

传统的测量大多关注学生的学习收获或成长，导致无法敏锐测得学生的进步，也不知道学生是何时取得的进步；实际上，测量应该从教育测量的角度出发，聚焦学生的学习过程。一些最常用的、规范化的测量工具，在以下几方面受到质疑：第一，标准化测验在课程内容上有偏见。如果一个学生掌握了所有的课程知识技能，那么他在不同的标准化测验上所取得的成绩分数可能差别很大。有些测验会选取较多的课程内容，学生在该测验中会取得比其他测验更高的成绩；有些测验对课程内容的选择会相对少一些，则学生的分数可能会低一些。第二，常模参照测验只能测量学生的个体差异，甚至会加大不同个体间的差异，无法评估学生的进步情况。第三，常模参照测验对教学计划的作用非常有限。由于标准化成绩测验不能重复给出，因此就不能用来比较不同教学干预的有效性。[1] 鉴于传统测量方法存在的诸多弊端，课程本位评量（Curriculum-based Measurement，CBM）便应运而生。

课程本位评量是一种课堂评估模式，教师通过一系列标准化的、简易的、快速的测验来了解学生在阅读、拼写、写作和计算等领域的发展。它像是一个"学业温度计（academic thermometers）"，时刻管理和追踪学生的进步情况。[2] CBM 的测量内容主要来自课程，它把测量与课程、教学联结起来，以此评估教师教学的有效性，为特殊教育决策提供基本的数据参考。CBM 是课程本位评估下的一个分支类型，也是应用最广、发展较为成熟的一种评价模式，得到最多实证研究的支持。[3]

一般看来，CBM 的操作包括以下六个步骤：第一，教师根据学生所处的年级水平编制或选择合适的测验；第二，进行测验并计分；第三，通过测验分数绘制学生成长曲线图；第四，根据学生发展现状制定发展目标；第五，实施教学，重复施测，并能做出适当的教育决策，知道何时修订教学计划；第六，教师与家长或其他专业人员一起交流学生的发展情况。

CBM 最主要的目的在于帮助教师评价教学的有效性，把学生的需求和教学联系起来，提升教育决策。但随着研究的深入，CBM 的应用已大大超出原先的范畴，扩展到了其他方面，包括帮助教师和学校判断特殊教育需要学生可能需要的额外干预服务；辅助筛查出可能有特殊教育需要的学生；决定特殊教育需要学生的安置形式；在干预反应模式（Response to Intervention，RTI）中得到广泛应用，成为其主要评估手段；在融合教育环境下，促进特殊教育教师和普通教育教师的合作教学；在个别化教育计划的制定和实施过程中，CBM 也起到了重要作用。它既能监控学生的进步情况，还能帮助建立学生的发展现状、长期目标和短期目标，测量教学效果，并对 IEP 做出有效的调整。大量实证研究结果也表明，CBM 在需要特殊教育的学生教学中的使用无疑是成功的，当使用 CBM 时学生的学业成就得到了显著提升，教师有了调整课程与教学的依据；[4] 与传统的评价方式相比，由 CBM 引导的教学更有结构性，并能敏锐反应学生的进步情况；学生能意识到自己的教育目标，也能精确预测自己是否能达成这些目标。

---

① T. 胡森、T. N. 波斯尔斯韦特：《教育大百科全书：课程》，159 页，重庆，西南师范大学出版社，2011。

② Shinn M. R. &Bamonto S., "Advanced Applications of Curriculum-based Measurement：'Big Ideas' and Avoiding Confusion," in M. R. Shinn, *Advanced Applications of Curriculum-based Measurement*, New York, The Guilford Press, 1998, p. 1.

③ Taylor R. L., *Assessment of Exceptional Students-Educational and Psychological Procedures* (7th Ed.), Boston, Pearson Education Inc., 2006, pp. 117-145.

④ Cohan L. G. & Spence S., "Fundamental Considerations of Curriculum-based Assessment," in L. G. Cohen & J. A. Spruili, *A Practical Guide to Curriculum-based Assessment for Special Educators*, Springfield, Charles C Thomas Publisher, 1990, p. 11.

(三)档案袋评价

档案袋评价(portfolio assessment)又称为"学习档案评价"或"学生成长记录袋评价",是以档案袋为依据而对评价对象进行的客观综合的评价,它是20世纪90年代伴随着西方"教育评价改革运动"而出现的一种新型质性教育教学评价工具。档案袋是指由学生在教师的指导下,搜集起来的,可以反映学生的努力情况、进步情况、学习成就等一系列的学习作品的汇集。它展示了学生某一段时间内、某一领域内的技能的发展。

档案袋评价是一种随时间而发展的评价方式。一般的纸笔测验或考试多针对固定的范围、内容或特定的学科进行评价,难以了解特殊教育需要学生随时间成长的学习成效。在融合教育环境下,学生的学习是多元的学习,因此有必要通过档案袋评价的方式整体把握学生学习和发展的报告或学习档案。档案袋评价呈现了学生在各学科中的学业表现,还包括学生在学校的活动记录,能向教师和家长展现学生在一段时间内所做的课堂内外的学习。

档案袋评价不仅适用于特殊教育需要的学生,普通学生也同样适用。这种评价方式在一定程度上也能促进评价与教学的结合,全面深入地展示学生的学习能力。档案内的数据可以包括学生的成绩单、作品、照片、阅读笔记、作文、奖状、个别化教育计划或各种报告等都可以放进来。这些资料可以由学生自己选择放入,培养学生做选择的能力。

一般情况下,这些档案袋都放在学校,它也可能包括学生前几年的作业、作品等。作为学生在一段时间内发展的永久记录,档案袋评价能真实反映特殊教育需要学生的学习情况,其是评估学生学习的一个重要工具,也有利于教师的教学设计。学校应该定期与家长分享档案袋评价的情况,将一些重要的信息及时反馈给家长。[①]

(四)非正式评估

非正式评估是对评估者、评估程序、评估方法、评估资料都未做严格要求而进行的局部的、分散的评估形式。非正式评估可以是教师自行设计的小测验,也可以是教师设计的用来观察特殊教育需要学生的表格、记录学生行为表现和学习情况的检核表等。非正式评估的结论不一定非常可靠、完整,也不像正式评估那样具有标准化的施测程序及常模,但其形式灵活、简单易行,亦是教师教学调整的主要参考,有广泛的适用性。

① 吴淑美:《融合教育理论与实践》,211~212页,北京,华夏出版社,2018。

二、评价的注意事项

对特殊教育需要学生教学评价的目的不仅仅是为了了解学生的学习成效和发展情况，重要的是要为下一阶段教师的教学设计提供依据，因此确保评价结果的准确性是开展评价工作的基础。

首先，评价要提供给特殊教育需要学生一个可接受且能够做到的评价内容，内容要能随着学生的需要而进行适时的调整。通过评价，教师可以全面把握学生的学习情况、掌握的技能以及需要提供的支持。在评价过程中，教师关心的应该是学生学会了什么，而不是学生是否能做对某道题。所有的评价在进行前，教师都应该根据学生的程度，设计或提供合适的评价项目，针对学生的独特性和个别化选择评估内容。

其次，由于特殊教育需要学生发展的多样性和复杂性，教师应采用多元化的评价方式。所谓多元化，一是评价方法的多元化。教师应能综合运用多种方法来评价特殊教育需要的学生。二是评价工具的多元化。单一评价工具不一定能准确测得学生的表现，而是应通过多个评价工具的结果，综合比较来看学生的发展。三是评价主体的多元化。开展教学评价的目的是准确、全面把握学生的发展，因此，除教师外，评价信息的来源也可以是了解学生发展的家长和同学，他们提供有关特殊教育需要学生的兴趣、能力、需求、学习方式、学习态度等方面的信息。四是评价结果的多元化。对特殊教育需要学生的评价结果不能单纯地以他的最后得分作为判断的唯一依据，教师可以以分数、等级、进步幅度等作为判断学生发展进步的依据。

最后，评价是一个动态持续发展的过程，教学评价也不例外。教师在评价过程中多重视的是终结性评价，而忽略了诊断性评价和形成性评价的应用。实际上，评价应该是一个连续的过程，教学前要评价，教学过程中要有评价，教学结束后也要评价，周而复始，形成一个循环。因此，对特殊教育需要学生来说，诊断性评价和形成性评价都起着不可替代的作用。诊断性评价是教师在教学活动开始之前对学生的知识、技能、情感等状况做出的预测。它帮助教师了解学生的知识基础和准确情况，为教学设计和实施提供依据。形成性评价则对学生日常学习过程中的表现、取得的成绩以及由此反映出的情感、态度、策略等做出评价，是对学生学习全过程的持续观察、记录、反思所做出的发展性评价。它是以评价为手段监控学生的发展，并作为教学调整的主要依据。因此，教师不仅要做好教学后的终结性评价，也要在教学开始前做出诊断性评价，在日常教学活动中随机记录、评价学生的表现，做好形成性评价工作。

本章小结

　　融合教育教学的评价应该包括对融合教育教学环境的评价、对融合教育教师教学的评价和对特殊教育需要学生的评价三方面的内容。在评价过程中，我们多重视的是对特殊教育需要学生的评价，忽略了对融合教育教学环境的评价和对融合教育教师教学评价的内容，而它们亦是特殊教育需要学生学习和发展的重要保障。如果没有良好的教学环境和恰当的教学设计为基础，直接对特殊教育需要学生开展评价是不公平的，也无法得到准确的有关学生发展的评价结果。无论是对融合教育教学环境进行评价，还是对教师的教学和学生的学习开展评价，都应时刻谨记"调整"的原则，不能以常规的评价普通学生的思路来评价特殊教育需要的学生，而应在评价方法、评价内容、评价结果等方面做出相应的调整和改变。

思考题

　　1. 如何理解融合教育教学评价？它包括哪些方面的内容？
　　2. 融合教育教学环境的评价包括哪些方面的内容？
　　3. 融合教育教师教学的评价包括哪些方面的内容？
　　4. 融合教育教学过程中，评价特殊教育需要学生的方法有哪些？

推荐阅读

　　1. 邓猛，景时：《特殊教育最佳实践方式及教学有效性的思考》，载《中国特殊教育》，2012 年第 9 期。
　　2. Salvia J., Ysseldyke J., Bolt S., Assessment in Special and Inclusive Education (11th ed.), Belmont, Wadsworth Cengage Learning, 2009.
　　3. Grisham-Brown J., Hemmeter M., Pretti-Frontczak K., et al., Blended Practices for Teaching Young Children in Inclusive Settings, Baltimore, Brookes Publishing, 2017.